나를 아프게 하지 않는 법

나를 아프게 하지 않는 법

초 판 1쇄   2020년 06월 23일

지은이 김지수
펴낸이 류종렬

펴낸곳 미다스북스
총괄실장 명상완
책임편집 이다경
책임진행 박새연 김가영 신은서
본문교정 최은혜 강윤희 정은희 정필례

등록 2001년 3월 21일 제2001-000040호
주소 서울시 마포구 양화로 133 서교타워 711호
전화 02) 322-7802~3
팩스 02) 6007-1845
블로그 http://blog.naver.com/midasbooks
전자주소 midasbooks@hanmail.net
페이스북 https://www.facebook.com/midasbooks425

© 김지수, 미다스북스 2020, *Printed in Korea*.

ISBN 978-89-6637-811-1 03190

값 15,000원

자꾸만 작아지는 '진짜 나'를 지키기 위한 발견

나를 아프게 하지 않는 법

김지수 지음

"매순간 행복하지 않아도, 평범하지 않아도 괜찮아"

미다스북스

나 자신을 아프게 하는 사람

나 자신을 아프게 하는 사람은 어떤 사람들일까? 사람은 누군가 타인에게 맞거나 혹은 피해를 당하면 화를 내는 것이 당연하다. 자신의 권리를 침해했기 때문이다. 하지만 자기 자신을 아프게 하거나 말로써 스스로를 때리는 사람은 자신에게 화내지 않는다. 사실 이때는 자기 자신에게 화를 내야 하는 것이 맞다. 하지만 많은 사람들이 그렇게 하지 못한다. 적절하게 화를 내는 방법을 알지 못하는 사람은 자기 자신에게도 화내지 못하기 때문이다. 그리고 결과적으로 자기 자신을 아프게 한다. 이것을 다른 말로 하면 자책감 내지는 죄책감이라고 표현할 수 있을 것이다.

사람들과 이야기할 때 자세히 들어보면 본인에게 전혀 도움이 되지 않거나 부정적인 말을 하면서 스스로를 힘들게 하는 경우를 본다. 하지만 당사자들은 자신이 자신을 힘들게 하는 줄도 모르고 부정적인 말을 아무렇지도 않게 내뱉곤 한다. 그 말들은 그 순간 생각난 것이 아니고 오래전부터 잠재의식에 이미 차곡차곡 쌓인 생각이 밖으로 스며나온 것이다. 즉 내면이 이미 상당히 부정적인 생각으로 채워진 채로, 부정적인 생각이 나 자신을 이루고 있는 상태다. 과거의 내가 바로 그런 사람이었다.

1997년도에 나온 〈굿 윌 헌팅(Good Will hunting)〉이라는 영화를 기억하는 사람이 많을 것이다. 어린 시절 아버지에게 학대를 당하며 자란 천재 청년 윌 헌팅은 가진 능력에 비해 사회 적응도 잘 못하고 제한된 인간관계 속에서 어린 시절의 고통을 해결하지 못한 채 인생을 허비한다. 그는 MIT대학에서 청소부 일을 하다가 우연한 기회에 공대 교수의 눈에 띄여 심리 상담을 받게 된다. 교수 숀과 윌이 만나서 이야기를 하는 장면은 이 영화의 가장 유명한 장면이다. 숀이 반복해서 윌에게 해주는 말이 있다.

"네 잘못이 아니야"

나는 27살 무렵에 이 영화를 보고, 이 대사를 듣고 또 들으면서 밤새 울었다. 영화를 몇 번이고 보며 공감했다. 하지만 그것은 살짝 스치는 공감이고 상처에 한 번 약을 바른 효과에 불과했다. 내 잘못이 아니라는 것을 완전히 깨닫고 헤쳐 나오는 데에는 20년이 걸렸다. 부정적인 생각의 실체를 찾아 없애고 생각을 바꾸기 위해 오랜 시간 내면 여행을 했다.

이 책은 나의 무지의 역사를 기록한 책이다. 내가 세상에서 가장 이해하기 어려웠던 개념이 두 가지 있다. 하나는 '사랑'이고, 나머지 하나는 '나'였다. 나의 역사는 사랑을 알기 위해 발버둥쳤던 시간이라고도 할 수 있다. 내가 사랑을 알지 못하여 '나'라는 자아가 건강히 자라지 못했음을 이 책에 고백하고 있다.

나는 진정으로 그 무지를 깨부수고 싶었다. 인간을 알고 힘을 키우고 싶었다. 그래서 나에게 주어진 삶은 나의 내면으로의 여행과 모험을 하는 것이었다. 그 과정에서 알게 된 웃기면서도 슬픈 현실은, 글 등을 통해 사랑을 간접적으로만 배우는 사람이 너무나 많다는 것이었다. 또한 나처럼 자신의 감정에 대해 모르면서도 어찌어찌 삶을 살아가는 사람들도 보게 되었다. 아이러니하게도 나는 그런 과정을 통해 세상에 다시 나올 수 있는 힘이 무엇인지 알게 되었고, 나를 다시 일으켜 세울 수 있게 되었다.

구조적으로 더욱 명확하게 나의 인생을 인지하게 힌트를 준 심리전문가 크리스텔 프티콜랭에게 감사를 드린다. 그녀의 책을 통해 나의 영혼이 잠에서 깨어났다고 해도 과언이 아니다.

이 책은 나의 고통을 갈아 넣어 쓴 책이다. 가장 나의 아픈 부분, 내가 사랑이라는 것을 주었던 나의 부모님과 가족을 비롯한 사람들에 대한 이야기이기 때문이다. 나는 그들로 인해 다시 태어날 수 있게 되었다. 한 때는 내 인생의 모든 것이었고 애증의 대상이었던, 수수께끼 같고 평범하진 않았지만 그래서 나를 더욱 특별하게 만들어준 나의 어머니께 이 책을 바친다. 또 사막 같았던 인생에서 항상 힘이 되고, 친구가 되고, 손 놓지 않고 같이 걸어와 준 언니와 남동생에게 나의 사랑을 보낸다. 그리고 나의 모든 활동을 응원해 주셨던 아빠. 늦었지만 하늘에 계신 아버지께 나의 죄송한 마음이 전해질 거라 믿는다.

나 자신을 찾는 과정을 담은 이 책이 정신적 고통으로 어려움을 겪는 많은 사람들에게 조금이나마 위안이 되고 도움을 줄 수 있기를, 그리고 그런 나의 마음이 그들에게 전해지기를 소망한다.

2020년 5월
저자 김지수

CONTENTS

PART 4

나를 아프게 하지 않는
8가지 기술

PART 1

나는 왜 나를 아프게 만들까?

01

어느 날 갑자기 우울증이 찾아왔다

"우울증은 무엇을 안으로 들여올지 무엇을 밖으로 내보낼지
결정하는 기능이 고장 난 것이다."

나는 나 자신에게 정말 미안하다. 우울증이 나를 덮쳐왔을 때 나를 지켜 내지 못했기 때문이다. 이제야 이걸 견뎌낸 내가 장하다는 것을 깨달았다. 지금까지 잘 버텨준 내게 고마움을 느낀다. 그리고 진정으로 나에게 용서를 구한다. 부모가 자식을 지키듯이 내가 내 마음과 감정을 돌보고 지켜야 했다. 가슴 아프게도 나는 그러지 못했다.

마음은 분노의 감정을 제대로 분출하지 못했고, 나는 하고 싶은 말이 뭔지도 모르는 상태였다. 내가 나에게 솔직하지 못했던 결과, 마음의 문이 갑자기 닫혀버리고 마음의 불이 꺼졌다. 마음이 무너지고 앞이 캄캄했다. 누구를 탓할 수도 없는 엄청난 사태가 나에게 벌어진 것이다. 고립된 상태에서 해결 방법을 찾아 20년을 넘게 헤맸다.

나는 언니와 남동생 사이에 낀, 삼 남매 중의 둘째 딸이다. 우리 엄마는 상당히 자기 목소리가 크고 자기애가 강한 분이다. 나는 어려서부터 엄마를 세상에서 제일 무서워했다. 엄마는 화를 잘 냈다. 조금만 잘못해도, 아니 엄마 마음에 들지 않으면 무조건 큰 소리가 날아왔다. 어떤 것이 엄마 마음에 드는 것인지 혹은 아닌지를 살피는 것이 몸에 배어서 눈치를 잘 보는 편이다. 엄마에게 혼나지 않기 위해 뭐가 되었든 알아서 했다. 하지만 엄마 눈에는 항상 모자라고 부족한 아이였다.

엄마의 가치관이 특히 잘 드러나는 부분은 외모에 대한 것이다. 엄마 본인이 예쁘다는 소리, 멋쟁이라는 칭찬을 많이 듣고 살았다. 그래서 그런지 자식들의 외모와 태도, 옷가지에 대해서 매우 까다롭게 잔소리를 했다. 엄마가 마음에 드는 옷을 입지 않으면 문 앞에서 집 밖으로 나갈 수가 없었다. 반드시 옷을 갈아입어야 했고, 신발까지 엄마 마음에 들어야 밖으로 나갈 수 있었다. 평평한 신발은 신으면 안 되었다. 반드시 키를 높여야 했다. 엄마의 이런 행동은 내가 대학생이 되어서는 더 심해졌다. 20살이 넘어서도 내 의견은 묵살되었고, 엄마에게 졌다. 나는 항상 틀린 것이고 엄마가 옳은 것으로 알고 살아왔다. 그런데도, 아니 그랬기 때문인지 학교 공부 성적도 멀쩡하게 잘 냈고, 모범생의 모양으로 자랐다.

이렇게 부모와의 관계에서 갈등으로 분노는 끓어오르는데, 그것을 부모에게 올바르게 표현하는 방법을 모르는 것이 우울의 이유가 되기도 한다.

이미 부모와의 대화가 부족하기 때문에 표현을 연습할 기회도 적다. 적절하지 못한 감정이 너무 많이 올라와서 문제가 되기도 한다. 반대로 부모와의 관계에서 분노를 못 느끼는 경우도 많다.

화를 드러내지 못하여 자주 피곤하고, 잠이 많아지고, 기운이 없다면 자기 자신의 내면을 살펴야 한다. 또한, 행동이 느려지고 스트레스를 먹는 것으로 풀고 있다면 인터넷에서 하는 검사라도 스스로 받아보아야 한다. 자기 자신을 지킬 수 있는 심리적 지지를 얻기 위한 공부는 필수이다. 그야말로 심리는 철저히 각자도생이다. 돈처럼 마음을 빌려올 수도 없고, 장기처럼 이식할 수도 없다. 누구도 나의 마음을 대신해줄 수 없다.

일반적으로 사람들에게 가장 익숙한 말이 있다. 우울은 '마음의 감기'라는 표현이다. 어떤 상황이든 부풀려서 과장되게 생각하는 것은 금물이지만 우울의 폐해를 너무 축소해버렸다. 잠시 느끼는 우울은 지나가는 바람이 맞다. 하지만 더 깊이 들어간 우울증은 좌절이고, 고립이고, 영혼의 꺾임이다. 그냥 가벼이 여길 대상은 절대로 아니라는 점을 꼭 강조하고 싶다.

엄마 마음대로 조종할 수 있는 순하고 순종적인 딸. 그렇게 나의 내면의 소리를 외면하고 방치한 결과, 나는 무기력한 사람이 되어버렸다. 조금 못되게 굴어도 괜찮았는데, 나 자신을 사랑했다면 엄마에게 목숨 걸고 대들었어야 했는데 그러지 못했다. 어떻게든 엄마한테 사랑받고 싶었다. 지금 생각하면 그 모습이 비굴하지만, 그때의 나는 사랑받기 위해 최선을 다했던 것뿐이었다. 아니면 내가 엄마에게 질 것이 빤하다는 생각 때문에 시작도 못 한 것일 수도 있다. 이렇게 운명적 패배의식이 나의 마음속에 깊이 자리 잡게 되었다.

나는 내가 아픈 것이라고는 생각 못 했다. 오히려 내가 잘못하고 있다는 생각이 들었다. 몸이 아픈 것은 증상이 드러나기 때문에 알 수 있지만 보이지 않는 마음이 아픈 것은 정말로 알기 어렵다. 왜냐면 마음이 아프면 그야말로 느낌마저 죽기 때문이다. 그냥 센 엄마와의 갈등으로 인한 스트레스 정도로 생각되기가 더 쉽다.

결정적으로 우울증이 드러나는 것은 내가 하는 말과 생각으로 알 수 있다. 생각이 온통 '사람이 살아야 하는 의미는 뭘까?'에 쏠리게 되면 99% 우울증이다. 그래서 평범한 사람들이 관심도 없고 고리타분하게 생각하는 철학과 종교 등등에 몰두하기 시작한다. 정상적이라면 '삶의 의미' 같은 생각들을 마음 한쪽에 밀어둔다. 사실 평소에 생각도 안 한다. 일상의 즐거움이 얼마나 많은가? 또래 친구들과 신나게 놀 수 있어야 한다. 아니면 젊음의 열정으로 미래를 준비하는 시간을 가져야 한다. 하지만 우울증이 오면 '왜 살아야 하지?'라는 생각이 모든 것을 차단한다. 그래서 건설적인 생각을 못 한다. 나를 발전시켜 성공하기 위한 준비는 꿈도 못 꾼다. 그래서 학생들에게 우울증이 오면 성적은 당연히 떨어진다. 내면의 담 너머 세상에 대한 생각을 할 수 없게 된다. 어느 날 갑자기 말이다.

이렇게 자아가 갇혀버리면 이유 없이 눈물이 난다. 또 너무 예민해져서 누가 나의 상처를 조금만 건드려도 대성통곡을 하게 된다. 이것이 신호다. 내가 아프다는 신호, 외부 세상에 대고 나의 내면이 울부짖는 구호의 요청이다. 자기가 속수무책으로 감옥에 갇혔다는 것을 드러낸다. S.O.S. 깃발을 흔드는 것이다.

나의 경우 대들고 싸워보지도 못 하고, 엄마가 무서워서 나를 지켜내지 못했다. 대학교 3학년 때 일이다. 엄마는 평소에 나의 쌍꺼풀이 없는 눈을 맘에 안 들어 했다. 가끔 내 눈꺼풀에 볼펜같이 뾰족한 것으로 쌍꺼풀 자국을 만들어보면서 쌍꺼풀 수술을 하자고 매번 졸랐다. 이 끈질긴 공세는 사실 중학교 3학년 때부터 시작해서 대학교 때까지 시간이 날 때마다 나를 흔들었다. 나도 가끔 해보고 싶다는 마음이 들 때도 있었지만 나에게 인위적인 쌍꺼풀로 만든 눈의 모양이 선뜻 맘에 들지는 않았기 때문에 성형하고 싶지 않았다.

하지만 내가 마음이 약해진 틈을 타 엄마는 끈질긴 요구를 집요하게 했다. 하루는 침대에 누워 있는데 엄마가 가까이 와서 얼굴을 물끄러미 보고는 귀에다 대고 속삭인다.

"지수야, 우리 쌍꺼풀 하자, 응."

"엄마는 우리 딸이 예뻐져서 시집 잘 갔으면 좋겠어."

이렇게까지 나를 예뻐지라고 하는데 무슨 수로 거부를 하나. 모든 것이 자식을 위한 엄마의 마음이라고 말한다. 둑이 터지듯이 그렇게 나의 완강했던 거부가 무너졌다. 어느새 나는 엄마가 예약한 성형외과의 수술대 위에 올라가 있었고, 30분도 안 되는 시간에 나의 자존감은 찢어졌다. 결과적으로 내가 엄마의 말을 받아들인 것이다. 수술비용마저도 내가 냈다. 심지어 엄마와 최소한의 줄다리기도 못 하는 바보였던 것이다. 엄마의 요구를 들어줬으면 내 요구도 엄마에게 말해야 하는 것이 아닌가? 엄마의 논리는 매우 간단하다.

"다 너를 위한 것이다."

우울증은 무엇을 마음 안으로 들여올지 무엇을 밖으로 내보낼지 결정하는 기능이 고장 난 것이다. 좋은 것은 받아들이고 나쁜 것은 버려야 하는데 그걸 제대로 못 하니, 그냥 무턱대고 막아버린 꼴이다. 나의 경우에서 보듯이, 많은 경우에 우리는 이성적으로 판단할 때 옳고 그름, 좋고 나쁨을 정확하게 갈라내기 어려운 상황에 직면하게 된다. 그때가 바로 자신의 마음의 소리에 더 귀를 기울여야 하는 결정적인 순간이다. 그 소리를 단단히 붙잡아 줬어야 한다. 그게 나를 사랑하는 마음이다. 자존감이 바닥이면 이렇게 무능해지는 것이다.

　내 마음은 놓쳐버리면 자동으로 문을 닫는 시스템을 갖고 있다. 이 부분 때문에 우울증은 의지로 극복이 안 된다고 하는 것이다. 또한 이것은 사전 예고가 없다. 우울증은 죽고 싶은 생각이 들 정도로 쌓인 고통이 있다는 의미라는 것을 이해했으면 좋겠다. '죽느냐, 사느냐, 그것이 문제로다.'와 같이 둘 중의 하나를 선택하는 문제가 절대로 아니다. '죽고 싶다.'라는 생각이 떠오르기까지 쌓이고 쌓인 마음의 고통이 무너져 내린 산사태이다. 한순간에 건물이 붕괴한 것이다. 그리고 고통이 양적으로 늘어나다가 농축되어 질적으로 차원을 달리한 사건이다.

　그래서 겉으로는 우울증이 어느 날 갑자기 찾아오는 것처럼 보인다. 하지만 그 무너진 단서를 붙잡고 들어가 살펴보면 상상보다 훨씬 거대한 상처가 있음을 알게 된다. 물론 이 상처들을 다 따지자는 것이 아니다. 이미 엎질러진 물은 다시 주워 담을 수 없고, 지나간 시간도 되돌릴 수도 없다. 다만 그 무너진 세상에 사는 나를 나 자신이 외면하면 안 된다는 것을 이야기하는 것이다. 그렇게 조금만 노력하면 나는 나 자신에게 부모 역할을 할 수 있다. 그렇게 상처받은 자아를 인정하고 위로해주어야 한다. 진심으로 나 자신을 불쌍히 여긴다면, 그렇게 자기 사랑이 돋아난다면 우리는 우울증에서 충분히 벗어날 수 있다.

아픈 게 아니라 생각할 힘이 없었다

"불행한 삶에 빠진 나를 건져내줄 올바른 생각을 할 힘이 필요했다."

나는 29살에 혈액암의 일종인 비호지킨 림프종이라는 진단을 받았다. 스스로 불행하다고 생각하는 날들이었다. 갑자기 목구멍이 붓고, 목소리가 안 나오고, 목에서 피가 나오는 등 몸살이 극심하여 병원에 갔다. 조직검사를 했고 목과 턱 사이에 지름 1cm 정도의 암 덩어리가 생겼다고 했다. 청천벽력 같은 소리에 나는 심리적·정신적으로 더욱 충격을 받았다. 의사가 목이 더 부으면 호흡이 곤란할 수도 있어서 목에 구멍을 뚫어야 할지도 모르니 마음의 준비는 하고 있으라 했다.

나는 고등학교 때부터 원인을 알 수 없는 몸의 증상들로 고통받고 있었다. 병원에 가면 면역력이 약해서 그렇다거나 신경성이라는 말을 가장 많이 들었다. 그래서 몸에 좋다고 하는 정보들을 수집하면서 갖은 노력을 기울이고 있던 터였다. 1년 전 28살에 급성 간염으로 온몸이 노랗게 변해 2주간 입원을 했었는데 그사이 건강이 더 나빠진 것이다.

나는 이렇게 아픈 몸으로 결혼해서 아이를 낳을 수는 없겠다고 생각했다. 만약 자식이 생긴다면 이런 저질 체력과 몸은 물려주고 싶지 않았다. 태어나지도 않은 아이에게 미안해서 안 된다고 말이다. 그래서 어떻게든 건강해지려고 식단 조절도 하고, 생식도 하고, 야채 위주의 식단으로 식사를 바꿔보기도 하였다. 또 몸이 뚱뚱해서 아픈 것인가 하여 다이어트에도 열을 올렸다. 다이어트도 정신의 문제라는 말에 정신과 상담도 받았다. 우울증 약, 살 빼는 약을 먹었다. 모든 것이 마음의 문제라고 여겨 명상도 해보고, 선 수행을 한다고 참선 캠프도 열심히 갔다. 하지만 그때뿐이었다.

여기저기 병원에 다녀 봐도 스트레스 때문이라는 같은 소리만 들었다. 방법이 없다고 하니 대체의학에 엄청난 의존을 했다. 하지만 이런 나의 노력에도 불구하고 암에 걸려버렸다. 어떤 것에서도 효과를 보지 못했다. 임파선 암은 치료만 잘 하면 완치율이 70%가 된다고 한다. 치료가 된다고는 하지만 망가질 대로 망가진 내 몸은 어떻게 한단 말인가? 남은 인생을 이 망가진 몸으로 내가 잘 살아낼 수 없을 것만 같았다.

그 시절의 나의 주변에는 위로를 해줄 어른이 없었다. 가까운 친구들이라고 해도 자신들이 겪어보지 않은 큰 불행 앞에서 다들 어떤 말도 하지 못했다. 그냥 잠시 옆에 같이 있어줄 수만 있었다. 이마저도 내가 1시간 이상은 외출이 힘들어서 잠시 왔다가 갈 뿐이었다. 그때의 나에게 어떤 어른이 필요했을지 생각해본다. 어떤 말로 위로를 해야 했을까? 나는 무슨 말이 가장 듣고 싶었을까?

"임파선 암 2기입니다."

의사가 말을 했을 때. 내 마음 깊은 곳에서 수면 위로 떠오르듯이 말이 들렸다. 처음에 들었던 생각은 '올 것이 왔군.'이라는 생각이었다. 그런데 이내 내 안에서 다른 소리가 들렸다.

"살고 싶다."

그 말이 나의 가슴과 머리를 쳤다. 나 자신에게 배신감이 느껴지기도 했다. 나는 20대 내내 우울함에 빠져 부정적인 생각들만 했었다. '뭐야? 나 죽고 싶은 거 아니었어? 나 살고 싶었던 거야?' 나 자신이 안쓰럽기도 하고 순간 기가 찼다. 나는 생각을 하면 항상 죽고 싶다는 생각으로 결론이 났었다. 이 '죽고 싶다.'라는 생각과 온종일 겨루느라 진이 다 빠졌었다. 그리고 몸이 아팠기 때문에 백방으로 돌아다니며 체력을 키워보려 했지만 계속되는 실패에 침울했었다. 그런 부정적인 생각들이 가득한 내면에서 툭 하고 나의 진짜 목소리가 나온 것이다. 나는 죽고 싶다는 생각이 나의 가짜 생각이고 살고 싶다는 생각이 진짜 생각이라고 본다. 이렇게 엉망으로 가짜에게 휘둘리면서 살아놓고 인제 와서야 살고 싶다는 진짜를 말하다니. 암은 나에게 나의 진짜 메시지를 전해주었다. 진짜 나는 죽고 싶지 않았던 것이다. 하지만 그런 놀라움을 뒤로 하고 나는 항암 치료에 들어갔다.

47살의 나는 나의 사건에서 내면의 소리를 듣지 못한 불쌍한 나를 보았다. 지금 중년을 넘긴 나이의 내가 그때의 나에게 꼭 말해주고 싶다.

"너무 큰 병 앞에서 놀랐겠구나. 인생에 핵폭탄이 떨어진 것 같이 느껴지지? 왜 나에게, 아직 서른도 되지 않은 나에게 이런 병이 왔을까? 답답하지? 네가 마음속의 목소리를 들었듯이 네가 외치고 있는 거야. 살고 싶다고, 잘 살고 싶다고 몸이 보내는 신호인 거야. 몸이 너무 망가져버렸다고 절망스럽지? 20대의 마지막을 이렇게 보내고 있으니 얼마나 슬프겠니? 하지만 삶은 생각보다 놀라운 일들로 가득해. 이렇게 일찍 절망할 필요는 없어. 이 불행을 통해서 분명히 뭔가 네가 인생에 큰 깨달음을 얻을 수 있을 거야. 네 주변 친구들은 알기 어려운 인생의 고통의 의미를 알게 될 거야. 의미는 너 스스로가 찾는 거야. 아주 조금씩만 하루하루 나아지면 금방 회복되고, 오히려 아프기 전보다 훨씬 더 성숙하게 잘 살 수도 있어. 넌 할 수 있어."

하지만 나는 또 한 번의 깊은 잠에 빠지게 된다. 나의 목소리에 귀 기울이지 않은 것이다. 그때 다시 잠으로 빠져드는 나를 누군가 붙잡아줬다면, 나라도 나 자신을 알아줬더라면 내 인생은 지금과는 크게 달라졌을 것이다.

암보다 더 큰 문제는 내가 자신을 속이는 자기기만의 병을 앓고 있던 것이다. 세상 누가 자기 자신을 속이고 싶겠는가? 나를 속이면서까지 자신의 인생을 살지 못하는 이유는 무엇일까? 사람은 자기 자신의 모습을 보는 것이 가장 힘들다고 한다. 내가 그랬다.

항암 치료를 받기 위해 병원에 입원했던 계절은 장맛비가 자주 내리던 6월 말 7월 초의 여름이었다. 나는 암에 걸린 것이 가족들에게 부끄러웠다. 그래서 입원은 나 혼자 가서 할 테니 병원에는 나중에 천천히 오라고 했다. 입원 수속을 끝내고 암 병동 6인실에 배정을 받았다. 덩그러니 차가운 가운과 새로 커버를 씌운 침대를 마주했다.

나를 제외한 다른 분들은 50대 아주머니부터 80대 할머니까지 나이가 지긋하신 분들이셨다. 다들 참 많이 아프셨다. 각각 병간호하는 가족들이 보조 침대에서 같이 기거하셨다. 내 침대는 창가 옆이었고 창문 너머로는 병원의 다른 건물의 회색 벽만 보이는 창이었다.

내가 입원했던 병원은 기독교재단이어서 병원에서 매일같이 예배도 보고, 1층 로비에서는 항상 〈당신은 사랑받기 위해 태어난 사람〉 찬송가가 울려 퍼졌다. 이전에는 들어도 아무 감정도 일어나지 않았던 노래다. 그런데 입원을 하고 나서 들으니 그 음악이 정말 듣기 싫었다. 가슴 속에서 화가 치밀어 올라왔고, 그 노래가 나를 조롱하는 것 같이 느껴졌었다.

병원 생활은 오히려 나 같이 무기력하고 우울했던 사람에게는 나쁘지 않았다. 아침마다 예쁘고 친절한 간호사 선생님들이 웃으면서 피를 뽑아주고, 때를 맞추어 밥을 주고 그래서 규칙적인 생활이 가능하고, 주변에 항상 사람들이 적당한 관심을 가져주기 때문에 집에서보다 훨씬 편했다. 나의 마음속은 휴전이라도 한 것처럼 조용하고 평화로웠다. 그리고 오히려 병이 빨리 나아야 한다는 단기 목표가 생겼기 때문에 방황하지 않고 충실히 치료에만 전념했다.

나는 그때 위로보다도 더 절실히 필요했던 것이 있었다. 불행한 삶에 빠진 나를 건져내줄 올바른 생각을 할 힘이 필요했다. 하늘에서 내려오는 동아줄을 기다리는 것이 아니라 나 스스로 이 구렁텅이에서 빠져나가는 방법을 배워야 했다. 자신의 인생에 위기는 그 누구도, 엄마도 참견할 수 없다는 것을 몰랐다. 단지 더 병이 도지지 않기 위해 식단을 조절하고 마음가짐을 편하게 하는 것만으로는 나의 존재적인 위기를 해결할 수 없었다. 나 같이 패배의식에 젖어 있는 사람들이 어떻게 해야 우울의 늪에서 빠져나올 수 있는지에 대한 인생에 대한 총체적인 이해와 해결책이 필요했다. 하지만 나는 생각할 힘이 없었다. 나는 아픈 게 아니었다. 나를 살게 하는 힘이 부족했고, 나를 살리는 지혜가 없었다.

03

좋은 것들조차 내게 상처를 냈다

"어릴 때부터 상처가 쌓인 사람은 사실은 자신이 상처가 많은 줄도 잘 모른다.
어렴풋이 인지할 뿐이다."

초등학교 2학년 때였다. 하루는 집에 나와 동생 단둘이만 있는 날이었다. 문득 나는 오늘이 기회라는 생각을 했다. 집은 빈집으로 남겨 놓은 채, 유치원생 남동생을 데리고 나갔다. 그 당시는 핸드폰도 없던 시절이다. 그래서 어디를 가면 쪽지를 남겨놓는 것이 보통이었다. 하지만 나는 마음이 다급했다. 그래서 그냥 나갔다. 이 집은 우리 진짜 집이 아니고 엄마도 진짜가 아니기 때문에 집을 나가야 한다고 동생을 설득했다. 동생은 내 말이 맞아서라기보다 누나가 그냥 밖에 나가 놀이를 하는 줄 알았던 것 같다. 그 시절에는 밖에 나가기만 하면 친구들을 만날 수 있었기 때문이다. 마치 소꿉놀이를 하듯이 집 나가는 놀이 정도로 말이다.

9살 누나가 7살 동생을 데리고 나가면 어디를 가겠는가? 무작정 걸었다.

저 집이 우리 집이 아닌 것은 맞는데 그럼 진짜 집은 어디 있을까? 당시 버스 정류장 2개 정도 떨어진 곳에 삼촌이 살고 계셨었다. 아이들 걸음으로 두 정거장은 꽤 먼 거리이다. 삼촌은 결혼한 지 6개월 정도 지난 신혼이었다. 어딘가 집을 찾아가야 했는데 딱히 갈 만한 곳이 생각나지 않았다. 작은 엄마는 23살의 꽃다운 나이에 시집을 온 새댁이었다. 항상 미소를 띤 얼굴로 우리와 이야기했고, 상냥하고 친절했다. 그래서 나도 모르게 삼촌 집으로 갔던 것 같다. 두 동네를 가로질러 삼촌 집에 도착했고, 다행히도 작은 엄마는 집에 있었다.

작은 엄마는 너무나 놀라면서 우리 둘을 맞아주었다. 무슨 말을 했는지 기억은 가물가물하다. 작은 엄마가 준 주스와 과일을 신나게 먹고 있는데, 작은 엄마가 우리 엄마와 통화하는 소리가 들렸다. 나와 동생은 뒤도 안 돌아보고 나왔기 때문에 집 상황은 전혀 몰랐다. 엄마가 집에 와 보니 대문이 활짝 열려 있고, 아이들은 없어진 상태였다고 한다. 그렇게 나의 첫 가출의 꿈은 해프닝으로 끝나고 말았다. 집에 돌아가면 엄청 야단을 맞을 줄 알았다. 하지만 전혀 혼나지 않았고, 엄마는 집에 도둑이 들었었다며 도둑맞은 게 무엇인지 살피느라 매우 분주했다.

어린 시절 부모님은 매일같이 싸웠다. 하루도 조용한 날이 없었고 욕을 안 듣는 날이 없었다. 엄마는 집 밖에서는 교양인이었다. 하지만 집 안에서는 표정과 목소리 톤이 달랐다. 한 일주일은 굶은 맹수의 얼굴을 하고 닥치는 대로 물고 뜯었다. 항상 싸움의 시작은 엄마가 하고, 아빠는 일방적으로 당하는 모양새였다. 당하기만 하는 아빠도 미웠고, 그런 집이 싫었다. 지옥이 있다면 우리 집과 같을 것이라 여겼다. 그래서 일이 잘못되기만 하면 집이 시끄러워서 되는 일이 없다고 생각할 정도였다.

나는 항상 친구네 집이 궁금했다. 나는 친구의 부모가 궁금했고, 그들의 관계가 알고 싶었다. 어떻게 사는지, 걔네 엄마는 어떻게 딸을 대하는지, 무슨 말을 하는지, 저 친구는 엄마를 어떻게 생각하는지, 용돈은 어떻게 받는지, 생일 선물은 받는지, 가족끼리 외식을 나가면 어디로 가는지, 혼이 날 때는 어떻게 뭐 때문에 혼나는지, 걔네 엄마 아빠는 사이가 좋은지, 등등. 그래서 나는 초등학교 1학년 때부터 친구네 집에 가서 놀면서 같이 자곤 했다. 요즘은 조금은 생소한 모습이지만 1980년도 당시에는 매우 흔한 일이었다. 집마다 보통 형제가 서넛은 되었기 때문에 하루 정도 애가 하나 더 늘든, 줄든 티도 안 났던 것 같다.

반대로 나는 친구와 이야기할 때, 우리 집에 대해서는 아무 말도 할 수가 없었다. 할 수 없었고, 사실은 할 말이 없었다. 친구들끼리 엄마 아빠 험담을 시작하는 나이는 중학교 이후에나 가능하다. 그리고 보통의 초등 저학년들은 엄마를 좋아한다. 그리고 부모들에게 사랑을 많이 받는다. 그래서 입에서 나오는 이야기들 대부분은 좋은 얘기들이다. 친구들은 선물 받은 얘기, 가족끼리 놀러 갔던 얘기, 엄마 아빠의 이야기를 하면 자랑을 하는 것이 아니었다. 평소 자기의 생활과 일상을 말하고 있었다. 그런데 내용은 그 일상이 얼마나 행복한지를 말하고 있었다.

　내가 아무리 어려도 눈치가 있었다. 그런 행복한 이야기들을 하는 친구들에게 나의 상처받는 이야기, 오늘 들은 욕 이야기는 할 수가 없었다. 찬물을 끼얹는 말을 해서 분위기를 망치고 싶지 않으니 말이다.

　나는 말을 많이 하기보다는 듣는 축에 속했었다. 어릴 때 형성된 습관의 일부였다. 지금은 말이든, 글이든, 그림이든, 노래든, 춤이든 나를 표현하는 것이 나를 사랑하는 방법 중에 최고라는 것을 잘 안다. 하지만 그때는 말을 하면 내 치부가 드러난다는 생각이 들어서 입을 뗄 수가 없었다. 친구들이 백 마디를 하면 나는 한마디를 겨우 할까 말까 한 정도였다. 그래서 나 스스로도 나를 내성적이고, 조용한 성격으로 알고 있었다. 내가 말이 없으니 나도 나를 그렇게 인지할 수밖에 없었다.

　그래서인지 나는 말을 많이 하는 친구, 밝고 자기 이야기를 가감 없이 하는 친구들을 더 좋아했다. 나도 그렇게 되고 싶었기 때문이다. 그 아이들의 거침없는 태도, 자신감이 넘쳐나는 표정을 보면 나는 눈동자에서 흠모의 눈빛이 나왔고 그런 친구들을 좋아했다.

　나는 우리 집이 불우한 가정이라는 것에 가슴 아파했고, 그렇게 규정했다. 그리고 행복한 친구들의 모습을 볼 때마다 부럽고 동시에 마음이 아팠다. 그 악순환의 고리는 계속 되었다. 나는 친구들을 만날 때마다 나에게 없는 것만 보았기 때문이다. 날이 갈수록 나에게 없는 것만 눈에 보이고 마음에 쌓여갔다. 내 마음속에는 그렇게 '기분 좋아요'와 '기분 안 좋아요' 중에 '기분 안 좋아요'가 압도적으로 많이 쌓여갔다.

여기에서 나의 가장 큰 오류는 '나는 이해 받을 수 없는 사람이다.'라고 생각한 것이다. 더 정확하게 말하면 나는 이해받는 것이 뭔지 전혀 몰랐다. 내가 말을 하면 그 말을 남이 듣고 나를 이해하게 된다는 것이 이해되지 않았다. 안타깝게도 경험의 부재로 인해 그런 생각의 구조가 머리에 없었다.

사람이 공감을 받으면 상처가 치유되는 줄 꿈에도 몰랐다. 또 공감받는 것이 얼마나 행복한 일인지도 몰랐다. 사랑은 부모만이 줄 수 있는 것인 줄 알았다. 부모 외의 사람에게 애정을 기대해서는 안 되는 줄 알았다. 그런 이유로 하나님을 믿었다. 우정도 사랑과 애정의 일종인 줄 몰랐다. 자기의 이야기를 하여 사람들에게 반응을 살펴보는 피드백이 필요했다. 나는 그 어린 아름다운 시절을 꽉 막힌 채로 세상 속에 있었다.

또래 친구들 사이에 들어가면 마치 물과 기름이 분리되는 것처럼 그런 느낌에 불편했다. 남들과 다른 부모를 가졌다는 생각, 친구들은 모르는 불행이 내 안에 가득하다는 생각, 그로 인해 친구들과의 일상적 대화에 끼지도 못하는 나 자신이 한심했고, 의기소침해져서 타인과 소통이 힘들었다. 친구들이 가득한 학교에서 누가 나를 따돌리지 않아도 항상 외톨이라는 느낌 속에서 안정감을 느껴보지도 못하고 어린 시절이 흘러갔다.

고등학교 3학년 때 한창 대학입시 때문에 다들 힘들어할 때 물론 나도 힘들었다. 입시의 압박감과 정신 줄을 놓거나 생활이 관리가 안 되면 성적이 미끄러지니 긴장을 늦출 수도 없다. 그렇게 시험 날이 되고 고3들은 거사를 치른다. 나는 어떻게든 같은 길을 가는 무리에서 이탈되지 않기 위해 안간힘을 썼다. 대열에서 떨어져 나가지 않고 합격의 흐름에 합류할 수 있었다.

삶은 아이러니하다. 대학에 붙었으니 행복해야 할 것이 아닌가? 불쌍한 영혼인 나는 고3 때가 더 살 만했고 견딜 만했다. 모두가 힘들 때는 나의 어려움이 같이 묻혀서 눈에 띄거나 아프게 느껴지지 않았기 때문이다. 다시 말하면 나는 전쟁 시에 상대적으로 덜 불행한 사람이었던 것이다. 평화와 자유와 행복의 시대가 오니 현실에서 나의 초라한 존재가 드러나기 시작했다. 그리고 나도 잊었던 나의 상처들이 다시 심하게 건드려졌다. 주변의 친구들이 대학생이 되어 번데기가 고치를 벗고 신이 나서 자유롭게 날아가고 있을 때 나는 다시 예전의 나보다 더 힘든 시간이 되었다. 힘든 것 플러스 상처 타임이 도래했다.

고3 때 선생님께서 아이들에게 입시를 마치면 무엇이 가장 하고 싶은지 물으셨다. 대부분의 아이들은 '잠을 자고 싶은 만큼 실컷 잔다.', '화장품을 사고 화장을 신나게 할 것이다.', '남자친구를 사귈 것이다.' 등의 고생 후 각자 자신에게 달콤한 무언가를 주겠다고 말하고 있었다. 나는 뜬금없이 도를 닦으러 갈 것이라고 선생님께 대답했다. 인도로 갈 거라고. 그랬더니 선생님께서는 웃으면서 농담으로 들으셨다.

"지수는 인도 갔다 오면 공중부양도 할 수 있겠네."

실행하지는 못했지만 농담은 아니었다.

어느 정도 성장하여 상처를 받은 경우 인지가 가능하지만, 어릴 때부터 상처가 쌓인 사람은 사실은 자신이 상처가 많은 줄도 잘 모른다. 어렴풋이 인지할 뿐이다. 본인이 힘들다는 것은 확실하게 알고 있다. 그러니 자신이 사는 게 힘들다면 상처받고 있다는 것을 유추할 수 있다. 그래서 많은 경우 상처는 자신이 인지한 것보다 훨씬 크고 깊다.

나의 삶이 불행하다는 생각, 나의 집이 지옥이라는 생각은 내가 경험하는 모든 것을 상처로 경험하게 만들어 버린다. 세상 따뜻한 말, 좋은 것들조차 신기하게도 모두 부메랑이 되어 나에게 상처를 낸다. 그 생각에 꼼짝없이 붙들려서 내 실상을 드러내지 못하게 된다. 표현을 못 하니 세상과 또 사람들과의 소통에서 그 감을 잃어가게 된다. 그래서 남들은 상처를 주지도 않았는데 그것이 내 안으로 들어올 때는 상처로 변환되는 구조. 나만 상처받는 악순환으로 들어가게 된다.

04

나 자신에게 혹독한 폭군이 되어 있었다

"아빠, 나는 강해지고 싶었어요."

우울증에 시달리는 사람들이 남들 눈에도 반드시 우울해 보이는 것은 아니다. 겉모습은 평균 이상으로 쾌활하고 사람들을 즐겁게 해주는 유머 감각이 뛰어나기도 하다. 어느 그룹에 들어가든 책임감이 투철하고 모범적이어서 솔선수범한다. 이 사람들의 내면이 우울한 것을 주변 친구들이나 지인들은 거의 알지 못한다. 본인도 일부러 그러는 것은 아닌데 주변 사람들의 기분을 살피는 게 몸에 배어 있다. 나의 욕구보다는 내가 사랑하는 사람의 욕구를 더 맞춰주려는 경향이 강하다. 그래서 배려가 지나쳐서 자신을 힘들게 한다.

또한 불쾌한 상황이나 받아들이기 힘든 현실 앞에서도 적절한 대처를 하지 못하는 경우가 많다. 이때는 자기 생각을 고스란히 전달해야 그나마 효과가 있을 텐데, 대부분 그러지 못한다. 할 말을 잃고 부정적 감정에 대해 처리도 미숙하다.

1999년부터 2002년까지 나는 대체의학에 푹 빠져 있었다. 몸을 건강하게 하려고 식단도 채식 위주로 바꿨다. 그리고 몸의 고통에 대해 응급으로 대처할 방법들을 배우고 다녔다. 오행생식, 사혈, 수지침 등이 있다. 대체의학을 하면 몸에 이상이 생길 때마다 하게 되는 것이 있다. 바로 사혈침으로 손끝 따기이다. 체하거나 소화가 되지 않을 때 손가락 끝을 바늘로 한 번 찔러주면 까만 피가 나오면서 금방 시원해지는 경험을 한 번쯤은 해보았을 것이다.

나는 이것을 반복하면서 더 센 자극을 찾게 되었다. 사혈침으로 피를 빼는 범위가 몸으로 더 넓어지는 것이다. 몸의 안 좋은 부위에 사혈침으로 찌른 다음 어혈을 빼낸다. 몸에서 끈적끈적하고 덩어리진 죽은 피를 빼냈다. 강의를 들으러 다녔고, 기구들도 사고 집에서도 시간이 될 때마다 했었다. 시커멓게 덩어리진 피를 뽑고 나면, 눈으로 확인을 해서 그런지 뭔가 '내 몸에서 나쁜 게 빠져나갔구나.' 하는 묘한 쾌감을 느꼈다. 약으로 효과를 못 보거나, 병원에 가기 애매한 병세를 가지고 계신 분들이 여전히 잘 사용하는 방법이다.

분명 나는 그 시절에는 통증이 감소하는 효과를 보긴 했다. 그런데 나의 문제는 어떤 방법이 어떤 병을 확실히 잡아준다는 소리만 들으면 어느새 그것에 중독이 되듯이 푹 빠져버리는 것이었다. 몸은 아픈데 약은 안 듣고 증상은 나아지질 않으니 멈출 수가 없었다. 제대로 된 매뉴얼도 없고 적당히 알아서 해야 하는 아주 위험한 일들을 아무렇지도 않게 했다.

지금 다시 생각해보면 가슴이 아프다. 병원에서 해결해줄 수가 없으니 내가 자체적으로 몸의 고통을 줄이기 위해 실행한 고육지책이었다. 자신에 대한 사랑이 있었다면 뭔가 더 근본적이고 종합적인 방법을 찾기 위해 더 애를 썼을 것이다. 나는 당시 눈앞의 고통에 힘들어서 앞에 나타나는 모든 것들을 생명줄 붙잡듯이 여유가 없었다. 이것이 암 진단을 받기 1년 전의 나의 모습이었다.

몸과 마음 그리고 정신이 모두 불안정해지면서 나는 삶에 돌파구가 필요했다. 이런 나의 나약한 모습이 건강에 도움이 되지 않는다고 생각했다. 그래서 평소 의견이 잘 맞고 친하게 지내던 언니와 동생 그리고 나, 이렇게 셋이 집을 나와 독립을 하기로 한 것이다. 셋 다 모아놓은 돈은 없었지만 젊으니까 할 수 있다고 생각했다. 내가 미술 강사를 계속하고 있으니 셋이서 미술학원을 하면서 생활비를 벌기로 했다. 그렇게 미술학원에 딸린 방에서 같이 살면서 생활을 했다.

당시 부모님은 반대도 허락도 하지 않으셨고, 나의 이런 행동을 그냥 마뜩잖게 바라보셨다. 나는 10대에 사춘기도 없었고, 부모님께 별 반항이라는 것을 해본 적이 없었다. 어쩌다 보니 20대가 다 끝나가는 마당에 반항

같은 독립을 하게 되었다.

처음 해본 독립이기도 하고, 나는 몸과 마음 영혼이 모두 불안정 그 자체였다. 그 때문에 젊음의 열정으로 시작하는 시트콤 같은 독립이 절대 아니었다. 세상 물정도 잘 모르는 세 명의 처녀들이 생활비를 벌겠다고 좌충우돌하며 마음과는 다르게 갈등 상황이 되어버렸다. 무모하게 집을 나왔으니 뭐라도 해야 했다. 하지만 서로의 관계만 더 나빠질 뿐이었다.

그렇게 지내는 데 역시나 6개월쯤 지나니 나의 몸이 또 문제가 되었다. 처음에는 몸살인 줄만 알았다. 밤마다 열이 나고 목이 아팠다. 여기에서 내가 아주 꼴통 짓을 하게 된다. 병원을 안 간 것이다. 몸살은 금세 지나갈 테니 조금만 버티면 된다고 생각한 것이다. 일주일이 지나 더 나빠져도 조금만 더 버텨보기로 한다. 그렇게 3주에서 4주로 넘어가는 상황에 몸무게가 10kg 정도가 빠졌다.

평소 내가 무엇을 하든 신경도 쓰지 않으시던 아빠가 전화를 다 했다. 내 상태가 큰 병이라는 것을 느끼셨던 것 같다. 앰뷸런스를 보낼 테니 빨리 타고 오라고 하셨다. 나는 그냥 내 발로 집으로 들어갔다. 그리고 동네 병원을 가보니 큰 병원으로 가라고 했다. 그 상황에서 아빠는 나에게 질문을 던졌다. 도대체 왜 이렇게 행동하는 것이냐고 말이다. 그 시절 나는 아빠와 대화가 없었다. 하루에 한두 마디 하면 그것으로 끝이었다. 나는 아직도 생생하게 기억한다.

"아빠, 나는 강해지고 싶었어요. 강해지고 싶어서 이래요."

아빠는 말씀하셨다.

"너는 강해질 수 없어. 넌 안 돼."

이게 무슨 소리란 말인가? 나는 내가 몸이 이 지경이 되도록 방치하고 놔둔 것 때문에 아빠에게 아무 말도 못 했다. 스스로 죄책감이 들고 또 화가 치밀었지만 그러기엔 진짜로 힘이 없었다. 이것이 나의 아빠가 인생의 가장 바닥을 치고 있는 딸에게 한 말이다. 어떻게든 아프지 않게 살고 싶어서 대체의학까지 기웃거리다가 해결하지 못하고 결국 암에 걸린 딸에게 한 말이다.

어릴 때부터 나의 의식의 저변에 깔린 생각이 있다. 나는 세상에 나를 도와줄 사람이 아무도 없다. 그러므로 나는 강해져야 한다. 나에게는 남들에게 있는 좋은 부모가 없다. 그러니 혼자서 알아서 잘 해야 한다. 그렇게 초등학교 때 잡은 지푸라기는 공부였고, 중·고등학교 때 대학교에 가기 위해 잡아야 했던 지푸라기는 미술이었고, 대학에서는 몸이 아프니 건강을 누구의 도움 없이 스스로 챙길 수 있도록 해야 했다. 그래서 체력을 키우겠다고 등산학교도 다니고, 매주 등산도 훈련하듯이 다녔었다. 어처구니가 없지만 나는 그렇게 극기 훈련하듯이 살았다. 도대체 왜 그렇게 힘을 키우겠다는 막연한 생각만을 했던 것일까?

우리 집에는 형제들끼리 하는 말이 있다. "우리 집은 무슨 일 하나 하기가 왜 이렇게 어려워?"라는 푸념이다. 집 밖에 나가려는 순간 문간에서부터 뒤통수에 욕을 먹어서 힘들다. 엄마 목소리가 아파트 전체에 울려서 동네 창피해서 힘들다. 가족끼리 외출 한번 하면 차 안에서 부부 싸움이 나서 힘들다. 밥 먹을 때는 밥상에서 항상 타박이 날아와서 소화가 안 된다. 어릴 때 항상 생각했다.

'나는 다른 친구들이 노력하는 것보다 2배, 아니 3배를 노력해야 저 친구들만큼 얻을 수 있다.'

나를 오류에 빠지게 한 대표적인 생각이다. 나는 '열심히 하지 말고 그냥 놀았어야 했나?'라는 반문을 하곤 한다. '만약에'라는 생각이 어리석게 느껴질 정도로 나는 선택의 여지가 없었다. 그리고 나는 마음을 편안히 하는 방법을 몰랐다. 모든 일이 마음먹기에 달렸다는 것도 알기에 온갖 마음 다스리는 공부도 또 열심히 했다. 하지만 마음은 한시도 편한 적이 없다. 몸이 아플 때마다 내가 미웠고, 체력이 떨어져서 작업실에서 오래 있지도 못하는 내가 한심했다. 그래서 더더욱 강해지고 싶었다.

나는 타인을 대할 때는 있는 그대로의 그 사람의 모습을 바라보는 사람이라고 자부한다. 그리고 주변 친구들도 나에게 이야기한다. 편견 없이 바라봐주어서 같이 있는 것이 편안하다고 말이다. 왜냐면 제발 나를 있는 그대로 바라봐주기를 항상 부모님께 바랐기 때문이다.

그런데 자신에 대해서는 내 의지와 상관없이 나의 모습을 사랑할 수 없었다. 더군다나 있는 그대로의 나의 부모는 끔찍하게 싫었다. 나 자신과 함께 불우한 집안 환경을 참을 수가 없었다. 가정의 불화 속에서 나의 존재를 온전히 느낄 수 없다는 것이 슬펐다. 그래서 어떻게든 벗어나고 싶었다.

나의 모습을 되돌아보면 참 아찔한 순간들을 지나왔다. 대학교 3학년 때부터 본격적으로 시작된 몸과 마음 챙기기는 끝이 없이 돌아갔다. 강해져야만 살아낼 수 있다는 내 생각이 나를 강하게 만들기는커녕 오히려 더욱 위태롭게 만들어 갔다. 잘못된 믿음과 그릇된 생각이 멈추지 않는 기관차처럼 달려가다가 결국엔 벽에 부딪혀 강제로 멈춤을 당했다. 나 자신에게도 남들에게 하듯이 그런 부드러운 시선으로 나를 바라봤더라면 얼마나 좋았을까? 엄마가 항상 나를 타박하고 상처 주는 말만 해서 너무 아팠다. 그런데 나도 모르는 사이에 내가 엄마보다도 더 나를 혹독하게 대하는 폭군이 되어 있었다.

0 5

칭찬을 받기 위해 늘 열심히 했다

"요즘 우리는 잘하는 것을 찾는 방법이
더 흥미로워지고 정교해진 사회에 살고 있다."

"너는 좋아하는 게 뭐니?"

"뭐하면서 놀 때가 가장 좋아?"

"어떤 노래를 좋아하니?"

내가 가르치는 학생들에게 가장 자주 물어보는 질문이다. 이 질문을 하
는 이유는 학생의 취향을 알면 미술 지도의 방향을 정하는 데 도움이 되
기 때문이다. 그리고 아이가 좋아하는 것 가까운 곳을 조금만 더 들어가면
잘하는 것에 금방 도달할 수 있기 때문이다. 아이들은 잘하는 것을 집중적
으로 키워줘야 실력이 빨리 오르고 성취감을 맛보게 된다. 그 영향이 다른
것들, 즉 친구 관계, 공부, 취미 등에 골고루 퍼지게 되는 것을 본다.

나 자신에게도 물어본다. '너는 잘하는 게 뭐니?' 나는 사람들의 말을 깊게 들어 공감할 줄 알고, 그 사람의 의견을 존중할 줄 알며, 그래서 그 사람의 능력이 최대로 발휘되도록 돕는 사람이다. 그리고 그 사람의 실력이 드러나는 것을 매우 기뻐하는 마음을 가지고 있다. 나는 공감하는 능력이 나의 장점이라는 것을 이제는 안다.

보통 사람들을 설명할 때 쓰는 말 중 "사촌이 땅을 사면 배가 아프다."라는 말이 있다. 인간의 본성이라고 한다. 많은 사람들이 남이 잘되는 것을 좋아하지 않는다. 우리는 무한경쟁 속에 살고 있다. 경쟁에서 이기지 않으면 도태된다. 때문에 남이 나보다 앞서간다는 것이 내가 뒤쳐졌다는 것을 느끼게 한다. 그리하여 가까운 누군가가 직업에서 성공하고, 유명해지고, 돈을 아주 많이 벌어서 좋은 집을 사면 속이 아프다. 이런 성향이 더 심해지면 속으로 남들의 실패를 은근히 즐거워하는 사람들도 본다.

나는 인생에서 많은 좌절을 했던 사람이다. 그래서 그런지 남이 그런 고통을 겪는 모습을 보는 것이 힘들다. 내가 그렇게 되기를 바라듯이 성공하고 행복하게 살기를 진심으로 바란다. 이 점이 나의 장점이다.

어린 시절 나는 집에서는 칭찬을 받아본 기억이 없다. 나는 남매 중 애정결핍이 조금 더 심했다. 그래서인지 모든 면에서 서툴렀다. 말도 잘 못하고, 동생과 놀다가 동생에게 힘으로 밀리고, 맞아서 우는 것이 나의 일상이었다. 나는 울보라는 지질한 오명을 벗고 엄마에게 꼭 칭찬을 받고 싶었다.

칭찬을 받기 위해서 집안일 돕기, 심부름 냉큼 하기, 아침밥 밤에 쌀 불려 놓기, 동생 밥 차려주기, 엄마가 해놓은 음식 잘 먹기, 알아서 공부하기 등 나름 노력을 했었다. 그런데도 어린 마음에 나는 2살 위인 언니가 모든 면에서 나보다 잘하기 때문에 내가 칭찬을 못 받는다고 생각했다. 게다가 2살 아래의 남동생은 아들이고 막내이어서 무조건 사랑을 독차지했다. 이 상황을 해결할 방법은 내가 그들보다 더 나아지는 것이라고 생각했다. 하지만 나는 운동에도 소질이 없고, 활달하게 말을 잘하는 것도 아니었고, 인기가 많은 것도 아니고, 공부에 소질이 있는 것도 아니었다. 초등 저학년까지는 앞이 안 보였다.

초등학교 4학년 때 하루는 언니가 수학 문제를 풀면서 조금 헤매고 있었다. 나는 궁금하여 언니의 문제를 가져다가 풀어봤다. 어렵지 않게 풀리는 것이다.

'뭐냐. 나 수학 좀 하는 거야? 내가 그래도 수학은 좀 하는구나.'

너무 기뻤다. 내가 조금이라도 재능이 있는 쪽이 수학이구나. 더구나 수학은 조금 잘하면 학교에서도 공부 잘하는 애로 인정받을 수 있는 과목이니까 일석이조이다. 그렇게 나는 나의 장기를 수학으로 만들어갔다. 4학년이 되면서는 새벽 4시에 식구들이 다 잘 때 혼자 일어나서 수학을 풀고 학교에 갈 정도였다. 어린애가 새벽기도라도 하는 모양새였다. 그런 노력이 쌓여서 6학년 때는 학교에서 수학 좀 한다고 하는 꼬마 천재 박사님처럼 생긴 남자아이, 이름이 '영재'인 아이와 함께 학교 대표로 뽑혀서 서울특별시 수학경시대회에 나가기도 했다. 상을 타서 특별한 사람이라도 된 듯 전교 학생들 앞에서 교장 선생님께 상을 받는 단상에도 올라갔다.

나는 나 자신의 노력이 가상했다. 그리고 엄마에게 받을 칭찬만 기다리고 있었다. 같이 기뻐해주기만을 바랐다. 그런데 엄마는 좋아하는 것인지 아닌지 알 수 없는 반응만을 보였다. 어린 내 일생의 가장 큰 성취였는데 나는 엄마의 표정이 기억나지 않는다. 그냥 내가 할 일을 했다는 듯한 표정이었다. 칭찬 한마디 없었다. 엄마 기준에서 못하면 혼났고, 성적을 잘 내면 엄마는 칭찬이 아닌 너보다 더 잘하는 애들을 보란 말을 했다. 그리고 1등을 하면 묵묵부답이었다. 나는 칭찬을 못 하는 엄마와의 대화가 어색해서 학교에서 들었던 말들을 내 입으로 내뱉었다.

"엄마, 나 오늘 말도 한 번도 안 해본 맨 뒤에 앉은 우리 반에서 키가 제일 큰 친구가 나에게 와서 말을 걸었어."

학교에서 친구들이 놀라는 모습을 오히려 내가 엄마에게 전하는 이상한 상황이었다. 나의 마음속의 외침은 '엄마, 빨리 칭찬해 달라구요.'였다. 하지만 엄마는 나의 속마음을 알지 못했고 외면했다.

왜 어린아이들은 부모도 자신과 같은 불완전한 인간이라고 생각 못하는 걸까? 나를 키워주고 보살펴주고 사랑을 줄 책임이 있는 어른인 것은 맞지만, 그들도 부모 역할을 잘할 수도 있고 못할 수도 있는 평범한 결점 많은 인간일 뿐이라는 것을 아이들은 모른다. 나도 몰랐다. 그런데 어릴 때 그것을 깨닫지 못하면 커서도 모르기 쉽다.

나는 엄마를 만족시키기 위해 공부를 열심히 했던 것 이외의 것에서는 별달리 특기가 없었다. 몸이 건강한 편도 아니었고, 내성적이었으며, 낯가림도 심해서 친구들과 두루 친하게 지내는 인기 있는 아이도 아니었다. 그런데 문제는 다른 데서 발생하기 시작했다. 좋아하는 것이 없어지기 시작했다. 무언가 열심히 해도 보상을 받지 못했기 때문이다. 나는 엄마에게 보상받는 것을 배우지 못했기 때문에 나 스스로에게도 보상하지 못했다. 점점 삶에 재미를 잃어갔다. 점점 나의 인생의 색은 점점 회색빛으로 활력을 잃고 색을 잃어갔다. 좋아하는 것이 줄어들었고, 인생이 무미건조해졌다.

그럼 나에게 아빠는 없었는가? 아빠라도 도와줄 수 있었지 않나? 부부는 어느 정도 비슷한 수준의 사람이 만나서 결혼을 한다고 한다. 엄마가 모든 것을 간섭하면서도 칭찬에는 인색한 극도로 자기애가 강한 성격이었다면, 아빠는 소심하고 무기력하고 유약한 성격이었다. 아빠는 엄마를 전혀 통제할 수 없어서 매우 괴로워했다. 어릴 때는 아빠도 엄마를 무서워한다고 생각했었다. 아빠를 늘 불쌍하게 생각했다. 하지만 나는 아빠보다도 내가 더 불쌍한 줄은 모르고 살았다. 지금 생각해보니 이기적으로 자신들만 생각하는 부모였다는 점에서는 다를 바 없이 똑같았다고 할 수 있다.

나는 미술을 가르칠 때 그 아이의 장점을 끝까지 발전하도록 돕는 스타일이다. 내 입장에서 앞서 간섭하지 않는다. 아이가 가진 고유의 심성과 장점이 만나 본인만의 스타일로 재창조되는 경우가 가장 좋다고 생각하기 때문이다. 이 화학 작용과 마법이 일어나 이전에는 보지 못했던 학생만의 고유한 작품이 나올 때가 나는 정말 행복하다.

때가 무르익지도 않았는데 어른이나 선생이 간섭하는 것은 싹을 빨리 자라라고 위로 당기며 뽑는 일과 같다고 생각한다. 아이 스스로 뿌리를 단단히 내릴 수 있도록 돕는 일만이 선생과 어른들이 할 수 있는 일이라고 생각한다.

요즘 우리는 잘하는 것을 찾는 방법이 더 흥미로워지고 정교해진 사회에 살고 있다. 소질을 찾는 일은 어릴 때나 하는 일이라고 생각하던 시대가 지나가고 평생 자신의 장점을 찾아내야 행복하게 살 수 있는 시대에 살고 있기 때문이다. 예전에는 소질과 자질을 찾아내는 작업을 객관식 문제로 가려내는 시대에 살았다면 지금은 주관식 답안지를 앞에 두고 스스로가 자신의 자질을 인격에 녹여내어 서술하고 드러내고 뽐내는 시대를 맞이했다. 그런 만큼 아이들을 교육하는 문제도 다 변화하고 진보해야 하는 시대이다.

우리에게는 많은 시간을 전문가 자격증을 가진 사람들을 부러워하면서 지냈던 시간이 있었다. 자격증이나 졸업장이나 전문가 증명서가 아니면 이력에 넣을 수 없었기 때문이다. 하지만 시대의 변화가 아주 가파르다. 지금 우리가 맞이하는 시대의 인재는 전문가 자격증을 가진 사람들도 여전히 사회의 대우를 받지만 인재의 영역이 창조적으로 폭발적으로 넓어졌다.

시장은 자기만의 개성과 능력과 지혜로 무장한 매력적인 사람들을 찾고 있다. 세상의 지식과 정보의 흐름이 일방성에서 다중방향성으로 바뀌면서 사람들은 서로에게 도움이 되는 인격을 찾고 있다. 사람들의 삶에서 진정한 의미의 민주주의가 꽃을 피웠다. 이제는 내가 잘하는 것을 찾는 일이 비단 직업 선택만을 위한 어쩔 수 없는 선택이 아니다. 자신의 삶을 진정한 의미로 가득 채울 수 있는 도구들을 모으는 채움의 길이기 때문이다.

06

나의 자존감 온도는 몇 도일까?

"누구나 얼어붙은 자신의 마음을 녹일 수 있다."

이 시대에는 그 유명한 '너 자신을 알라.'가 아닌 '너 자신을 사랑하라.'가 대세이다. 얼마나 자신을 사랑하지 못하기에 시대의 모토가 된 것일까? 나는 나 자신을 어떻게 평가하는가? 나에게 높은 점수를 줄 수 있는가? 주변 사람들은 나에게 좋은 점수를 주는가? 주위에는 분명 나를 평가절하하고 심리적으로 곤란하게 만드는 사람들이 있다. 또한 나에게 항상 우호적이며 내가 생각하는 나 이상으로 나를 대접해주는 사람도 있다. 대체 어떤 평가가 맞는 평가인가?

자존감은 자신이 가치가 있고 사랑받을 만한 존재라는, 그야말로 자신에 대한 믿음이다. 그리고 자신이 어떤 어려움도 극복해내고 이겨낼 수 있는 사람이라는 자신감도 포함한다.

어린 시절 남동생에게 놀다가 맞아도 집에서는 아무도 내 편을 들어주지 않았다. 요즘은 자식 한 명씩 다 귀한 자식이지만 1970년대에는 형제간에도 서열이 있고 귀천이 있었다. 둘째 딸의 경우는 서열이 집에서 꼴찌였다. 그 시절 우리 집에서는 남동생이 왕자님이었다. 내가 맞고 울어도 아무도 신경 쓰지 않았다. 그냥 당연히 벌어지는 일처럼 '쟤 또 우는구나.' 정도로 넘어갔다.

그렇게 자주 울다 보니, 부정적인 감정을 말로 해결하는 방법을 배우지 못하고 항상 우는 것으로 해결하는 버릇이 생겼다. 그러다 보니 어른들의 눈에는 항상 바보같이 울기만 하는 모자란 애였다. 그렇게 반복되는 경험은 나 자신도 내가 모자란 사람이라는 인식을 하게 했다.

1970년대 말에 우리 집에는 12식구가 같이 살았다. 증조할머니, 할아버지, 큰아버지 등등 일일이 열거하기에도 많은 가족. 그중에 딱 한 명의 우군이 있었다. 바로 증조할머니셨다. 100살을 바라보는 완전 꼬부랑 할머니이셨다. 할머니는 거동도 불편하시고 귀가 어두우셔서 나는 같은 말을 두세 번씩 반복해서 크게 해야 했다. 할머니와 대화도 쉽지 않았지만, 항상 따뜻한 눈으로 나를 바라봐주셨다. 할머니는 그렇게 존재만으로도 나를 보살펴주셨다. 집안 식구 중에 유일하게 나를 '바보'로 취급하지 않는 분이었다.

할머니는 1800년대 말에 태어난 조선 시대 사람이다. 할머니는 나에게 종종 웃으면서 "너는 부잣집 맏며느릿감이다."라고 말해주셨다. 이 말은 조선 시대 사람이 하는 최고의 덕담이다. 유치원에 들어가기 전에 나는 집에서 거의 대부분의 시간을 '울보', '바보'로 살고, 아주 잠깐 '맏며느릿감'으로 살면서 자존감을 형성해갔다.

칭찬이 자존감을 형성하는 아주 중요한 요소가 되기는 하지만 본질적인 요소는 아니라고 생각한다. 무의식적으로 자존감이 튼튼해지는 유아기의 양육이 참 중요하다. 유아기에 양육을 잘한 부모는 아이가 유년기가 되고, 학령기가 되어 학교에 가고, 청소년기가 되어도 계속 잘한다. 기본적으로 인간에게 필요한 요소가 무엇인지를 알고 있기 때문이다.

그렇다면 양육을 잘 하지 못한 부모를 만난 자식들은 어떻게 해야 할까? 자신의 상황을 되도록 빠르게 인정하는 것이 필요하다. 어릴 때 자존감이 결핍되었다고 하여 사람이 살아가는 지혜가 없는 것은 아니다. 오히려 스스로 결핍을 느끼고 스스로 찾으려 할 가능성이 더 크다. 그리고 스스로 좋은 에너지를 만들고, 나 자신에게 긍정적인 영양분을 공급해주면 그만이다. 그렇게 자기 확신을 채워가야 한다.

하지만 이도 말처럼 쉽지 않게 느껴진다. 자존감이 낮은 사람의 생각의 흐름에는 구멍이 있다. 시간을 잡아먹는 구멍이다. 그리고 구멍으로 자주 빠지곤 한다. 생각에 빠지는 것이다. 잘 하고 있다가도 순간 '여기가 어디지? 나는 지금 뭘 하는 거지?' 하며 허무감을 느끼곤 한다.

이때 생각에 빠져들지 말고 자신에게 주어진 할 일들에 집중하여 행동해야 한다. 그 행동하는 것은 자신 각자의 수첩과 마음에 분명히 있다. 밀린 과제가 될 수도 있고, 집안 청소일 수도 있다. 아니면 미용실에 가서 머리를 정리하는 것을 미루고 있거나 꼭 해야 하는 집안일이 있기도 하다. 반드시 그것 하나를 시작하도록 하자. 아니면 자신의 버킷리스트 중에 하고 싶은 것을 당장 시작하자.

모든 사람들의 삶은 드라마이다. 나는 평소에 나의 이야기를 하지 못하고 살아왔다. 어린 시절부터 몸에 밴 나의 태도 때문이다. 나는 나의 집, 나의 엄마, 나의 아빠 그리고 나 자신에 관해 이야기하는 것이 너무 수치스러웠다. 그래서 꿀 먹은 벙어리처럼 조용히 공부만 하고 그림만 그렸었다. 친구를 만나도 할 말이 없었던 것이 아니라, 말을 하면 친구가 나를 싫어할까 봐 입을 열지 못했다.

내가 가장 창피해했던 부분 중 하나는 아빠가 직업이 없었다는 점이다. 단지 아빠가 무직이었다는 것이 창피한 것보다, 아빠는 아무 말도 해주지 않았다. 그 아무것도 모른다는 것이 나를 힘들게 했다. 그리고 집에서는 암묵적으로 그것을 묻지 않는 불문율이 있었다. 아빠의 얼굴을 보고 대놓고 왜 아빠는 직업이 없냐고 물어볼 수 없었다.

1년에 한 번씩 학년 초에 나오는 '가정환경조사서'라는 것이 있다. 나는 이것을 받아오는 날이 가장 싫었다. 그날은 엄마 아빠가 부부 싸움을 하는 날이고 거짓말을 해야 하는 날이기 때문이다. 아빠의 직업은 매년 바뀌었다. 어떤 해에는 부동산을 한다고 했다가 다음 해에는 빵집을 운영한다고 썼다. 왜 거짓말을 해야 했을까?

내가 아무리 어렸지만, 아빠의 스트레스는 눈치로 알 수 있었다. 큰아버지는 유학을 다녀온 의사이고, 고모네 집도 병원을 하고, 막내 삼촌은 사법고시를 준비하는 고시생이었다.

아빠는 형제들이 자기 공부를 하고 커리어를 만들 때 아빠 청춘의 시기에 할아버지 병수발을 했다. 할아버지는 중풍으로 몇 년을 누워계셨다. 우리 집의 1층 안방에 할아버지는 소변 줄을 끼고 동상처럼 앉아 계셨다. 말은 못 하시지만 눈만 움직일 수 있었던 할아버지 옆에서 놀았던 기억이 난다. 아빠는 그렇게 할아버지의 간호와 집안일 처리를 도맡아서 했다.

할아버지는 평생 장사를 하신 분이다. 그저 열심히 일해서 돈을 벌고 땅을 사 모으셨다. 땅 팔아 큰아들 유학 보낼 만큼 재산은 모으셨다. 둘째 아들이 일하지 않고 아버지 병수발 할 정도의 동네 부자였다.

할아버지가 돌아가시기 전에는 분명 효자였는데, 돌아가신 후에는 병수발을 했다는 이유로 오히려 아빠는 곤경에 처했다. 할아버지의 재산을 빼돌리고 챙겼다는 오해를 큰아버지로부터 받은 것이다. 아빠의 선함과 희생이 상상도 할 수 없었던 위선과 무능이라는 시선으로 되돌아온 것이다. 그렇게 아빠가 할아버지를 위했지만 자기 자신을 사랑하지 않은 죗값은 평생을 따라다녔다.

엄마 아빠는 친척들의 관계에 대해서도 자식들에게 알려주지 않았다. 유산으로 마음에 거대한 쓰레기더미를 안겨주는 것과 같은 현상이 벌어졌다. 자부심까지는 아니더라도 혹은 나를 이해할 수 있도록 혹은 나를 반성할 수 있게 하는 솔직한 무언가가 알고 싶었으나, 어른들은 조용히 싸움만을 할 뿐 대화하지 않았다. 그런 어른들의 가식적인 태도가 어릴 때는 뭔지도 몰랐다. 그 상황마저 나를 혐오하게 했다.

또한, 아빠 형제들의 꼬인 관계와 어른들의 솔직하지 못함이 전적인 이유는 아니겠지만 우리 집뿐만 아니라 사촌 동생들에게도 비슷한 상황이 벌어졌다. 나와 증세가 비슷했다. 멀쩡하게 건강하게 심지어 매우 우수하게 자라던 동생들도 청소년기를 넘어가면서 정신적인 이상 증상들이 나타나기 시작했다. 매우 우울해지고 의기소침해지면서 대인기피 현상들을 보였다. 사촌 동생 네 명 중 2명이 위태로웠다. 겉보기에 멀쩡한 아이들이 무너지고 있었다.

한 동생은 병명도 제대로 알 수 없는 DNA 이상이라는 판정을 받으면서 혼자서는 사회생활이 불가능한 상태가 되었다. 공부로는 전교에서 날리던 아이가 무슨 일이 벌어졌는지 갑자기 애기가 되어 버렸다. 그리고 막내 사촌 동생은 대학을 졸업하고 정신과 상담을 받으며 집에서 휴식하는 시간을 갖다가 극단적인 선택을 하고 말았다. 그런데 더 슬픈 것은 이런 비극에 대해 속을 터놓고 이야기할 어른들이 없었다는 점이다.

자존감은 자신을 보살피는 마음의 힘이다. 그것이 사랑과 애정일 수도 있고, 보호일 수도 있고, 자기 관리일 수도 있다. 예를 들면 나를 지켜주는 든든한 엄마 같은 마음, 아빠 같은 마음, 보호자 같은 마음 혹은 매니저 같은 마음이다. 그야말로 나를 넘어선 나보다 더 책임감 있는 존재가 나를 지원해주는 느낌이다. 그것이 내 안에 있다는 것을 알게 될 것이다. 설령 사는 내내 부정직인 경험만 했다고 해도 내 안에 이런 힘을 끌어내는 방법이 있다. 내가 그랬듯이 말이다.

자신에 대해서 도저히 모르겠다고 하는 사람들이 있다. 도저히 자신의 위치를 모르겠다고 한다. 찾을 수 있다. 나를 둘러싼 가족 환경에서부터 시작하면 나를 볼 수 있다. 나를 보고 나면 나에 관해서 탐구하면 된다. 자기 자신이 투명인간 같이 느껴져서 도저히 안 보인다고 하는 사람도 있다. 아니다. 본인의 색을 아직 모를 뿐이다. 혹은 보는 눈이 아직 없을 수도 있다. 그러면 마음의 눈의 시력을 높이면 된다.

자신을 사랑하고 싶어도 시작을 어떻게 하는지 모르겠다고 하는 사람도 있다. 자신이 좋아하는 것에서부터 단서를 찾으면 된다. 누구나 얼어붙은 자신의 마음을 녹일 수 있다. 우리 안에는 그 마음의 온도를 따듯하게 만들 수 있는 능력이 있다. 세상은 너무나 눈부시게 발전했다. 찾기만 하면 솔루션은 다 구할 수 있다. 우리의 마음의 병을 고쳐 주기 위한 온갖 방법들이 당신을 기다리고 있다. 제발 스스로를 숨기지 말자.

07

사랑만 받을 수 있으면 행복해질까?

"우울감을 느끼는 사람들이
가장 중요하게 다뤄야 하는 감정은 분노이다."

당신은 인생에서 가장 받고 싶은 것이 무엇인가? 이전의 나는 주저 없이 '사랑'이라고 말했었다. 그만큼 내가 갈망했던 것이 사랑이다. 자신의 인생에서 무언가 받고 싶고, 알고 싶고, 이루고 싶은 것이 있다면, 그 성취하고 싶은 것이 바로 각자의 삶의 이유가 될 것이다.

나는 항암 치료 이후 아르바이트도 할 수 없을 만큼 체력이 약해졌다. 나이 서른을 그렇게 병원에 다니는 생활로 맞이했다. 어떻게든 기력을 회복하고 싶었다. 몸에 기운을 되찾고 싶어서 참선도 해보고, 호흡법도 배우러다녔다. 몸에 기운이 돌면 기분이 조금 나아졌다. 하지만 목숨만 살짝 붙어 있는 정도의 활기였다. 젊은 청년으로서의 의욕과 생기는 눈을 씻고 찾아

봐도 없었다.

그렇게 하루하루 보내던 어느 날 일본에 미술사 박사 과정으로 유학을 가 있던 친구 S에게서 전화가 왔다. 뜬금없이 나에게 소개해주고 싶은 의사 선생님이 계시다고 했다. 자기가 상담을 받았는데 너무 효과가 좋았고, 정신 건강뿐 아니라 신체 건강도 많이 회복했다고 했다. 덤으로 상담 과정에서 하나님을 만났다고도 했다.

S는 나의 처지가 딱하다고 생각했고 도움을 주고 싶어 했다. 그런데 이 친구가 나에게 얘기를 하는 순간 '이 친구를 거짓말에서 구해야겠다.'라는 생각을 먼저 했다. 정신과 의사면 심리 상담만 하면 되지 왜 하나님을 이야기하는지 의심이 먼저 들었다. 게다가 나는 당시 종교와 종교가 아닌 것을 떠나서 하나님을 이야기하는 사람을 좋아하지 않았다. 다 거짓말쟁이라고 생각했기 때문이다. 그래서 약속을 하고 병원에서 S를 만났다. 그렇게 나는 무언가 거짓말을 밝혀내려는 의도로 그 선생님을 만났다. 하지만 반론 비슷한 것을 하나도 하지 못했다.

나는 사실 속으로는 하나님을 알고 싶었다. 간절하게 신의 사랑을 받고 있다는 걸 느끼고 싶어서 오히려 하나님을 강하게 의심했던 것이다. 그런 나의 속마음을 어떻게 알았는지, 정신과 의사인 B박사는 나를 보자마자 하나님을 알아가는 과정을 설명해주었다. 나는 한 번의 상담만으로 그 선생님에게 빠져버렸다. 상담을 마친 뒤 정중하게 인사를 하고 홀린 듯이 진료실을 나왔다. 그렇게 나의 상담이 시작되었다.

나의 무의식을 들여다보았다. 그리고 다양한 문제들을 직면했다. 상담을 통해서 많이도 울었고, 상상도 못했던 울분이 내 안에 가득 차 있었던 것을 알 수 있었다. 내가 내 감정들을 참 많이 외면하면서 살았구나. 그 감정들을 한 번씩 쓰다듬어주는 것이 얼마나 중요한 일인지를 알았다. 절망의 상황에 빛이 조금씩 들어오는 것 같았다. 앞이 하나도 보이지 않는 답답하던 안개가 조금씩 걷혔다.

정신분석 상담은 무의식을 의식으로 꺼내는 작업이다. 정신과 의사들의 경우 정신과 교과서대로 치료를 하면서 또 다른 한편으로는 자기만의 노하우를 만드는 사람들도 있다. 불교에서 영감을 얻기도 하고, 기독교에서 영감을 얻기도 한다. B의 경우는 기독교 신학이었다. 그래서 신학을 공부하는 세미나를 열었다.

처음에는 나 같은 문외한이 신학을 배울 수 있을지 걱정이 되기도 했다. 하지만 B는 누구나 신에 대해서 배우고 하나님을 알아가야 한다고 했다. 신학 공부는 신에 대해 생각을 함으로써 삶을 바라보는 관점을 바꾸게 하고, 정신적 어려움에서 빠져나오는 것을 돕는다. 그리고 부수적으로는 하나님에 대한 사랑을 표현하고 알아갈 수 있다는 것이 좋았다. 그러면서 내 안의 사랑의 감정들이 숨을 쉴 수 있었다. 무엇보다 내가 신을 긍정함과 동시에 나의 존재가 긍정된다는 사실이 내가 살아 있다는 느낌을 살아나게 했다.

시간이 지나면서 정신분석학도 공부하게 되었다. 의식과 무의식 그리고 방어기제에 대해 알게 되었다. 우울감을 느끼는 사람들이 가장 중요하게 다뤄야 하는 감정이 분노이다. 어느 정도 자신의 방어기제를 다루다 보면 꽉 막혔던 감정들이 자유로워지기 시작한다. 그중에서도 가장 억눌렸던 감정인 분노가 살아난다. 분노의 경우는 특히 잘 다룰 수 있다면 좋다. 나의 감정들은 모두 귀하고 중요하다. 감정이 잘 흐르고 마음에서 일어난다는 것은 신의 축복이다. 그리고 뛰어난 감수성은 각자의 자기 직업에서 최고가 되게 하는 중요한 요소이기도 하다.

분노는 우리 사회에서 가장 오해를 받아온 감정이다. 분노하는 것, 화를 내는 것은 감정적으로 행동하는 나쁜 행동의 대표가 되어버렸다. 감정을 실으면 행동이 더 커지고 극대화된다. 혹은 튀어나오는 치밀어 오르는 화가 화를 불러일으키기도 한다. 이는 분노의 부정적인 측면만을 본 것이다. 아니, 다르게 말하면 너무 뜨거워서 감당을 못한 것이다.

분노 자체로만 보면 매우 아름다운 감정이다. 불에 비유되기도 하는 분노는 엄청난 내면의 에너지이다. 그래서 분노를 잘 인식하고 평상시에도 잘 관찰해야 한다. 그래서 남에게 상처를 주거나 혹은 반대로 나에게 해가 되지 않도록 주의해야 한다. 원래부터 건강하게 분노를 표현할 수 있다면 더 바랄 것이 없겠지만 우울감을 느끼는 사람들은 분노를 표현하는 것에 불편함과 더 나아가 죄책감을 느낀다. 분노를 표현하는 것이 내가 사랑받는 것에 장애가 될지도 모른다는 불안 때문이다.

나의 엄마는 매우 감정이 풍부하고, 특히 분노와 화가 많은 분이었다. 그냥 평범한 가정주부였는데 남들 보기에는 연극배우 내지는 탤런트 같은 분위기를 자아냈다. 화가 나면 불같이 화를 내면서 눈에 보이는 물건을 다 집어 던지고 머리, 얼굴, 몸통, 허벅지, 종아리 가리지 않고 때렸다. 그렇게 자식들이 얼굴이 후끈해져서 눈물 콧물 다 흘리고 정신이 혼미하도록 맞았다. 그런데 나의 엄마는 그렇게 자신의 분노를 분출하고 나서 10분 정도 후에 아무 일도 없었다는 듯이 웃는 얼굴로 방에 다시 들어오곤 했다. 손에는 과일을 깎은 쟁반이 들려 있다. 완전히 다른 존재인지, 같은 존재인지 헷갈린다.

나는 어릴 때 이런 엄마만 보고 자랐기 때문에 이 장면이 얼마나 이상한 것인지 잘 몰랐다. TV 드라마에서 나오는 엄마들과 나의 엄마가 너무나도 달라서 혼란스러움을 느낀 것은 사실이다. 하지만 이것도 세상 엄마가 다 같을 수는 없다고 생각했다. 나의 엄마를 이해하려고 애썼지만 지금 생각해보면 합리화였다. 그래서 당연히 화내야 할 것에 화내지 못했다. 이 지점에서 나의 분노에 대한 생각이 왜곡되었다. 그렇게 내 맘속에서 분노는 세상에서 가장 나쁜 것이 되었다. 어릴 때 형제들이 모여서 엄마 흉이라도 보았더라면 조금은 객관화가 되었을 텐데 우리는 각자의 상처가 아파서 서로를 돌볼 수 없었다.

그런데도 나는 엄마에게 사랑을 받는 것이 인생의 목표였다. 보편적으로는 세상에서 가장 고귀한 것이 엄마의 사랑이다. 자식을 위해서라면 모든 것을 희생하는 것이 모성애이다. 하지만 내 인생 속의 모성애는 좀 달랐다. 이렇게 왜곡된 나의 사랑에 대한 생각은 보편적인 사랑과는 많이 달랐다. 내가 사랑을 받고 싶은 사람이 나를 좀 때려도, 나를 함부로 대해도 그 사람이 나에게 사랑을 주는 사람이라 여기면 문제가 되지 않았다. 아니 사실은 나를 때려주는 사람이 더 편해서 좋게 느껴졌다. 더욱 애정을 느꼈다. 그런데 세상에 그런 비상식적인 사람이 많을 리가 있겠나?

그렇게 세상에 있지도 않은 사랑을 찾아 헤매는 인생의 여행이 시작된 것이다. 일단 연애를 하기도 힘들었지만, 연애를 시작해도 한 달 이상을 가지 못했다. 뭔가 내가 바라는 톡 쏘는 맛이 사라진 심심한 느낌에 흐지부지되는 관계를 반복했다. 사랑은 잃어버린 영혼의 반쪽을 만나는 것이라고 하는데 나의 경우 나라는 반쪽이 어떻게 다르게 생겼는지를 잘 몰랐기 때문에 나머지 반쪽을 찾는 일은 더욱 힘들었던 것이다. 남들은 다들 남자친구도 만나고, 젊음을 새로운 경험들로 채우고 있을 때 나의 20대는 알지도 못하는 곳에서 길을 잃었다. 나는 나 스스로의 환경적인 문제는 보지도 못한 채 나 자신을 싸이코, 4차원이라고 여기면서 살았다.

우리나라 헌법에 '행복추구권'이 규정되어 있다. "모든 국민은 인간으로서의 존엄과 가치를 가지며, 행복을 추구할 권리를 가진다."라고 말이다. 예전에는 굳이 왜 이걸 헌법에 넣어 놓는지 이해가 되지 않았다. 하지만 이젠 절실히 느낀다. 사람에게 감정이 너무나 중요한데 이 감정도 도둑놈들에 의해 침해당할 수 있기에 명시해야 한다. 불법이 벌어질 수 있으니 법으로 확실히 해야 한다. 나는 사랑만 받을 수 있다면 자동으로 행복해질 줄 알았었다. 그런데 사랑에 대한 나의 왜곡된 관념은 나를 행복과는 거리가 먼 곳으로 데리고 갔다. 내가 분명히 아는 것은 내가 나의 목표를 향하여 가고 있지 못하다면, 그것은 내 생각 어딘가에 문제가 발생한 것이다. 문제를 인식한다는 것은 문제를 풀 수 있다는 사인이다. 문제는 풀리기만 하면 되는 것이니 자신이 원하는 것에 더욱 집중하자.

08

나는 아직 나를 모른다

"삶은 끝까지 끝난 것이 아니고
나의 모습은 죽을 때까지 새로운 모습이 나온다."

살면서 한 번쯤은 자기소개서라는 것을 써 보았을 것이다. 대학을 들어가기 위해 자소서를 쓰기도 하고, 취업을 위해서 쓰기도 한다. 또는 동호회 카페에 들어가기 위해서도 자신의 정체를 알리기 위해 자기소개를 해야한다. 무엇이 자신을 나타낸다고 생각하는가? 이름, 직업, 프로필 사진, 취미, 나의 이력, 나의 재능까지 '나'를 설명하는 것은 많을 수 있지만, 그중에 정확하게 '나'라고 할 수 있는 것은 없다. 그러면 나의 몸, 나의 신체가 '나'인가? 준비되지 않은 자기소개를 하라고 할 때만큼 난감한 순간이 없다.

철학에서는 존재를 말하면서 나에 대하여 멋지게 설명을 하기도 한다.

"나는 생각한다. 고로 나는 존재한다."

정신과학이나 심리학에서 나라는 것을 이루는 요소로 정신과 마음을 이야기하기도 한다. 정신을 놓아도 나는 존재한다. 이렇게 추상적인 말들은 생각을 복잡하게 하는 힘을 키울 수는 있지만, 실체에 다가가지 못하는 아쉬움이 있다. 즉 정신을 잘 따라가지 않으면 뜬구름 잡는 이야기가 되어버린다.

또 다른 접근법이 있다. 우리는 현재 자본주의 시대, 정치적으로는 민주주의 그리고 개인주의 시대를 살고 있다. 국가와 사회 그리고 가족이라는 큰 틀 안에 존재하지만 결국은 개인이 모두 자신의 역량을 갖춰야만 생존할 수 있는 사회에 살고 있다. 내가 누구인지 탐구하여 개성을 발굴하고 성장시켜서, 나의 가치를 시장에 팔며 생계를 유지하게 된다. 그렇다면 돈으로 환산한 나의 가치가 '나'일까? 요즘은 소위 말하는 몸값이 '나'를 설명하는 가장 큰 부분이라고 생각한다.

나는 1974년생이다. 나는 종로4가 한복판에서 태어났다. 우리 할아버지는 종로에서 장(그 시절에는 화초장이라고 불렀다)을 만들어서 파는 장사를 하셨고, 그다음에는 종목을 바꿔 장난감 가게를 하셨다고 한다. 할아버지는 10살에 혼자 숟가락 젓가락만 챙겨서 서울에 상경해서 결국 종로에 본인 점포까지 내신 돈 감각이 좋으신 분이셨다.

그런데 돈 감각이라는 것은 생물학적 유전과는 조금 다른 것 같다. 돈 감각은 공부 머리처럼 스스로 키워야 하는 능력인가 보다. 큰아버지는 의사였음에도 불구하고 돈을 크게 벌지는 못하셨고, 우리 아빠도 할아버지가 벌어놓은 유산을 지키지 못했다. 이유가 뭘까? 나 또한 어릴 때는 돈에 대한 개념이 밝지가 않았었다.

우선 할아버지가 살았던 시대는 자본주의가 들어오기 전 사농공상의 시대였다. 맨 마지막 상업은 네 번째 계급에 속한다. 아무리 재산을 모은 부자였다고 해도 신분적으로 대우를 받지 못했다. 신흥 부자라고 해도 회사를 세우는 정도가 아니면 그냥 다 장사꾼이라는 인식이 강했다.

지금도 우리나라는 신분과 계급이 바뀌는 격동기이다. 그 시절은 더 했던 것 같다. 일제강점기를 거쳐, 6·25를 거치는 시기에 자식들은 대학을 보내고 맨 위 계급인 사(선비)가 되거나 '사' 자라고 불리는 판사, 검사, 의사, 변호사를 만들어야 했다.

엄마는 타고난 계산 능력은 있는 사람이었다. 선을 보고 결혼했고, 부자라는 소리를 듣고 시집을 온 것이다. 그래서 매일 밤 자장가로 엄마의 돈 내놓으라는 잔소리와 부부 싸움을 들으면서 잠이 들었다. 아빠의 주리를 틀고 바가지를 긁는 소리가 자장가였다. 동물처럼 분노를 표출하는 몸싸움도 가끔 보곤 했다. 집에 가구들은 모서리가 성한 것이 없었다. 그래서 나는 어려서부터 돈에 대해서는 생각도 하기 싫은 노이로제 같은 것이 생겼다. 그래서 수학 계산은 잘하는데 돈 계산은 바보처럼 못하는 것이다.

위에서 말한 대로 돈을 밝히는 엄마라면 당연히 가계부를 쓸 것 같지만 전혀 아니었다. 엄마는 돈을 아낀 적도 없고, 돈을 저축하지도 않았다. 자신을 위해서 가장 좋은 옷, 가장 좋은 화장품, 자신을 위한 골프, 자신의 여행을 위한 준비, 지금 생각하면 자신의 욕망에 가장 충실한, 자기애로 똘똘 뭉친, 자기만을 사랑하는 사람이다. 그러면서 엄마는 언니와 나에게 부자 남자를 만나서 결혼하고 호강하는 삶이 최고라고 했다.

나는 10살에 엄마에게 "나는 엄마처럼은 안 살 거예요."라고 당돌하게 선언은 했지만 대안으로의 건강한 인생관을 만들지는 못했다. 엄마의 가치관에 반대되는 가치관을 가지게 되었지만, 그것은 올바른 것이 아니고 그저 반항일 뿐이었다. 전공을 정할 때도 영혼의 자유가 가장 우선이 되었다. 그래서 예술가가 되고 싶었다. 반면 돈에 대한 생각과 철학이 부재했다. 즉, 하나만 생각하고 그 다음을 생각하지 못한 것이다. 내가 자유롭게 살고 싶어서 예술가가 된다고 해도 '작품의 가치를 어떻게 매길 것인가?', '나라는 사람의 가치는 얼마인가?'와 같은 문제에 답해야 한다는 것을 미처 몰랐다.

대학교 1학년 때부터 아르바이트를 하면서 생활비는 벌어서 썼다. 그런데도 경제관념은 생기지 않았다. 돈을 귀하게 생각하지 못했고 경제적인 독립을 하지 못했다. 어른이 되지 못했다. 결혼하면 당연히 어른이 될 줄 알았다. 또한 결혼과 무관하게 경제적 자유가 줄 수 있는 자유에 대해서는 무지했다.

나는 2010년 심리 상담센터에서 일하면서 집에서 독립했다. 집을 나와 월세 생활이라는 것을 처음 하게 되었다. 집세라는 것을 내보면서 뭉텅이 돈이 나가는 것을 처음 경험했다. '이렇게 살다 보면 돈을 벌기 위해 나의 시간과 힘은 다 쓰지만 남는 게 없겠구나.', '남는 게 없는 삶은 되게 허무하구나.' 하고 깨닫게 되었다. 드디어 철이 들기 시작한 것이다. 돈에 대한 관념이 생기기 시작한 것이다.

그래서 나는 나라는 존재를 생각할 때 가장 먼저 해보면 좋은 것으로 돈에 대해 생각해 보는 것을 권하고 싶다. 내가 좋아하는 일, 잘하는 일 모두 좋다. 내가 지금은 얼마의 돈을 벌 수 있는 사람이며, 내가 나의 능력을 발전시키면 나의 가치가 어떻게 되는가?

어릴 때는 감정적인 문제로 주로 눈물을 흘린다. 친구랑 싸우고 분해서 운다든가, 엄마한테 혼난다든가, 사랑하는 사람에게 배신을 당했다든가, 혹은 하고 싶은 일이 있는데 돈이 없어서 못하게 되어도 좌절감에 눈물이 날 일이고, 하늘이 무너지는 일이다.

그런데 경제관념이 없는 것은 나이가 들어서 몸의 건강이 무너지는 것과 같이 삶을 무너뜨린다. 그래서 경제관념은 건강과도 같다고 말하고 싶다.

건강한 신체와 멋진 몸이 나를 표현하는 것과 같다. 돈에 대한 견고한 관념은 그 사람 자체인 것이다.

우리는 학생 때부터 꿈을 가지고 목표를 가지라는 소리를 한다. 물론 축복받은 일이다. 그리고 1살이라도 어릴 때 꿈을 향해 달려간다면 그만큼 시간을 벌 수 있다는 생각 때문일 것이다. 그런데 신기하게도 돈 때문에 고생해보고, 자기 밥값을 벌어보면 꿈이 더 확실해지기도 한다. 자기의 노력과 온몸의 노동 결과로 얻은 돈을 벌어보면 그 고생됨이 마음속의 깊은 곳을 자극이라도 하는 것 같다. 아니면 자신의 땀은 거짓이 아닌 것처럼 자신의 진짜 마음과 만나게 된다.

나는 독립을 하지 않고 생활을 집에서 하면서 아르바이트로 돈을 벌 때는 용돈을 버는 기분으로 살았던 것 같다. 절실하지도 않았고, 내 생활의 대부분은 집에서 해결이 되니 돈이 들지도 않았기 때문이다. 그러니 내 몸을 지켜내기 위한 돈이 얼마가 필요한지 정확히 알지 못했다. 그런데 독립을 해서 내가 번 돈 안에서 모든 것을 해결해야 하는 생활이 되면서 돈의 가치가 바로 보이기 시작했다.

또한 세상과 소통하면서 나의 가치와 장점은 점점 더 또렷해진다. 세심하게 주의를 기울이면 평생을 더 나은 방향으로 변할 수도 있다. 돈의 가치를 알게 되는 것은 다시 나를 알게 되는 것으로 선순환이 되는 효과가 있다.

우울한 감정에 휩싸이거나 자존감이 낮은 사람들은 자신의 가치를 낮게 매기는 경향이 있다. 그러니 더 부지런히 돈을 벌고, 독립할 것을 추천한다. 나를 알아가는 과정 그리고 나를 안다는 것은 나의 가치를 알아가고 높이는 것과도 같다. 나는 이 과정을 통하여 나의 욕구 중에 없다고 생각했던 부자가 되고 싶은 욕망이 강하다는 것을 발견했다. 돈의 가치를 알게 되면서 감추어져 있던 욕망을 알게 된 것이다. 욕망은 그 사람을 이루는 매우 중요한 요소이다.

나는 한 가지 기준으로 설명할 수 있는 존재가 아니다. 우리는 모두 귀하고 귀한, 세상에 하나뿐인, 그리고 시간 속을 살고 있는 생명체이다. 나는 또한 남과는 완전히 다른 개인으로서 이 시대, 이 공간을 살고 있다. 나를 건강하게 성장시키고 행복하게 살 권리를 가지고 있다. 행복하기 위해서는 사람들 안에서 나를 충분히 만족시키는 삶을 영위해야 할 것이다.

그런데 삶은 끝까지 끝난 것이 아니고 나에게서는 죽을 때까지 새로운 모습이 나온다. 즉 나는 아직 내 모습을 다 본 것이 아니다. 적극적으로 상상하고 만들어갈 수도 있고, 있는 그대로를 받아들일 수도 있다. 당신의 선택이다. 그래서 '아직'이라고 말하고 싶다. 나라는 사람을 설명하는 것은 내가 죽고 나서 완성될 것이다. 나를 규정하고 포기하지 말자. 언제든지 나도 몰랐던 내 안의 욕망들이 새롭게 출현하여 새로운 나로 기분 좋게 변신시킬 것이다.

PART 2

자꾸만 작아지고
불안해진다면

당신의 과거는 당신의 미래가 아니다

"과거의 상처들과 멋지게 결별하자."

시간은 한쪽으로 흐른다. 미래의 나라는 실체는 언젠가 만나게 되지만 과거의 나는 바꿀 수도 없고, 과거는 다시 만날 수도 없다. 만나지 못한다는 것은 기억하거나, 후회하거나 잊을 수 있을 뿐이다. 하지만 미래는 언젠가는 반드시 도달할 그곳이다. 미리 준비되고 미래를 위해 투자를 한 사람들은 미래를, 미래의 자신을 오매불망 기다린다.

과거에 살고 있는 사람은 내일을 기다리는 삶, 10년 후가 기대되는 삶을 경험하지 못한다. 반면 자신의 과거에서 교훈을 얻은 사람은 이미 과거를 떠나 있다. 왜 과거를 붙들고 머물러 있을까? 상처와 실패로 가득한 삶을 살더라도 그것에서 배울 점을 얻고 훌훌 털고 일어나는 사람들이 있다. 거기에 머물러 봤자 자신에게 도움이 안 된다는 것을 아는 것이다.

나는 고등학교 때 성적이 상위권이었다. 그런데도 시험이 끝나고 바로 해방감에 행복을 느끼는 친구들과는 달리 더 마음이 괴로워졌다. 성적에 대한 강박감이 심했다. 그래서 오히려 걱정이 더 커졌었다. 이 문제는 이렇게 하지 말았어야 했는데, 왜 거기에서 내가 실수를 했을까? 온갖 부정적인 생각들이 나를 더 괴롭혔다. 나도 모르게 형성된 습관이어서 이것이 나에게 어떤 영향을 주는지 몰랐다. 시험을 보고 싱글벙글 날아갈 듯 가벼워진 친구들 사이에서 나는 계속 나 자신을 향해 투덜거리고 있었던 것이다. 그걸 보다 못한 친구 K가 나에게 말했다.

"지수야, 너 계속 그렇게 말하면 너한테 손해야."

나는 순간 머리를 망치로 얻어맞은 기분이 들었다. 생각해보니 정말 그랬다. 한두 번 보는 시험도 아니고 매일같이 이어지는 중간고사다. 내일 또 다른 과목 시험을 볼 텐데 나는 지나간 시험 과목에 갇혀서 헤어 나오지 못하고 내일의 시험까지 망치고 있었다.

과거에서 못 빠져나오고 있는 것의 대표적인 예가 부모 탓을 하는 모습이다. 보편적으로 가장 못난 모습 중 하나이다. 하지만 이것도 방법이 다르다. 자신의 실패를 모두 부모 탓만으로 돌리고 있다면 문제는 심각하다. 반대로 우리나라는 정서상 부모 탓을 하면 안 된다고 생각한다. 다른 것은 다

참아도 내 부모를 욕하는 것은 못 참는 게 사람이다. 하물며 내가 어떻게 내 입으로 내 부모를 욕한단 말인가? 후레자식이라는 소리 듣기 십상이다.

하지만 모든 상황과 문제들을 비판적으로 봐야 한다. 그것이 자신의 관점이 생기는 시작점인데 우리나라는 부모를 비판하지 못하는 문화였다. 내 부모를 바르게 볼 수 있어야 한다. 부모가 완벽하지 않다는 것을 먼저 받아들여야 나의 거짓된 완벽주의를 깰 수 있다.

유년 시절에 나는 나보다도 더 엄마에게 맞는 언니를 보면서 자랐다. 나보다 두 살이 많은 언니는 나의 미래였다. 내가 학교에 가면 언니의 뒤를 따라갈 것이었다.

언니는 소화 기능이 안 좋았는지 흰 우유를 못 먹었다. 당시 흰 우유는 키가 크는 약과도 같은 것이었다. 그런데 언니는 학교에서 급식으로 받는 우유를 안 먹고 책상 속에 숨겼다. 초등학교 3학년이 먹기 싫다고 말도 못하고 한 행동이다. 그런데 엄마가 책상 서랍 속의 썩은 우유를 발견한 것이다. 엄마 입장은 반드시 언니가 우유를 학교에서 마시고 오게 하는 것이 목표였을 것이다. 그날 밤 집은 공포에 휩싸였다. 앞에서도 말했듯이 나의 엄마는 화가 많다. 우리 집은 그날의 체벌을 다음 날로 넘기는 법이 없었다. 하루를 정리하는 밤에 벌주기를 끝내야 한다. 우유를 먹지 않는 이유 같은 것은 전혀 중요하지 않았다. 언니는 꼭 먹어야 하는 약을 안 먹은 것이다. 그러니 벌을 받아야 했다.

잠을 잘 준비를 하고 이불 속에 누웠는데 엄마의 언니에 대한 체벌이 시작됐다. 나는 이불 속에서 얼굴도 내밀지 못했다. 언니는 울고불고 난리가 난다. 대들지도 못한다. 마치 개를 잡는 장면이 이럴까 싶다. 한 방 안에서 언니는 엄마에게 옷걸이, 책, 빗 손에 잡히는 모든 물건으로 맞고 있고, 나는 이불 속에서 덜덜 떨고 있다. 최대한 소리가 안 나게 울었지만 그럴 리가 있나. 나의 우는 소리에 엄마가 이불을 확 열어젖힌다. 눈물 콧물 범벅이 된 나를 보며 너는 또 왜 우냐면서 욕을 한다.

그 시절에는 이렇게 엄마한테 매를 맞는 것은 간혹 다른 집에서도 벌어지는 일이었다. 아빠한테 야구 방망이로 맞았다는 친구들도 있었다. 집에서 맞는 매는 '사랑의 매'였기 때문에 아동 학대가 아니었다. 엄마의 사랑이 조금 과격하게 표현된 것뿐이라고 여겼다.

이렇게 부모라는 권력을 마구 휘두르고 강압적인 부모의 자식은 세상에 대한 두려움이 가득하다. 조금이라도 잘못하면 혼날 것이라는 느낌이 이미 온몸으로 퍼져나간다. 나 스스로 내가 뭘 잘못했는지 후회하며 복기한다. 사태도 아닌 것에 사태 수습이라도 하려는 듯이 말이다. 이미 자신은 이 상황에 싸울 수 없다는 결론을 내려버렸다. 그리고 어떻게 하면 혼나지 않을 수 있는지에 대한 생각을 하게 된다. 굴욕스럽다는 생각은 하지 못한다. 분노를 속으로 삭이고 자신을 변호하지도 못한다.

이런 부모들의 자녀들은 매우 순종적인 듯이 보인다. 대부분의 결정과 모든 선택을 부모가 하도록 선택권을 넘기기도 한다. 자기가 결정하면 혼날 것이 뻔하기 때문에 미리 포기한다. 이런 사람들은 혼나지 않는 것이 우선순위가 되어버린다. 이렇듯 작은 의사결정에서 트러블을 만들고 극복해보지 못한 사람은 사회에 나가서도 트러블들을 처리하지 못하고 도망치는 경우가 많다. 그럼 이 무능은 누구의 잘못이란 말인가?

나의 경우는 이렇게 차곡차곡 쌓인 분노가 발산되지 않았고 다른 방식으로 드러났다. 분노를 표현할 수 없었기 때문에 강박적이고 완벽주의가 되었다. 공부가 되지 않는 밤에는 방 청소를 하고 깨끗한 화장실도 물때가 보이는 것을 참지 못하고 닦고 또 닦았다. 집에는 신상 청소도구들이 쌓여간다. 밖에 나가면 차 번호판을 보면서 내가 좋아하는 번호가 나오기만을 바라면서 숫자놀이를 한다. 내가 좋아하는 숫자의 조합이 나와야 안심이 되는 것이다. 그리고 무의식에 저장된 분노가 최대한 나오지 못하게 긴장하고 또 긴장하는 삶을 살았다.

그럼 이렇게 형성된 나의 모습이 나인가? 두려움에 벌벌 떨며, 자신감이 떨어지고, 위축된 모습은 과거의 나일 뿐이다. 이제는 이 분노라는 녀석을 잘 달래 보내야 한다. 과거 나를 둘러싸고 있었던 환경인 부모의 모습을 성장한 어른의 눈으로 다시 확인해야 한다. 그래서 아마도 보통의 사람들이 결혼하고 아이를 낳으면 자동으로 어른의 시각이 된다. 그렇게 과거의 부모와의 기억과 자연스러운 화해를 하는 것이 보통이다. 하지만 그 화해를 잘 하지 못하면 그 문제는 여전히 자식과의 문제로 연결되기도 한다.

그래서 과감한 결단이 필요하다. 그냥 당신은 분노를 표현하지 못했던 것뿐이다. 부모의 탓도 아니고 자기 자신의 탓도 아니다. 상황에 대해 이해하도록 하는 노력이 필요하다. 자신의 과거가 자기 자신이 아니다. 그것은 그냥 벌어진 일이고 지나간 역사이다. 이렇게 과거의 내가 미래의 내가 아니라는 것을 알기 위해서는 과거와의 멋진 결별이 필요하다. 내가 살아가야 할 날은 미래에 있다는 것을 정확하게 인식해야 한다.

나는 과거에 붙잡혀 미래로 가지 못한 시간이 너무나 길다. 많은 사람들이 바쁘다고 시간이 없다고 허둥대면서 살고 있다. 나 역시 그랬다. 그것은 자신에 대한 확신이 없기 때문이다. 확신이 없는 이유는 내 안에 두려움이 가득하고, 실패에 대한 기억들이 상처로 남아 힘이 빠지고 주저앉았기 때문이다. 자신의 두 다리로 내가 과연 걸을 수 있을지 혹은 신나게 뛸 수 있을지 자신이 없는 것이다. 과거에 매몰되면 있던 힘도 빠져나간다.

그렇게 어린 시절 정신적으로 부모를 극복하지 못한 무력감과 대학 시절 우울증에 빠져 방황하던 내 모습, 그리고 온갖 병마들에 시달리며 병원을 내 집처럼 드나들던 내 모습이 스쳐 지나간다. 인생의 문제를 스스로 해결하지 못하여 의존하면서 독립하지 못한 나의 과거들도 부끄럽다. 너무 긴 좌절이 나를 루저로 만들고 수치스럽고 죄책감마저 느껴진다. 나 자신에게 한 번뿐인 인생을 이렇게밖에 만들어내지 못한 것이 미안하다. 내 인생은 실패작이었다. 하지만 이것은 모두 과거이다. 지금부터는 아니다.

"그래. 여기까지는 내가 실패한 거 인정할게."

자신이 이겨내고 극복할 수 있다고 생각하고 희망이 보이면 그것은 이미 병이 아니다. 이미 병에서 나온 것이다. 미래도 마찬가지이다. 과거에 사로잡혀 과거에 대한 회한에만 빠져 있다면 그것이 인생을 좀먹는 문제인 것이다. 문제에 대한 해결책과 대안과 희망이 보이지 않아서 인생을 좀먹은 것이다. 미래를 보고 싶지 않아서 보지 않을 것이 아니다. 몰라서 방황하고 술 먹고 신세 한탄을 한 것이다.

우리는 진짜로 알면 달라질 수밖에 없다. 그러니 막연한 불안함과 두려움에 갇히지 말고 용감하게 그것을 걷어내자. 그러면 미래로 가는 길이 보이기 시작할 것이다. 또한, 과거의 상처들과 멋지게 결별하자. 그것이 아름다운 결별이고 나를 괴롭힌 두려움에 대한 최고의 복수이다. 아픈 과거는 너무 친하게 지내지 말자. 그냥 용서하고 떠나보내자. 그래야 미래가 나에게 손짓을 한다. 우리는 경험으로 알고 있다. 둘 중 하나만을 선택해야 한다는 것을.

완벽하지 않다고 불안해 할 필요 없다

"완벽함은 허상이고 주입된 관념일 뿐이고
인위적인 틀이고 족쇄이다."

당신이 가장 잘 느끼는 감정은 무엇인가? 사람마다 예민한 감정이 있다. 누군가는 기쁨을 잘 느끼기도 하고, 누군가는 슬픔과 가장 친하기도 하다. 또 어떤 사람은 주변에서 보아도 신기할 정도로 겁이 많은 사람도 있다. 그런데 이렇게 여러 가지 감정 가운데 사람을 가장 불편하게 만드는 감정은 불안이라고 한다.

불안은 다른 부정적인 감정들을 증폭시키고, 정신을 전전긍긍하게 만든다. 그리고 심해지면 자기다움을 잊게 만든다. 자기다움을 잊은 다음에는 자기도 모르는 실수를 남발하기도 하고 자기 확신이 없어져서 어쩔 수 없이 남들이 하는 대로 따라 하는 삶을 살게 된다. 불안은 자기 확신을 현저하게 떨어뜨린다. 마치 자기가 딛고 있는 발아래를 믿지 못하는 것과도 비숫하다. 또 자기가 가는 방향도 제대로 보지 못한다. 불안은 사람을 참 가없게 만든다.

나 같이 80~90년대에 초·중·고등학교를 다녔던 사람들에게 최고의 가치는 완벽함이었던 것 같다. 모범생이 롤 모델이었다. 평균보다는 위에 있어야 생존할 수 있다고 믿었던 시절이다. 일단 인구도 많았기 때문에 경쟁이 치열했다. 이 경쟁의 의미는 들어갈 수 있는 학교, 얻을 수 있는 좋은 직업의 자리가 한정되어 있다는 이야기다. 공부를 잘해야 했고 취직이 잘 되는 전공을 택해야 했다. 그것이 완벽함이라 불리는 우수한 그룹에 들어가는 통행증이었다. 개성을 살려야 하고 각자 자기가 가진 자기만의 능력을 키워 자기실현을 해야 한다는 것은 교과서에 나오는 빈말이었다.

1989년도에 유행했던 영화 〈행복은 성적순이 아니잖아요〉는 당시 전교 1등인 여학생이 자살하면서 사회적인 파장을 일으켰던 실화를 바탕으로 만든 영화였다. 사회적인 충격도 있었지만, 나의 친구는 이 영화에 대해 반대 의견을 냈다. "솔직히 말해서 행복은 성적순 아니냐?"라고 말이다. 순간 나는 이 말을 부정하고 싶었지만, 나 역시 행복이 성적순인 것처럼 생각했던 것도 사실이었다.

나는 전공을 정할 때 어떤 확고한 생각이 있었던 것은 아니었다. 미술의 매력에 끌렸다. 그것이 대단한 작품인지 아닌지는 중요하지 않았다. 미술작품들과 함께하면 그 세상으로 들어가 편안함을 느끼는 나를 발견했다. 심지어는 분야도 상관이 없었다. 도자기를 보고 있으면 그 도자기가 만들어진 시대로 가는 것 같았고, 그림을 보면 그 화가와 같이 있는 것 같아 좋았다. 동양화 서양화 구분하지도 않았다. 매화꽃도 좋았고, 추사 김정희의 입체감이 맞지도 않는 집 그림도 너무 좋았다. 다보탑, 석가탑 이런 돌탑들을 보는 것도 참 행복했다. 평범한 개울가의 조약돌도 아름다웠고, 거친 돌을 깎아 만든 화강암의 불상들을 보면 황홀했다.

어린 시절에 이런 느낌은 나에게는 신세계였다. 저것을 한다면 나는 평화로운 세계로 들어갈 수 있다고 생각했다. 그 시절에는 인식하지 못했지만 나름의 예술 치유를 경험했던 것이다. 또래의 친구들은 음악을 듣고 심취하면서 위안도 받고 스트레스를 풀었다. 그 시절의 나에게 음악은 신경을 너무 자극해서 그리 즐기지 못했다. 그렇게 나는 전공으로 미술을 선택했다. 나는 이 불안한 세계를 떠나 저 평화와 아름다움이 있는 천국으로 가고 싶었던 거다.

그렇게 미술 입시가 얼렁뚱땅 시작됐다. 나는 일찌감치 언니와 공부로 비교되는 것이 싫어서 학군을 바꾸기로 했다. 집에서 먼 서울 시내 덕수궁 뒤쪽에 있는 예원학교라는 예술중학교에 가겠다고 했다. 바라면 기회는 온다. 엄마 아시는 친구가 예원 준비를 해주시는 미술 선생님을 소개해준 것이다. 꿈이 생기니 신기하게 기회들이 연결되었다. 나는 결정도 빨리했기 때문에 4학년 때부터 미술학원을 혼자서 버스 타고 다녔다. 낯선 동네, 낯선 친구들, 다 재미있었다. 아무리 입시를 준비한다고 해도 나는 어린애였다. 친구들과 신나게 놀면서 재미나게 미술학원에 다녔다.

나는 그 선택과 과정이 나의 인생에 어떤 결과를 가져올지 상상하지 못했다. 6학년을 그렇게 보내고 있는데 엄마가 최신 정보를 듣고 왔다. 내가 지금 다니고 있는 학원은 나를 예원학교에 입학을 못 시킨다는 것이다. 진짜 실력자들이 다니는 학원을 발견했다고 한다. 엄마는 그 학원에 가서 상담을 받고 오더니 나에게 큰일이 났다고 했다. 그 학원 아이들의 그림은 내 그림과는 비교도 할 수 없다며 참담해 했다. 걔네 그림은 대학생들 그림이고, 내 그림은 초등학생 그림이라고 했다. 엄마는 그 미술학원에 가서 불안 마케팅에 제대로 걸려들었다.

나는 다음 날로 미술학원을 옮겼다. 당시 압구정동에 있던 그 학원은 일종의 미술 사관학교 같은 곳이었다. 11월 초에 시험을 치르니 앞으로 4개월 남은 여름방학은 진짜 입시의 시절이었다. 도시락을 두 개 싸 들고 가서 아침에 열등반에 들어가서 9시부터 점심까지 그림을 완성하고, 점심 이후 또 한 장을 그리고 저녁을 먹고 또 한 장을 그렸다. 완성하는 데 4시간이 걸리는 그림을 하루에 세 장씩 그렸다.

나는 그 학원을 들어갈 때 꼴등이라는 소리를 들었다. 그래서 얌전히 잘하는 친구들 속에서 그림을 배웠다. 연필소묘와 수채화를 입시에 합격하기 위한 수준을 만들기 위해서 낮과 밤으로 눈에 불을 켜고 만들어갔다.

경쟁이라는 미명 하에 엄마들의 합격이라는 성취의 욕망과 아이들의 순진한 바람과 미술 입시 학원의 이해가 맞물려 무섭도록 강력하게 돌아갔다. 무조건 합격을 만들기 위한 프로젝트였다.

답이 없는 미술에 정답을 정해놓고 달리는 이 게임은 미친 게임이었다. 요즘 오디션처럼 최고의 우수함에 이르는 큰 틀은 있으면서도 개인의 개성과 장점을 살려주는 식의 판정이 아니었다. 정확하고 좁은 합격의 기준이 있었다. 이는 점수에 따라 공정하게 하지 않으면 엄마들이 난리가 나기 때문에 우리나라에서는 어쩔 수 없는 선택이라고도 한다. 주관적 심사자의 평가는 불공정할 수 있기 때문이다. 완벽한 입시 그림의 전형에 들어가야 합격할 수 있었다.

이런 입시 상황의 시절에 학교를 다니고 배웠어도 자신만의 개성과 독창성으로 활동하는 좋은 작가들이 많다. 나는 그들을 진심으로 존경한다. 나는 어릴 때부터 미술을 하면서 완벽주의적 전형적인 모델이 되는 그림을 그리는 것에 익숙해져버렸다. 때론 반항해도 되고, 일탈해도 되었는데 나는 그 울타리 밖으로 나가는 것이 너무나 두려웠다. 안정되고 보장된 길에서 벗어나고 싶지 않았다. 그리고 그 길을 충실하게 갔다.

그렇게 예술고등학교를 졸업할 때는 미술과에서 1등으로 졸업을 했다. 친구가 우스갯소리로 말하길 내가 그린 주전자를 볼 때 주전자의 이데아를 보는 듯했다고 했다. 흠잡을 데 없고, 망친 구석이 하나도 안 보이는 완벽주의적 주전자였다는 말이다. 이 완벽함을 추구했던 것은 두 가지 결과를 가져다주었다. 대학교 입시는 통과할 수 있었다. 그리고 다른 한 가지는 더는 그림을 그리기가 싫어졌다는 것이다. 같은 과정들을 거쳐 온 동기 친구들이 다 나 같은 증상이 나타난 것은 아니다. 활발하게 열정적으로 작품 활동을 하고 계속해서 발전하고 있는 친구들이 더 많다. 그럼 왜 나는 성장이 멈춘 최악의 결과를 맞이하게 된 것일까?

다시 나의 어린 시절로 돌아가서 보면 내가 반했던 미술작품들의 포인트는 흠잡을 데 없음이 아니었다. 그 자연스러움과 다른 것들과는 비교 불가한 고유함이 매력이었다. 비교우위가 아니었다는 말이다. 강가에서 주워온 돌들이 각자 그 다른 모양 때문에 좋았고, 집에 있던 도자기가 깨져서 엄마가 순간접착제로 붙여놓은 것도 좋았다. 대가들의 그림도 좋아했지만, 그냥 엄마가 아는 분이 그렸다고 받아온 그림도 넋을 놓고 봤다. 그 진정성을 좋아했고 순수함을 좋아했다. 완벽함이 매력의 포인트가 절대로 아니었다.
나는 완벽함이 뭔지도 몰랐다. 완벽함은 허상이고 주입된 관념일 뿐이고 인위적인 틀이고 족쇄이다. 나답게 하는 것을 몸에 익혔어야 했는데 그 과정에서 나는 잘하려고만 했던 것이다. 가끔은 점수에 상관없이 나답다는 게 무엇인지를 찾았었더라면 하는 아쉬움이 크게 남는다. 그때는 좋은 대학을 가야만 인정받고 사랑받을 수 있는 줄 알았었다. '나'에는 전혀 집중하지 못했다.

"나는 라파엘처럼 그리는 데 4년이 걸렸다. 하지만 아이처럼 그리는 데는 평생이 걸렸다."

피카소가 말한 이 말을 내가 그때 알았더라면 아마 방황의 시간은 훨씬 적어졌을지도 모른다. 하지만 나는 이 말을 그 당시에는 들어도 피카소가 무슨 말을 하는지 알아듣지 못했다. 내가 좋아했던 그 '아이처럼'과 너무 거리가 떨어져 버렸다. 피카소가 이렇게 말을 했지만, 여전히 잘 그리는 그림을 좋아하는 사람들이 많다. 취향은 자유이니 인정은 한다. 하지만 더 나은 건강한 성장과 예술의 가치는 잘 그리기를 초월해 있다는 것을 말하고 싶다.

사람들은 익숙한 것 중에 최고를 완벽한 것으로 착각하는 경우가 있다. 무리 중에서 가장 뛰어난 것이 완벽의 모델이 되는 것이다. 그래서 '엄친아'라는 말이 생겨나기도 했다. 그래서 나 자신의 내면의 소리에 귀를 기울일 시간에 남들이 어떻게 잘하고 있는가를 살핀다.

나라는 존재는 남들에게 점수 매겨지기 위해서 태어난 것이 아니다. 비교우위에 서기 위해 공부하고 자기계발을 하는 것은 잠시의 우월감을 줄 수는 있지만, 궁극적인 만족을 주지 못한다. 비교는 언제나 흔들리기 때문이다. 그래서 불안감에 떨며 결국은 아무것도 하기 싫은 병적인 꾸물거림의 상태로 들어가게 만든다.

더는 지체할 시간이 없다. 당장 완벽주의를 버려라. 잘하지 않으면 모든 것이 끝이라는 절망감과 부담감을 솔직하게 내면 밖으로 꺼내어서 보자. 그런 후에야 불안에 떨고 있는 불쌍한 나의 영혼을 진정시킬 수 있다.

03

실패가 반드시 나쁜 것만은 아니다

"수준 높은 깨우친 사람이 아니라면
인간의 두껍고 무거운 착각을 깨는 힘은 오로지 실패에 의한 파괴력뿐이다."

당신은 어떤 실패의 경험이 가장 아팠는가? 당신이 실패를 경험했다면 당신에게 박수를 보낸다. 당신은 진정 자신을 사랑하는 용감한 사람이다. 그 실패를 충분히 슬퍼하고 툴툴 털고 일어나길 바란다. 당신에게는 아직 이루어지지 않은 성공이 기다리고 있다. 실패의 장점은 실패 속에는 나의 시행착오들이 고스란히 담겨 있다는 것이다. 어떻게 실패를 대하느냐가 평생 자신의 발목을 잡는 족쇄가 되기도 하지만 결정적으로 나를 살리는 약이 되기도 한다. 그래서 시대와 공간을 초월해서 실패를 극복하는 과정은 많은 사람들에게 지혜를 주고 있다.

요즘은 모든 것을 관리의 개념으로 생각한다. 병이 걸리면 건강 관리에 실패한 것이고, 살이 찌거나 직업이나 사업이 잘 안 풀리면 자기 관리가 잘

못된 것이다. 인간관계가 깨지면 관계 관리를 잘못한 것으로 말이다. 경쟁이 심한 사회가 되다 보니 모든 면에서 자기 자신을 다루는 방식이 혹독하다. 도태되지 않고 살아남으려면 어쩔 수 없다는 것이 이유이다.

나에게 가장 아픈 실패로 남은 경험은 인간관계이다. 모든 사람들의 인간관계는 첫 번째는 어린 시절 형성된 부모와의 관계 그리고 환경과의 관계가 그 기본 구조를 이루게 된다. 두 번째는 자신이 가진 성격에 의해서이다. 그다음 세 번째는 자신이 가진 욕구와 필요 그리고 가치관에 의해서 만나고 싶은 사람들을 선택한다. 인간관계는 사회생활의 기본을 만들어가는 작은 단위이다. 우리는 수많은 사람들을 만났다가 헤어지기를 반복한다. 그러면서 자신의 인생에서 중요한 계기에는 평생을 같이하고 싶은 사람을 만나 결혼을 하기도 하고, 또는 의기투합하여 사업을 같이하기도 한다.

나는 청년기에 겪은 암 투병에서 툴툴 털고 일어나지 못했다. 지금은 실패를 겪은 사람들에게 어떤 경우라도 힘내시라고 말할 수 있지만 나도 한참을 내 인생에 대해 어디에서부터 생각해야 할지 감도 못 잡았었다. 그렇게 지내다가 정신과 의사인 B에게 상담을 받으면서 기운을 차릴 수 있었다. 나는 집에서 얻지 못했던 인간적인 에너지를 학교나 밖에서 만나는 어른들께 주로 선생님들께 의지하면서 얻는 편이었다. 그리고 부모복은 없어도 선생님 복이 있다는 것에 감사했었다.

그렇게 B와의 만남은 나에게 대안을 만들어 주었다. 나 같이 심리적으로 어려운 경험을 가진 사람들에게 도움이 되는 일을 하는 것이 보람되고 즐거웠다. B도 상담 분야는 의사가 하는 부분보다 의사가 아닌 사람이 상담하는 것이 더 나은 부분도 있다면서 나를 독려했다. 그렇게 나에게 정신과 병원에서 일할 기회가 찾아왔다. 나는 B와의 심리 상담 공부와 신학 공부로 부푼 꿈을 안고 미래를 상상하며 하루하루를 보냈다. 하지만 나는 그 분야에서 초보였으므로 당연히 바닥에서부터 시작했다. 마치 절에 들어가 행자 생활을 하듯이 허드렛일부터 했다. 상담센터 병원이라고 해도 여느 사업장과 모든 것이 같다. 개인 병원이지만 입원실도 운영하고 있었기 때문에 건물 내에서 해야 할 일은 찾아서 하면 넘쳐났다. 화장실 청소에서부터 시작했다. 일손이 달리면 주방에 들어가서 설거지도 하고 환자들의 생활에서 필요한 부분들과 B의 심부름 등 주어지는 대로 일을 했다.

　일을 할 수 있다는 것만으로 너무 감사했다. 당시 아침 9시부터 6시까지 일하고 월급은 40만 원이었다. 월급에 대해서는 크게 생각하지 않았다. 나 같이 특이한 이력을 가진 사람에게 일을 맡겨준 것이 감사했다. 그 과정에서 정신과 병원에 입원하시는 환자들을 돌보았고 대화도 하면서, 그들을 배우고 이해하는 경험을 했다. 책에서만 보았던 다양한 환자분들을 만나볼 수 있었다. 그리고 나의 전공을 살려서 병원에 한쪽 방에서 미술도구들을 가져다 놓고 환자들에게 미술 치료도 시도했다. 그렇게 1년 반이 지나 상담센터로 옮기면서 본격적으로 상담을 배우면서 일도 했다.

당시 상담센터는 시간제로 일을 하고 있었기 때문에 생활비를 충분히 벌기는 어려웠다. 그래서 B는 나에게 다른 아르바이트도 권해주었다. 당시 상담센터는 학습 클리닉이 중요한 사업이었다. 그래서 아이들을 많이 만나보는 것이 중요했다. 내가 수학 교실에 가서 성적 향상을 위한 상담을 하게 된 것이다. 물론 상담도 하고 수학도 가르쳤다. 내가 가게 된 수학 교실은 나름 대박 난 수학교습소였다. 어차피 새로운 인생 살기로 한 만큼 배울 수 있는 세상의 뛰어난 것들은 다 배우고 싶었다. 나는 아무에게도 말하지 않았지만 어린 시절 수학을 아주 좋아했기 때문에 사실 그 생활이 재미있었다.

나는 주변 사람들이 이상하게 생각할 만큼 B를 사랑하고 따랐다. 정신과 상담으로 만난 관계이니 애착 관계도 남다르고, 나에게 B는 새로운 부모였다. 그래서 무조건 무조건으로 따랐다. 나는 결혼도 생각이 없으니, 상담에 뼈를 묻을 각오로 일을 하고 있었다. 내 인생과 내 형제들의 아픔을 해결해야 했다. B가 나같이 인생에 절망해 있는 사람들을 돕는 모습을 보는 것만으로도 위안이 되었다. 또 한 명의 내가 구원되는 것처럼 기분이 좋았다. 그것은 나에게 다른 대안을 생각하지 않게 했다. 그리고 나의 현실은 찬물 더운물 가릴 때가 아니었다. 그래서 나와 같은 처지에 있는 나의 언니도 상담을 받게 했다. 그리고 남동생까지 설득하여 우리 삼 남매는 다 상담을 받았다. 그만큼 상처 많은 우리 남매의 치유와 현실 적응은 절박했다. 인생역전의 길은 여기에만 있는 것 같았다. 그래서 더더욱 나는 수학 교실에서 잘리면 안 되었다. 나는 배수진을 치는 마음으로 인생의 모든 것을 걸고 상담센터에서 일해 왔다.

그렇게 열심히만 하면 내가 원하던 미래가 올 줄 알았다. 하지만 어느 곳이든 사람 자체의 문제라기보다 인간관계가 문제가 된다. 내가 원한다고 하여 그 자리에서 내가 일을 할 수 있는 것은 아니다. 나에게 이곳이 좋지만, 같이 일하거나 주위에 사람은 내가 불편할 수도 있는 것이다. 여기에서 나의 관계 관리가 문제였을 것이다. 인간관계는 시간이 지나면 처음에 생각했던 그런 관계가 아니다. 변질되고 오해도 쌓인다. 그리고 신기하게도 부모와의 관계나 가족 관계에서의 문제점들이 다시 반복된다. 아무래도 상하 관계가 되고 노사 관계가 되면 상사는 부하를 더 까칠한 눈으로 보게 된다. 자의 반 타의 반으로 나는 두 명의 상사를 모시게 된 것이다. 분명 내가 기여하는 부분이 눈에 보였는데도 수학 원장님께서 내가 기대에 못 미치고 못마땅하셨던 것 같다.

어느 날 수학 원장님은 B에게 나의 부족한 점, 나의 문제들을 번호를 매기면서 적은 장문의 편지를 전해 왔다. 얼굴이 후끈할 정도로 충격을 받았다. 나는 분명 30% 정도의 기여를 하고 있다고 들었었다. 그런데 상황을 보는 관점이 너무나도 달랐다.

사장이 맘에 안 들어 하면 이유를 막론하고 나가야 하는데, 이 지점이 바로 실패를 받아들이는 데 매우 약했던 지점이다. 일반적이고 평범한 노사 관계가 아니었기 때문에 인간적으로 해결할 수 있을 줄 알았다. 그래서 어떻게든 개선하고 고쳐보려고 애썼다. 하지만 그 편지의 내용은 사실상 나를 해고하는 내용이었다. 수학 교실뿐만 아니라 상담센터에서도 나가라는 소리였다. 사회생활이 다 그렇듯이 상사들은 말을 직접 하지 않는다. 알아서 눈치껏 행동하라고 언질을 줄 뿐이다. 절대로 나가라고 하지 않는다. 그래서 사회생활, 회사생활을 하는 사람들은 윗사람의 의중을 귀신같이 알아차려야 사회생활에서 살아남고 버틸 수 있다. 나는 그 편지가 해고 통보라는 사실을 몰랐을 만큼 사회적 눈치가 없었다.

나는 상담을 2005년부터 받았다. 정식으로 일을 한 것은 2008년에서 2017년까지의 10년이었다. 총 13년의 세월이다. 쏟아 부은 시간도 엄청나지만 나의 모든 에너지와 사랑을 다 바쳤다. 나는 진심으로 B를 사랑하고 존경했다. 그런데 그런 순수한 마음을 빼니, 나의 착각들이 드러나 그야말로 죽고 싶을 만큼 수치스러웠다. 나의 노력이 다 무너진 것만 같아서 견딜 수가 없었다.

시간이 지나면서 사업도, 상황도, 관계도 처음과는 다르게 변한다. 병원일도 비즈니스이다. 서로의 필요를 채우면 눈치껏 더 나은 관계를 위해서 또 다른 사람과 일을 하게 마련이다. 나는 평생 같이 일하고 싶었다. 그런데 남들에게는 그것이 현재에 안주하는 게으른 모습으로 보일 수 있다는 것과, 사람들의 소망이 다 다르다는 것을 잘 몰랐다. 나에게는 목숨 걸고 가는 길이었기에 필사적이었지만 상대방의 관점에서는 그런 내가 부담스러운 존재가 된다.

상담 일을 하면서 상담 기술은 늘었지만 여전히 자신감이 부족했다. 자신감을 얻으려면 실패에 부딪쳐서 이겨내는 경험이 필요하다. 하지만 나는 그 충격을 이겨낼 수 있다는 생각을 전혀 못 하고 13년을 살았다. 그러니 나의 의존적인 태도가 고쳐지지 않고 있던 것이다. 관계가 끝나면 죽을 것처럼 두려워서 관계 맺는 것과 끊는 것에 유연하지 못했다.

어쩌면 나는 세상의 계산이 아니라 내가 암 투병을 했다는 이유로 조금은 배려받기를, 나를 조금 봐 달라고 하는 특혜 아닌 특혜를 바랐던 모양이다. 이제는 마음속에서 환자라는 생각에서 나와야 했다. 나는 환자가 아니다.

실패의 충격이 너무 커서 가슴 한쪽이 허하고 멍할 때도 있다. 사람들은 그것을 공황이라고도 한다. 지금은 그때 나에게 월급과 강력한 가르침을 준 수학 원장님, 그리고 냉혹한 현실을 알게 해 준 B에게 감사한 마음이다.

세상에는 온갖 종류의 실패들이 있다. 성공한 사람들의 실패담은 널리 알려지고, 그 사람의 성공을 더욱 위대하고 선명하게 만들기도 한다. 나는 어린 시절에는 실패를 겪어도 실패를 어떻게 극복해야 하는지를 몰랐다. 그래서 그 스트레스는 신체화가 되었다. 그리고 몸이 아프니 아프다는 것에 늘 정신을 잃었다. 어떻게 나와야 하는지 방법을 몰랐고, 지혜를 얻지도 못했다. 모든 것이 상식에서는 벗어난 부모를 만난 것이 문제라고만 생각했다. 그리고 그 상처를 해결하고 집안 업보를 해결하겠다고 행자 생활처럼 달린 13년이었다.

인간관계에서 젊은 나이도 아닌 40대 중반에 내가 생각지도 못했던 결과를 얻고 나니 망연자실했다. 지금은 '내가 참 어려운 인생을 선택했구나.' 라고 생각한다. 수준 높은 깨우친 사람이 아니라면 인간의 두껍고 무거운 착각을 깨는 힘은 오로지 실패에 의한 파괴력뿐이다.

너무 잘 해내려고 애쓰지 말자

"자신의 애쓰는 모습을 충분히 칭찬하기 바란다."

대부분의 사람들은 "세상일이 마음먹은 대로 되냐?"라고 말한다. 반면에 다른 한편에는 다수는 아니더라도 자신의 삶을 마음먹은 대로 이루어 내는 사는 사람들이 있다. 이 둘의 차이는 무엇일까? 일단 인생을 마음먹은 대로 이루고 싶다면 자신의 마음부터 편안해야 한다. 마음이 벌집 쑤셔놓은 듯하다면 아무리 마음을 먹어봤자 소용이 없다. 흥분되고 들떠 있는 마음이 잠시 가라앉은 것이 편안한 마음이 아니다. 자신의 마음속을 있는 그대로 편하게 볼 수 있어야 진짜 편안한 것이다. 내 마음이 불안하고 좌불안석이라면 그 모습 자체를 볼 수 있어야 진짜로 편안해지는 길로 가는 것이다. 마음은 눈으로 볼 수 있는 것이 아니니 자신의 감정에 스스로 솔직해지는 것이 편안함의 기본이다.

나는 항암 치료와 방사선 치료를 다 마친 이후 거의 요양 생활을 했다. 몸에 기력이 거의 없다시피 한 상태여서 아무 일도 할 수가 없었다. 하루 16시간 이상 누워 있었고, 외출을 해도 1시간 이상 사람 많은 곳에서는 버티기도 힘들었다. 치료할 때보다 오히려 더 기력이 없었다. 할 수 있는 일은 밥 먹는 것과 TV를 조금 보는 정도였다.

그런 상황에서도 나에게 들리는 것은 항암 치료를 성공적으로 마치고 암을 극복하여 정상적인 생활 그 이상을 하는 사람들의 이야기였다. 그 말을 나에게 전하는 엄마나 친구들은 너도 그렇게 병을 극복하고 아무 일도 없었던 것처럼 예전의 활력을 되찾으라는 의미였고, 위로였다고 믿는다.

'아무개의 고모는 유방암이었는데 치료 후 만날 여행을 다니면서 인생을 즐기고 있더라. 머리털도 완전히 다시 나서 모습만 봐서는 아팠던 사람인 줄 모르겠더라.', '요즘 암은 병도 아니라더라. 아무개의 아빠는 암 치료하고 인생을 보는 관점이 바뀌어서 오히려 자식들에게도 더 잘하고, 유산도 일찍 물려줘버리고 새장가를 갔다더라.' 등등의 이야기들이었다.

그런데 막상 그 말을 듣는 나조차도 암을 극복하고 올림픽에서 사이클로 금메달을 딴 암스트롱처럼 되지 못하는 나 자신이 한심했다. 몸이 안 되면 생각으로라도 애를 써야 하는데 그마저도 못 하고 있으면 나는 무용지물이라고 느꼈다. 듣기만 해도 숨이 막히지 않는가? 이런 식의 사고방식을 가졌었던 나였다. 살아도 사는 것이 아닌 생각의 연속이었다. 나는 만신창이가 되어서도 더 병에서 잘 낫지 못하는 나를 채찍질했다.

당신이라면 이런 나 같은 구제 불능의 생각에 사로잡힌 사람에게 무슨 말을 해 주고 싶은가? 이랬던 나에게 친구들이 가장 많이 했던 말 중 하나는 "너무 빡세게 살지 말아라."였다. 뭐든지 열심히 하는 것밖에 모르던 나를 보면 그런 안타까운 맘이 들었었던 것 같다.

나와 같이 인정중독에 빠져 있었던 사람들은 뭔가를 열심히 하지 않는 것만으로도 다시 말해 숨만 쉬어도 죄책감에 빠진다. 잠을 자도 잔 것 같지도 않고 편안히 쉬는 방법을 모른다. 이런 고약한 습성의 시작은 엄마의 마음에 들기 위해, 그 인색한 칭찬 한 번 받아 보겠다고 시작된 것이다.

나는 암 투병 후 32살에 나 자신을 느끼기에 온몸이 망가져서 고쳐 쓸 수도 없고, 인생의 막막함을 하소연할 곳도 없으며 사고는 모호함의 심연에서 헤매고 있었다.

나의 정신과 의사였던 B도 나의 노력들을 일컬어 차라리 아무것도 하지 않는 것만도 못한 삶이라고 했다. 가만히만 있었어도 그렇게 망하지는 않았을 텐데 헛고생만 했다고 평가했다. 인생의 과정은 자신이 해석하여 자기 것으로 만드는 것이다. 현재의 나는 과거의 B의 의견에 동의하지 않는다. 그것은 내 인생에 대한 예의가 아니다.

나는 자기 생각이 건강하게 세워지지 않은 어린 학생들이 운명론에 빠지지 않기를 바란다. 정해진 운명은 없다. 시간이 다 지나고 나서 운명이라는 이름의 퍼즐이 맞추어질 뿐이다. 또한, 남들이 나의 인생에 대하여 말하는 것에 현혹되지도 않길 바란다. 의견은 의견일 뿐이다. 적당히 할 걸 괜히 열심히 살았다고 또 한 번 자책하지 말아라. 당신은 열심히 할 만했으니 열심히 목숨을 다해 열심히 뛴 것이다. 괜히 열심히 했다는 것만큼 맥 빠지는 소리는 없다.

당신에게 정말로 필요한 것은 자기 지지이다. 결과가 안 좋게 나왔다면 그 결과와 자신의 노력을 분리하자. 헛된 노력이란 없다. 헛된 인생이 없듯이 말이다. 그 노력의 이면과 노력의 이유를 잘 살피면 된다. 새롭게 건강해지기 위한 올바른 길을 찾으면 된다. 포기만 하지 않으면 된다. 정해진 길은 없다는 것만 기억하자. 왜냐면 내가 정하지 않았기 때문이다.

자신의 애쓰는 모습을 충분히 칭찬하기 바란다. 그것은 나쁜 태도가 아니다. 당신의 절박함의 표현이다. 다만 모든 것에 애쓰지는 말아라. 당신의 애씀의 에너지의 가치가 너무나 크기 때문이다. "목욕물 버리려다 아기까지 버린다."라는 말이 있다. 나의 경우에는 노력하려는 마음이 나빴던 것이 아니라, 꿈이 없고, 원하는 것이 명확하지 않았기 때문에 벌어진 인생의 대참사였다고 평가한다. 원하는 것 없이 맹목적으로 열심히만 사는 것이 얼마나 자신을 병들게 할 수 있는지 몸소 나의 삶에서 본 것이다.

멈추어지지 않는 애쓰는 마음은 세심한 살핌에 의한 자각을 통해서만 멈추게 할 수 있다. 내가 무엇을 모르고 있기에 그렇게 불안했는지 내 마음을 알아주어야 그 불안에 떨던 마음속의 야생마가 그제야 안정을 찾을 수 있다.

다만 일이 잘 풀리지 않거나 난관에 부딪혔을 때일수록 더욱 기본으로 돌아가 자신의 상태를 점검하는 것이 좋다. 왜냐면 사람은 자기 주변의 상황만 볼 수 있을 뿐 전체적인 그림인 숲을 보기가 어렵기 때문이다. 그래서 느낌을 잃지 말고 잘 살려놓아야 한다. 자신이 원활히 앞으로 나아가는 느낌이 들지 않는다면 과감히 잠시 쉬거나 숨 고르기가 필요한 순간이라는 것을 느끼는 감각이 있으면 된다.

나는 예전에 그 감각이 없었기에 몸 고생, 마음고생을 그렇게 많이 했던 것이다. 나 자신이 자동차라면 엔진오일도 없고, 냉각수도 없고, 타이어도 펑크가 나는 등 총체적으로 고장이 난 차를 정비도 하지 않고 여기저기 마음만 앞선 채로 굴리고 다닌 것이다. 그래서 엔진이 좋은 차에서 느껴지는 그 생생함과 속도감도 즐기지 못하고 차 탓만 하면서 또는 애먼 길 탓만 하면서 세월을 낭비하게 된 것이다.

인생의 경험들은 그냥 내가 겪어내는 것이 아니다. 누구나 느끼듯이 상황이라는 것은 만만치가 않다. 현실이라는 벽 앞에서 우리는 얼마나 답답하고, 포기하고 싶을 만큼의 좌절을 수도 없이 느꼈던가? 우리가 사는 인간 세상도 하나의 거대한 자연이다. 또한, 경제 체제도 자연생태계라고 표현할 수 있다. 얼마나 많은 순간들을 자신이 거둔 초라한 결과물들에 실망했던가 말이다.

인생을 보는 관점을 혁명적으로 바꾸어야 한다. 인생의 고통과 걱정들에 매몰되지 않고 자신의 인생을 신나게 개척하기 위해서는 자신의 모습을 객관화할 힘을 키워야 한다. 자신의 모습을 보게 되는 자신 안의 거울은 여러 가지 방법들이 있다. 심리학에서 말하는 메타 인지를 키우는 방법도 있고, 신의 존재를 믿는 방법도 있다. 그것이 잘 개발되면 자신만의 인생이라는 무대를 즐길 준비를 마친 것이다.

이를 위해서 먼저 자기 자신에 대한 신뢰가 가장 우선 되어야 하고, 자신의 내면 구석구석을 돌볼 방법을 배워야 한다. 마치 차가 고장 났을 때 우리가 카센터를 가듯이 스스로 자신의 상태를 점검할 방법이 있는 것이다. 최고 성능의 차가 있다면 운전하고 싶은 마음에 마음이 설렌다. 인생의 고비와 시련도 마다하지 말아야 하는 이유가 바로 자신의 능력을 알아볼 기회가 되기 때문이다. 인생은 그저 신나게 달려볼 기회일 뿐이다. 그 시도에 실패한다 하더라도 자신의 취약점을 알아낼 수 있는 절호의 기회였기 때문에 전혀 실망할 일이 아니다. 자신의 장점과 약점을 가능한 한 많이 이해하는 사람은 상황 대처에 점점 더 자신이 생긴다. 그뿐만 아니라 자신의 차를 더욱 업그레이드시킬 경험의 지혜가 축적되는 순간이 된다.

너무 잘하려는 마음만으로 힘이 든다면 그것은 목표도 명확하지 않고 자신에 대한 이해도 전혀 없으면서 의욕만 앞선 경우이다. 정확하고 세밀하게 자기 자신에 대해서 알고, 자신의 내면을 이해하며, 자신의 주변과 상황을 면밀하게 볼 수 있다면 자신이라는 사람이 왜 노력한 것에 비해 성과는 없는 삶을 살았고, 힘이 들기만 했는지를 알 수 있다.

여기에서 지혜가 매우 중요하다. 아무리 많은 스펙과 지식이 있다고 해도 그것이 꿰어지지 않으면 현실에서 아무 빛도 발하지 못한다. 그것을 꿰는 힘은 경험에 있고, 포기하지 않고 시도하는 것에서 얻을 수 있다. 이는 자기 자신에 대한 사랑과 존중의 힘으로 자신의 인생에 대한 감사함으로 삶의 끈을 단단히 붙잡는 것이다. 이렇듯 어부가 날씨를 살피듯이 면밀하고 세심하게 살필 수 있다면 맹목적인 노력이 아니라 최적의 노력으로 딱 맞는 순간에 자신이라는 배를 띄울 수 있는 지혜를 발휘할 수 있게 된다.

0 5

진심을 다했다면 실패해도 남는 게 있다

"나의 짝사랑이 부서지고 나서 나는 온전한 나를 만나게 되었다."

남녀가 연애할 때 완전히 똑같이 서로에게 잘해줄 수는 없다. 어떤 사랑이든 마찬가지이다. 어느 한쪽이 더 사랑하거나 어느 한쪽이 더 적극적이게 마련이다. 부모와 자식 간의 사랑은 부모가 주는 사랑에 비해 자식이 부모를 사랑하는 마음이 발끝에도 못 미친다. 그러니 그 당연한 일방적인 사랑에 내리사랑이라고 표현했을 것이다. 이렇듯 마음이라는 것, 사랑이라는 것, 진심이라는 것은 아무리 기브 앤 테이크의 정신으로 엄격히 계산적으로 따져도 더 많이 받은 쪽이 생긴다. 누가 더 이득일까? 당신은 사랑을 할 때 계산을 하는 편인가?

나는 연애다운 연애를 한 적이 없다. 항상 일방적인 짝사랑을 했다. 마음은 있으나 어떻게 표현을 해야 하는지 몰라서 전전긍긍했다. 신기하게 들릴 수도 있지만 나의 첫 번째 짝사랑의 대상은 엄마였다. 보통 사람들은 생각할 것도 없이 태어나서 바로 가장 먼저 만나는 사람이 엄마이니 당연하다고 생각할지 모른다. 나의 경우는 아니다.

나는 태어나서 내가 인생에서 가장 먼저 좋아했던 사람은 나의 언니였다. 나는 나의 유년기에 엄마의 얼굴이 기억나지 않는다. 한 집에서 그것도 한 방에서 분명히 같이 자고 일어났는데 기억이 없다. 다른 사람들은 어떤지 모르겠지만 나는 사람을 기억하면 그 사람의 웃는 얼굴이 떠오른다. 외삼촌이 나를 보면서 환하게 웃어줬던 얼굴, 할아버지가 중풍이셨지만 고개를 돌리기도 어려웠지만 나를 바라보던 눈빛, 증조할머니의 따듯한 미소와 손길 등등은 시간과 상관없이 내 머릿속 이미지 저장고에 남아 있다. 언니는 증조할머니를 빼고 유치원에 가기 전에 나와 놀아주던 존재다. 3~4세의 아이들이 다 그렇듯이 나도 언니 뒤만 졸졸 따라다니는 껌딱지였다. 세상에서 우리 언니가 제일 좋았다. 하지만 그것도 잠시, 언니가 유치원을 외할머니가 사시던 서울로 다니는 바람에 해가 지고 저녁 늦게 집에 돌아왔기 때문에 언니를 볼 수 있는 시간도 자연스럽게 적어졌다.

내가 엄마를 좋아하기로 마음먹은 나이는 엄마처럼 살지 않겠다고 선언한 지 얼마 되지 않아서였다. 나는 초등 1·2학년 때까지는 세상에서 엄마가 가장 무서웠고 두려웠는데 삶의 방식을 바꾼 것이다. 초등학교에 들어가서 문화적 충격을 받았다. 세상에나 나를 뺀 모든 친구들이 자신들의 엄마를 너무나 사랑하고 있었다. 비 오는 날 학교 교문 앞에 엄마들이 우산을 들고 서 있으면 한눈에 엄마를 알아보고 뒤도 안 돌아보고 달려갔다. 엄마만 만나면 뽀뽀하고 엄마에게 붙어서 떨어질 줄 모르는 모습이 정말 신기하고 부러웠다. 자기 엄마의 모든 것을 좋아하는 친구의 모습에서 행복이 꿀 떨어지듯 떨어졌다. 엄마가 하는 말은 말도 안 되는 거짓말도 그 아이에게는 법이었고, 엄마가 노래를 부르면 엄마가 세상 최고의 소프라노가 되었고, 엄마가 해주는 음식은 맛이 없어도 최고의 요리로 둔갑을 하는 것이 마치 마술 같았다.

'엄마란 저렇게 좋은 존재인가? 나를 세상에 태어나게 해준 것이 저토록 고마운 일인가?' 그러면서 동시에 '엄마와는 저렇게 사랑해야 하는 거구나. 저런 것이 정상인데 나만 못되게 굴고 있나? 나만 엄마를 두려워하고 미워하나?'하고 생각했다. 나도 그 친구들처럼 행동하고 느껴보고 싶었다. 그렇게 자연스럽게 엄마의 일거수일투족을 사랑해보기로 했다.

나는 그 이전까지는 순하고 착하기는 했지만, 효녀의 이미지는 아니었다. 증조할머니와는 친하게 지냈지만 엄마와는 그러지 못했다. 엄마는 늘 바빴기 때문이다. 증조할머니가 큰집으로 가시고, 집에 큰 어른이 안 계시니 집안의 권력이 재편되기도 했다. 엄마가 더 강력해진 것이다. 나는 여전히 엄마가 무서웠지만 나의 친구들처럼 행복하게 되기 위해 엄마에게 내가 먼저 가까이 가기로 했다.

증조할머니께 하듯이 엄마에게 했다. 심부름도 잘 하고, 엄마가 평소에 누구에게든 잔소리하는 모든 것들을 기억했다가 하나하나 고쳐보도록 노력했다. 예를 들면 이런 것이다. 밥을 풀 때는 밥알이 뭉개지지 않게 다 된 밥을 부드럽게 섞고 밥공기의 가에 밥알이 묻지 않도록 곱게 넣는다. 주걱으로 밥솥 안의 밥을 풀 때 밥공기의 가에 밥알이 뭉개져 붙어 있으면 엄마가 짜증을 내는 것을 보고 내가 해보는 것이다. '이렇게 하면 엄마가 짜증을 내지 않으려나?' 하는 마음이었다. 내가 스스로 해보는 것이다.

3~4학년 때는 이렇게 주로 집안일을 찾아서 했다. 아빠에게 하는 잔소리, 언니에게 하는 잔소리, 동생에게 하는 잔소리, 일해주시는 아주머니께 하는 잔소리들을 모아서 내가 직접 고쳐보는 것이다. 손님이 집에 오시면 음료수와 다과를 내오는 일이나, 과일을 깎는 일 등은 어린 내가 하기에도 충분히 할 만했다. 엄마가 원하는 접시, 엄마가 좋아하는 포크, 엄마가 좋아하는 음료수로 마련한다. 마지막 가장 중요한 포인트는 집에 있는 쟁반 중에 엄마가 가장 마음에 들어 하고, 가장 있어 보이는 쟁반에 그 모든 다과를 담아 마무리하는 것까지다. 이전에 모든 접시가 완벽해도 마지막 쟁반을 엄마의 취향에 맞추지 못하면 엄마는 또 한 번 정말 더럽게 성을 냈다.

심지어는 엄마가 요리를 배우고 와서 집에서 연습으로 만들어놓은 처음 보는 의심스러운 샌드위치를 세상 가장 맛있는 음식인 것처럼 먹어주기,

간이 너무 세서 엄청나게 짜도 나는 맛있게 먹었다. 언니와 동생은 비위에 맞지 않아 건드리지도 않는 음식들을 말이다. 엄마가 한 일을 칭찬해주니 엄마가 만족해하는 모습을 보고 나도 좋아했다. 당시 엄마를 사랑해보기가 나의 버킷리스트였던 것이다.

세상에는 거짓말이라도 좋아하고 좋아하면 정말 좋아진다고 했다. 거짓말도 믿으면 내 것이 된다고 했다. 나는 이런 나의 거짓말에 내가 넘어가고 있었다. 6학년 때 수학경시대회에서 상을 받고 그 공을 엄마에게 돌리고 싶었던 것 같다. 친구들이 나에게 물었다.

"너는 어떻게 그렇게 수학을 잘해?"

나는 혼자만의 장난을 쳐보고 싶었다.

"응, 우리 엄마가 수학을 잘해. 우리 엄마 이대 수학과 나왔거든."

그렇게 말하고 나면 친구들은 "그렇구나." 하고 넘어갔다. 사실 이것은 거짓말이었다. 그냥 내가 아무 말이나 한 것이다. 엄마는 나의 공부를 도와준 적도 없고, 내가 무슨 문제집으로 공부했는지도 알지 못한다. 나의 성적에는 관심도 없다.

그렇지만 관심이 있는 한 가지가 있었다. 엄마 자신을 돋보이게 하는 나의 멘트에는 관심이 많았다. 한마디로 나의 칭찬과 엄마를 꾸며주는 말을 좋아했다. 나의 아첨을 좋아했다. 그래서 집에 돌아와 엄마에게 내가 한 거짓말을 토씨 하나 안 빼고 그대로 전했다.

나는 내심 엄마가 야단을 칠 줄 알았다. 엄마는 기본적으로 내가 밖에 나가서 친구들에게 우리 집 이야기를 하는 것을 금지했었다. 입이 싸면 안 된다고 했다. 말을 하면 할수록 창피한 일만 생긴다고 싫어했다. 평소처럼 혼이 나거나 혹은 "거짓말을 하면 어떻게 하니?"라는 보통 엄마들의 반응을 기대했다.

나는 이날 엄마로부터 태어나서 가장 큰 칭찬을 받았다. 엄마의 함박웃음을 보았다. 자신을 이대 나온 여자로 만들어준 나에게 웃음을 보인 것이다. 나는 엄마가 학력 콤플렉스가 있다는 것을 알고 있었다. 고모가 이대 수학과를 나온 것에 열등감을 느끼던 엄마에게 혼날지도 모르고 한 거짓말인데, 그 효과는 엄마의 최고로 행복해 하는 모습으로 돌아온 것이다.

어릴 때의 윤리 교육은 거짓말은 나쁘다는 것을 기본으로 먼저 배우고, 좀 더 세상을 이해하는 나이가 되면 상황에 따라 자신을 보호하는 하얀 거짓말이라는 것도 있으며, 그래서 거짓말이 반드시 나쁜 것만은 아니라는 것을 배우는 단계가 있어야 한다. 그래야 아이가 가치관에 혼란을 느끼지 않고 세상에 적응해 나갈 수 있다. "거짓말은 완전히 나쁜 거야."라는 흑백 논리가 정답이 아닐 수도 있는 포용은 기본이 지켜지고 난 다음의 문제라는 것을 아이가 알 수 있어야 한다.

세상의 기본 논리와는 완전히 다른 논리 구조를 가진 집에서 사는 아이들이 겪는 고통이 내가 겪었던 것과 같을 것이다. 그래서 나는 학교에 가는 것이 너무나 좋았다. 보편적인 것을 배우는 것이 즐거웠다. 하지만 가정교육이 왜곡되면 학교 교육만으로는 충분하지 않다.

나는 엄마를 그렇게 만족시키는 부분에서는 후회가 없을 만큼 해보았다. 나만의 짝사랑은 내 몸이 아플 때도 계속되었다. 그리고 그렇게 결혼까지도 엄마가 원하는 대로 할 뻔했지만 나의 영혼과 나의 몸이 허락하지 않았다. 나의 영혼과 몸이 그만 멈추라고 사인을 줘도 나는 나 자신이 아닌 엄마를 위해서 하는 것을 멈추지 않았다. 엄마에게 나의 모든 에너지를 주었다. 그래서 나의 몸과 마음은 병으로 가득 찼었다.

'나'라는 존재는 부모와도 나누어 가질 수 없는 단일 존재이다. 나 자신을 사랑하는 것이 무엇보다 우선돼야 한다. 하지만 사랑은 나눌수록 커진다고 하니 그 말만 믿고 나의 사랑을 엄마와 나누고 싶었다. 부모의 사랑이 그렇게 위대하다는데, 부모는 자식을 사랑한다는 말, 하늘보다 높은 은혜가 있다는 그 말을 믿고 싶었다. 그래서 나의 엄마를 향한 미친 짝사랑을 멈출 수가 없었다.

이 나의 짝사랑이 박살 나고 부서지고 나서 나는 온전한 나를 만나게 되었다. 그 이후 나는 몸도 아프지 않게 되었고, 자립도 하게 되었다. 나는 자기 자신을 사랑하지 못하는 사람들이 가는 험난한 길을 먼저 다녀왔다. 그래서 그 마음의 길목들을 너무나 잘 안다. 그 사람들이 왜 사랑에 실패하는지 말이다. 그래서 그런 사람들을 도울 수 있는 능력이 생겼다. 이것이 바로 진심을 다해 사랑했기에 비록 실패했어도 나에게 남은 능력이다.

06

때를 놓쳐버렸다고 자책하지 말자

"충분히 자신의 마음을 달래주고 나면
사람의 감정에는 새살이 돋듯이 새로운 희망적인 감정들이 솟아난다."

인생에서 가장 중요한 것은 무엇일까? 물론 개인이 가진 가치관에 따라 다를 것이다. 가족, 돈, 명예, 성공, 자유, 사랑, 시간 등 각자의 주관대로 다양할 것이다. 이 중에서 지금의 나는 시간이라고 말한다. 나이가 어릴 때는 시간의 가치를 잘 모른다. 그리고 어른들이 말하던 후회들을 들으며 어렴풋이 느꼈을 뿐이다. 어른들이 그런 후회를 하는 이유는 우리의 인생에는 때에 맞춰서 해야 할 일들이 있기 때문이다. 요즘은 늦어져도 상관이 없다는 추세가 조금 늘긴 했다. 하지만 그래도 이왕이면 어른이 되기 전에 공부를 많이 하면 좋고, 청년기가 되면 자신의 미래를 위해 꿈을 꾸고 애쓰면 좋고, 결혼 적령기에 결혼하면 가정이 화목하다.

나는 25살 때부터 엄마의 성화에 못 이겨 선을 보았다. 나는 당시 꿈이 없었다. 결혼에 대해서도 이상형에 대한 고민도 없었다. 어떤 가정을 만들고 싶은지에 대한 상상 속의 모델도 없었다. 결혼에 대한 욕망이 있었다면 선을 보는 것이라도 애써 했을 것이다.

막연히 대학원을 가야 할지 고민하던 시절이다. 다른 친구들은 사생결단으로 공부하고 미술 작업을 하고 있었다. 그런데 나는 설렁설렁 공부도 안 하고 작업도 안 했다. 그러니 내가 봐도 대학원을 갈 실력이 안 되었다. 그러니 인생의 다음 단계로 결혼을 선택해야 하는지 걱정이 되면서도 마음을 정하지 못했다.

그 당시는 남들이 다 대학교에 갈 때 안 가면 큰일 나는 줄 알았고, 친구들이 대학원 갈 때 대학원을 가지 않으면 큰일이 나는 줄 알았었다. 그래서 대학원을 못 가는 것이 아니라 안 가는 것이라고 말하고 싶었고, 결혼을 못 하는 것이 아니라 안 하는 것이라고 자신 있게 말하고 싶었다. 하지만 변명의 여지도 없었다. 복잡한 머리에 고민만 쌓여갔다. 설상가상으로 매일 몸이 아파서 공부보다는 마음 공부나 건강 관리에 더 신경을 썼다. 정신과 마음과 몸이 다 같이 금이 가고 붕괴 직전에 놓여 있었다.

1995년 삼풍백화점 붕괴 사건을 기억할 것이다. 큰 건물이 지어지려면 하중을 견디는 구조가 튼튼해야 한다. 삼풍백화점의 경우 겉모양은 웅장하고 큰 백화점이었으나 건물을 받치는 기둥이 약했다. 게다가 콘크리트의 철골이 충분하지 않은 부실공사였다. 처참하게 폭삭 무너진 백화점 사진을 한 번쯤은 뉴스에서 봤을 것이다. 마치 그 사진을 보면 나의 존재를 보는 듯한 기분이 든다. 내 인생이 시작부터 부실공사라서 폭삭 무너지려 하는 아슬아슬한 상황이었음을 그때는 전혀 알지 못했다. 그렇게 지내다가 나는 2003년에 암 진단을 받고 아예 뻗어버린 것이다. 다시 일어설 기운도 없게 처절하게 무너졌다.

항암 치료의 과정에서 나는 항암제를 맞으며 다른 환자들과 마찬가지로 엄청난 구토와 함께 머리카락이 다 빠졌었다. 항암제는 약이 너무 세기 때문에 약이 주사를 통해 혈관으로 들어가는 순간부터 혈관이 아려온다. 그래서인지 몸의 털들이 남아나지 못하는 것 같다.

항암제 주사를 맞고 누워 있는 4시간 동안에 초당 1cm 정도씩 항암제가 혈관을 타고 움직이는 것이 느껴진다. 왼쪽 손등에서부터 팔을 타고 어깨로 서늘하게 올라가고, 가슴에 싸한 느낌이 모인다. 가슴 심장에서의 피는 목을 타고 올라가 뇌의 곳곳으로 모세혈관까지 흘러간다. 머리를 타고 앞으로 얼굴 혈관 하나하나까지 스며온다. 그렇게 흘러 다시 목으로 내려가고 등줄기를 타고 내려가서 고관절에서 왼쪽 다리로 타고 내려갔다가 발바닥, 발가락 끝까지 순례하고 돌아 올라온다.

나는 이 과정에서 내 몸에 혈관이 하나로 연결되어 있다는 것을 처음으로 실감했다. 그렇게 온몸의 세포로 들어가 온몸에 있는 암세포와 세균, 염증까지 싹 다 죽인다. 그래서 여드름이 있으면 여드름도 다 없어지고, 발에 무좀이 있으면 무좀도 한순간에 깨끗하게 없어진다. 그렇게 센 약을 맞고 나면 온몸이 너덜너덜해진다.

그렇게 서른 살의 내가 한참을 대머리로 지내는 어느 날 엄마가 나에게 선을 보라는 것이다. 아는 사람들은 알았지만 내가 항암 치료 중이라는 것을 모르는 사람이 선을 보라고 권했기 때문이다. 왜 엄마는 그 제안을 받아들인 걸까? 그때는 이유도 궁금해하지 않았다. 엄마는 단지 내 나이만이 중요했던 것 같다. 때를 놓치면 안 된다는 엄마의 생각이다. 그리고는 엄마 소원이라고 나보고 선을 나가라고 했다.

지금 같으면 펄쩍 뛰면서 엄마 앞이라도 욕이라도 했겠지만, 그때의 나는 매우 순종적이었다. 나는 펄쩍 뛰었고 침대에 누워서 귀를 막고 있었다. 하지만 결국 또 내가 엄마에게 졌다. 나는 그렇게 가발을 쓰고 선을 보러 나갔다. 죽은 사람 소원도 들어준다는데 이 마당에 엄마 소원이라는 것을 들어주자는 생각으로 그 자리에 갔다. 당연히 선 자리에 나온 남자에게는 관심도 없었다. 그 자리가 끝나기만을 기다리며 마음속으로 울면서 그렇게 있었다.

나는 왜 그렇게 엄마 소원을 들어주는 게 중요했는지 모르겠다. 그렇게라도 착한 딸이 되고 싶었나 보다. 이런 행동들이 하나씩 쌓일 때마다 나는 착한 딸로서 얻은 점수보다 나에 대한 자괴감으로 너무나 괴로웠다. 왜 안 나가겠다고 끝까지 고집을 부리지 못했나. 사실 이것은 고집이 아니다. 사실은 엄마의 옳지 않은 행동에 내가 동의를 한 것이다. 잘못된 선택에 이의를 달지 않은 것이다. 결국 나 자신을 두 번 무너뜨린 꼴이 되었다.

첫 단추가 잘못 끼워지면 그 뒤는 깨닫기 전까지는 그 잘못을 전혀 알 수가 없다. 그렇게 몸과 마음이 무너지면서 회복의 기미를 보이지 않았다. 정신과 상담을 받기 전까지 그런 붕괴의 상태 그대로 내버려뒀던 것이다.

그렇게 해서 결혼의 적기를 놓쳤고, 아이를 낳아야 하는 때를 놓쳤고, 일해서 커리어를 쌓아야 하는 때를 놓쳤다. 시간을 못 맞추고 지나가버린 것은 마치 다시는 오지 않는 막차를 떠나보낸 기분이다. 그때 내가 다음 날 해가 뜨면 새로운 차가 온다는 사실을 상기했더라면 그것만 생각했어도 인생의 다른 기회들까지 놓치지는 않았을 것 같다. 발상의 전환을 해야 하는 이유이다.

나는 아직도 내 나이 또래의 엄마들이 아이와 함께 걸어가는 모습만 봐도 마음이 싱숭생숭하다. 단란하게 식당에서 밥 먹는 가족의 모습만 봐도 그렇게 부러울 수가 없다. 오후에 학원가에 차로 아이들을 데려다주는 부모 모습이 부럽고, 목욕탕에 엄마 모습을 똑 닮은 딸과 함께 목욕하러 오는 모녀의 다정한 모습을 보면 또 부럽고 부럽다. 이 나이에 결혼도 못 하고, 가정을 이루지 못했으니 나는 저런 행복을 누리지 못하는 것 같아서 나 자신이 너무 밉고 열등하게만 느껴진다.

또 전공에 대해서는 노력도 하고 경제적 어려움까지 극복해가면서 미국이나 영국으로 유학을 다녀온 선후배를 보면 존경스러운 마음이 든다. 경력을 쌓으면서 한 단계씩 꾸준히 입지를 높여가는 선후배를 보면 너무 내가 초라해진다. 왜 나는 저 나이 때에 저런 열정을 마음에서 내지 못했을까 생각하면 또 마음이 쓰리다. 몸이 아프다고 하는 것이 나약한 정신 때문에 벌어진 일인 것만 같아 나를 더 책망하게 된다.

정말 되돌리기 힘든 악순환의 고리이다. 부정적이고 힘들다는 생각 때문에 때를 놓치게 되고, 또 이루지 못하고 실패한 것에 대한 후회가 또다시 부정의 고리를 만들어서 이어간다. 이 정도의 부정적인 생각은 브레이크를 밟아서 멈추기도 쉽지가 않다. 해결책과 대안 희망이 없으면 사람은 부정적인 생각을 멈출 수가 없기 때문이다. 그래서 이런 부정의 고리를 끊을 수 없는 사람은 반드시 코치를 받을 필요가 있다. 이 부분이 혼자서는 어렵다고 하는 지점이다.

또한 때를 놓쳤다는 생각이 들 무렵은 이미 많은 것들이 아주 많이 진행되었음을 의미한다. 요즘 우리나라뿐만 아니라 전 세계가 코로나19 바이러스로 고통을 겪고 있다. 유례없었던 새로운 바이러스의 공격이 그야말로 전 세계를 강타하고 있다. 현 상황을 놓고 보면 전 세계에서 우리나라가 시의적절하게 대응을 잘 했기 때문에 코로나19의 확산세를 꺾을 수 있었다고 한다. 초기 대응에 실패한 미국을 비롯한 유럽의 많은 나라들이 확산세를 막지 못하는 가장 큰 이유가 그때를 놓친 것이다.

때를 놓쳤다고 하여 무조건 다 실패한 것은 아니다. 우리는 아직도 진행형이기 때문에 새로운 대안으로 노력을 계속해야 한다. 천운으로 우리나라는 방역에서 그 확산세를 꺾은 기술과 노하우로 다른 나라들을 지원하고 있어서 너무나 다행이다.

또 다른 예를 들어보면 이는 엎질러진 물과 같은 것이다. 되돌릴 수 없다는 것이 얼마나 가슴 아픈 일인가? 후회의 마음이 안 들 수가 없다. 그러나 감정은 영원한 것이 아니다. 충분히 자신의 마음을 달래주고 나면 사람의 감정에는 새살이 돋듯이 새로운 희망적인 감정들이 솟아난다. 그러니 절망이야말로 금물이다.

나는 현재 나의 일에 가장 집중하고 있다. 이제는 누구의 탓도 아니라는 것을 안다. 현재의 나 현실의 상황들을 받아들이고 하나씩 예전에 나에게는 볼 수 없었던 새로 태어난 열정으로 일을 하고 있다.

지나간 일에 대해서는 후회와 회한으로 시간을 보내지 말자. 가능한 한 최대한 그 시간을 줄이자. 자신을 긍정하는 새로운 마음으로 다가오는 시간을 새롭게 채워나가야만 한다. 반대로 나 자신에게 용기를 북돋워줘야 한다. 마치 부모님이 돌아가시고 난 후 다시 뵐 수 없게 되는 상황에서도 알 수 있다. 그 허망한 슬픔에 먹먹하지만, 그 또한 지나간다. 부모님께 잘하지 못했다고 자책할 일이 절대 아니다.

자책은 진짜 감정인 슬픔을 제쳐놓고 나에게 벌을 주는 것이다. 자책은 슬픔을 느끼는 것과는 완전히 다른 것이다. 또한 자책은 반성과도 다르다. 이 점을 명심하자. 아무 생각 없이 본인을 자책하는 경우를 보곤 한다. 이것은 자기 사랑의 정반대인 것이며, 심지어 자신에 대한 배신행위이다. 나는 나 자신을 쓰러뜨릴 수도 있고 일으킬 수도 있는 신비한 힘을 가지고 있는 존재이다.

행복하지 않아도, 평범하지 않아도 괜찮아

"감정의 문제를 다루는 것은 행복을 떠받치는 터를 닦는 일과도 같다."

나이가 들어갈수록 사람들이 하는 말이 있다. 평범하기가 가장 힘들다고 한다. 그렇다면 평범한 것이 가장 행복한 것이라는 말인가? 행복은 좋은 직장을 다니는 것에 달린 것도 아니고, 좋은 학교를 나온 것도 아니다. 물론 행복의 조건이 될 수는 있지만, 행복 그 자체는 아니다. 배우자를 잘 만나면 행복해질까? 좋은 집에 살면 행복할까? 자식이 성공하면 최고의 행복일까? 통장에 10억이 찍히면 행복할까? 우리는 행복을 말하지만, 행복해지려면 어떻게 해야 하나?

나의 태어나서 서른 살까지의 인생은 엄마의 사랑과 인정에 목을 맸던 시절이었다. 나의 엄마가 정상적이지도 상식적이지도 않은 엄마라고 생각하면서도 엄마의 인정을 위해서라면 나 자신을 포기하고 엄마가 원하는 대로 했다. 그때까지는 그렇게 하는 것이 내가 엄마를 사랑하는 것이라고 착각했었다. 엄마가 늘 자식들에게 하는 말이 있다. "엄마 말을 들으면 자다가도 떡이 생긴다."라는 말이 그것이다. 물론 아니라는 것을 알면서도 나의 무의식은 엄마 말을 들어주고 싶었다. 사실 엄마에 대한 솔직한 나의 심정은 엄마가 정신과 치료를 받아야 한다는 것이었다.

정신과 병원에서 하는 말이 있다. 진짜 심각한 정신병 환자는 절대로 자기 발로 병원을 찾지 않는다는 것이다. 정신과는 병 치료에 있어서 자각과 깨달음이 매우 결정적인 부분이다. 그래서 자각 증세가 있는 가벼운 신경증의 환자들은 자신의 괴로움을 없애기 위해 자기 발로 스스로 병원을 찾는다. 하지만 증상이 심한 사람들은 자기 병을 부정하기 때문에 '정신과'라는 말 자체에 대해 심한 모욕감과 반발심을 갖는다. 나의 엄마는 후자에 속했다. 본인이 병이 심각하여 어쩌면 온 가족을 심리적 벼랑 끝으로 몰고 간 장본인이라고 할 수 있는 엄마는 자기 말만이 모두 맞는 것이라며 나머지 가족들 위에 군림했다.

어린 시절 엄마가 동네 미장원을 가거나, 옷가게에 가서 사람들과 수다를 떨 때 자주 떠벌리듯이 하는 말이 있었다. 엄마가 소파 수술을 여덟 번을 했다는 것이다. 이것이 자랑삼아 할 말인가 싶기도 하지만 마치 엄마의 무용담 중 하나처럼 느껴졌다. 초등학교 저학년이었을 때엔 정확하게 이게 무슨 말인지 몰랐다. 듣는 어른들은 손님이 하는 말이니 그러려니 하고 들으면서 하나같이 "돈이 많으신가 봐요?"라며 의아했었다. 나는 수술비용이 비싼가 보다 생각했었다.

소파 수술은 아기를 떼는 수술이다. 엄마의 자궁에서 아직 태어나지 않은 아이의 생명을 끊거나 혹은 이미 죽은 아이를 빼내는 수술이다. 당시는 나라에서 인구를 줄이기 위해 출산을 억제하는 정책을 펼쳤었다. 그래서 두 자녀 낳기 운동이 한동안 벌어졌었다. 말만 들어도 무시무시한, 애를 지우는 것을 했다고 한다. 그래서 아이를 더 낳을 수 있는 데 아이를 떼고 안 낳은 것인지, 혹은 자연유산이 되었다는 말인지 애매모호했다.

엄마는 분명 낳아서 기르고 있는 세 명을 자랑스러워하기보다 낳지도 않은 8명의 영혼을 자신의 훈장처럼 여겼다. 반복적으로 그 말을 들은 어린 나는 생각이 복잡해졌다. 나는 8명 아니 그 이상의 아기 귀신들이 우리 주변에 있을 것만 같았다. 무섭다기보다 미안한 마음이 더 컸다. 그리고 '원래 우리는 11명의 형제였는데 나랑 언니랑 동생이 용케 살아남았구나.' 하고 생각하면 고마운 마음마저 들었다. '죽을 목숨이 살았구나. 내가 너희들 대신 잘 살아줄게.'라며 그들의 명복을 빌어줬었다.

내가 정신과 상담을 받으면서 가장 먼저 했던 질문이 있다.

"제 상태가 좋아지면, 제가 엄마의 상태도 좋게 만들 수 있을까요?"

그 당시 의사는 당연히 된다고 말했다. 그런데 그게 얼마나 쉽지 않은 일인지, 얼마나 애를 써야 하는 일인지, 얼마나 오래 걸리는 일인지는 알지 못했던 것 같다.

요즘은 심리학에서 프로이트의 인기가 예전만 못하게 약간은 시들해진 것 같다. 정신분석학은 문제의 원인을 찾아서 꺼내어 보는 것이다. 무의식의 의식화라고 하는 것이다. 이러한 프로이트의 시대가 가고 아들러의 시대가 온 듯하다. 개인적으로는 시대의 변화와 함께 가족의 형태도 바뀌고, 개인주의가 만연해서인 것 같다. 프로이트는 지금의 나의 문제를 보기는 하되, 판단을 유보하여 과거로 들어가 원인을 찾아낸다. 원인을 먼저 보고 나면 현재를 보는 관점이 바뀌어 있는 것이다. 나의 단위를 가족으로 보는 면이 강하다.

아들러의 경우는 긍정적인 사고를 가장 중요하게 생각한다. 일단 긍정인 것이다. 사람의 행동이 과거에 지배를 받는다기보다는 현재의 목적을 위해서 행동하는 경향이 있다고 한다. 그리고 사람이라는 존재에 대해서도 가능성에 초점을 맞추면서 인간은 얼마든지 변할 수 있는 존재라 한다. 그래서 우리에게 필요한 도구는 각자 자기가 가지고 있는 '용기'라고 한다.

프로이트의 이론은 그 구조가 이해하기 쉽고 단순하기는 하다. 하지만 실제로 인간의 무의식을 맨 끝단의 단서에서부터 시작해 하나하나 찾아가 원인을 잡아내는 일은 말처럼 간단하지가 않다. 한 치 앞에서 뭐가 나올지 모르는 다이아몬드 광산에 들어가 다이아몬드를 찾는 작업과도 같다. 그러니 가성비 대비 수확물을 얻기가 힘들기 때문에 많은 사람들이 그 작업을 하지 않는다. 그리고 무의식으로 들어가는 과정에서 생각지도 못했던 과거와의 만남도 원인을 찾는 일을 멈추게 하는 이유가 되기도 한다. 그리고 그 원인이라는 것이 눈앞에 물건처럼 놓이는 것도 아니다. 즉 원인을 찾아도 깨달아야 하는 과정이 있기는 마찬가지이다.

아들러는 문제의 원인만 찾다가 미궁으로 빠지고 남 탓만 하는 비겁한 개인을 참을 수가 없었던 것 같다. 아들러는 이런 지난한 과정을 통째로 갈아엎었다. 프로이트가 하듯이 인생 300년 살 것처럼 집을 짓지 말고, 자기 각자 인생을 사는 동안 긍정의 행복한 집을 짓는 것이 더 낫다는 실용주의 노선인 것이다. 그러면서 비유하자면 프로이트식의 완벽주의적인 땅을 파서 불순물을 없애는 행위가 아니라 하더라도 집 아래에 쓰레기가 좀 있어도 그 위에 집을 새로 지을 수 있다는 희망의 개인심리학이다. 나는 이 두 관점이 같이 병행되어야 한다고 생각한다.

나의 경우는 단순히 신경증만 있었던 것이 아니고, 신체화로 오랜 기간 괴로웠다. '신체화'란 분명히 몸이 아파서 병원에 갔는데 진단을 받아 보아도 딱히 뭐라고 꼬집어 말할 수 없는 상태인 것이다. 그래서 의사로부터 "스트레스 많이 받지 마세요."라는 말만 듣게 되는 그런 상황을 말한다. 자신은 꾀병이 아니므로 집중도 안 되어 일상생활이나 직업 활동에는 지대한 영향을 끼친다. 나는 이러한 특이사항 때문에 나의 정신적이고 심리적인 문제들이 해결되었는지 아닌지를 나의 몸이 먼저 알고 반응한다. 그래서 예민한 몸 때문에 더더욱 프로이트적인 정신분석적 방법을 놓을 수가 없었다. 나는 이런 방식으로 나의 무의식에서 나를 괴롭히던 돌덩어리들을 제거해나갔다.

나는 정신 상담을 시작하고 바로 항암 치료의 후유증으로 무기력에 시달리며 하루 12시간 이상 잠을 자던 것에서 해방되었다. 그 전에는 사실 하루가 어떻게 지나가는 줄도 모르고 요양에 가까운 생활을 하면서 살았었다. 삶에 희망이라는 것이 완전히 사라져 연명하듯이 살았다. 그런데 신기하게 마음속에서 분노의 돌들을 꺼내어 밖으로 버리니 무기력한 신체화 증상들이 사라지기 시작했다. 나의 신경증적 예민함으로 핵심적인 감정인 분노, 혐오, 슬픔, 기쁨, 즐거움 등의 감정들이 연쇄적으로 살아나면서 방어기제들이 몸에 부담을 덜 주기 시작한 것이다. 음식도 골고루 먹어야 건강하듯이 감정도 골고루 느끼는 환경이 되어야 우리의 몸과 마음이 동시에 건강할 수밖에 없다.

프로이트가 자신의 감정을 보고 무의식으로 들어가 자신의 부모와 화해하는 과정이라면 아들러의 감정 보기는 있는 그대로의 자신을 받아들이는 것에서 시작한다. 즉 감정에 대해서 더욱 주체적으로 될 것을 이야기한다. 프로이트식의 감정에 대한 수동적 태도가 아닌, 자신의 감정에 책임을 지는 사람만이 자신을 진정으로 사랑할 수 있고, 자립할 수 있음을 말한다. 그래서 나는 이 둘을 다 해야 함을 말한다. 아니, 두 방법의 순서를 바꾸는 새로운 제안을 하는 것도 유용하리라고 생각한다. 우선 자아가 힘이 있어야 무엇이라도 할 수 있으니 말이다.

인생에서 사람들이 말하는 행복이 겉으로 보이는 부분을 포함하기는 하지만 막상 그 내막을 들여다보면 보이지 않는 내면의 문제임을 알 수 있다. 즉, 삶의 기본, 인간이 생명을 유지하며 살아가는 데 필요한 필수요소들처럼 감정의 문제를 다루는 것은 행복을 떠받치는 터를 닦는 일과도 같다. 즉 행복과 불행, 평범과 평범하지 않음은 겉모습에 불과할지도 모른다. 눈에 보이지 않는 이 기본적인 감정과 마음의 문제들이 튼튼하지 않음이 보이는 행복의 조건들을 단숨에 무너뜨릴 수 있는 위력을 가지고 있다. 그러니 평범하지 않다고 행복하지 않다고 너무 자신을 탓하지 말자. 기본을 잘 다스린다면 우리는 모두 행복해질 수 있음을 보았으니 말이다.

08

우울은 예고 없이 찾아온 손님이다

"이제 샅샅이 내 생각들을 점검하고 손님을 내보내기만 하면 된다."

우울증을 겪는 많은 사람들은 우울증을 병이라고 인식하지 않는다. 우울이라는 것이 너무나도 나의 삶에 밀착해 있기 때문이다. 그래서 '나는 우울한 성격의 사람이야' 내지는 '나는 기분이 다운 될 때가 많아' 등의 생각으로 자신을 규정한다. 우울을 극복할 수 있는 것이라는 희망을 품지 않는다는 점이 회복을 더 어렵게 만든다.

나 역시 우울이 고칠 수 있는 것이라고는 상상도 못 했었다. 나는 오래된 나의 돌 사진을 보면서 그런 생각을 굳히고 말았다. 나는 한 살 생일 때, 나 다음에 나올 동생으로는 '아들'을 낳게 해 달라는 어른들의 염원을 담아 도령 한복을 입고 돌 사진을 찍었다. 사진 속의 나는 공주가 아니고 도련님이었다. 우리 집의 분위기가 그랬다. 또한, 예전에는 많이들 그랬다고 한다.

그래도 그렇지 언니가 입었던 여자 아기 한복을 그냥 입혀도 될 것을 굳이 남자아기 한복을 구해서 입혔다는 것이지 않나. 엄마는 아들만 귀하게 생각했고, 무엇이든 남동생이 우선이었다. 그래서였는지는 알 수 없으나 나의 아기 때의 사진 속의 얼굴은 항상 심각했고, 표정이 어두웠다. 돌배기 아기 때부터 우울했으니 나는 나와 우울을 떼어놓고 생각하지 못했다.

또한, 요즘 같이 심리학과 정신과학이 그다지 발달하지 않았던 1990년대만 해도 우울증은 주목받지 못하는 성격의 질환이었다. 그리고 오히려 우울한 것이 예술을 하는 데에는 도움이 된다는 생각이 더 강했었다. 나는 미술을 전공하고 그림을 그리니 인생의 바닥을 경험하고 밑바닥 감성을 표현하는 것은 나의 숙명이라고 나를 위안하던 시절도 있었다. 게다가 영화나 드라마를 보면 약간의 우울한 정서는 명랑하지 않으며 뭔지 모르게 더 세련된 느낌마저 들었다. 우울은 세기말적 분위기를 표현하기에 더 적합했다.

하지만 시간이 지나면서 보니 우울은 삶을 갉아먹기만 할 뿐이었다. 같이 지내기에는 너무나 불편하고 나의 인생의 행복과 성공에 치명적인 방해를 한다는 것을 알았다. 불안한 마음과 불편한 기분에 휩싸인 채로 자신도 모르는 침울한 분위기에 눌려서 사는 것은 예술적이기는커녕 인간으로서 굴욕적인 삶이다. 나는 인간이라면 결코 선택해서는 안 되는 감정의 코드가 우울이라고 생각한다.

우울은 나의 성격이 아니었다. 그 우울을 떨어뜨려 보겠다고 약도 먹어보았다. 하지만 약을 끊고 시간이 흐르면 또다시 도지는 판에 나도 모르게 우울을 나의 정서와 따로 분리할 수 없었다. 나의 경우 아주 어릴 때부터 같이 살았던 정서였기에 우울이 내 집에 온 손님인지도 모르고 산 세월이 너무 길었다. 우울이 내 집에서 주인행세를 하고 살았다. 나는 마음의 힘이 강해지면서 이 우울이 나 자신의 본래 모습과는 다르다는 것을 알기 시작했다.

나는 어느 날 아침에 일어나면서 느꼈다. '나 이제 우울증에서 나왔구나.'라고 말이다. 사실 이것도 정확하진 않은 표현이다. 내가 우울증에서 나온 것이 아니다. 내가 우울을 내쫓은 것이 맞다. 그제야 나의 건강한 정신이 내 마음의 집을 온전히 누리게 된 것이다. 우울에게 빼앗겼던 마음의 집을 나의 건강한 정신이 되찾은 것이라고 해야 옳다.

나는 정말로 나라를 되찾은 듯이 기뻤다. 되찾은 나를 다시 보니, 나는 우울한 사람이 아니었다. 나는 잘 웃고, 밝았다. 애매모호한 회색분자가 아닌 매우 선명한 색을 가진 사람이다. 나는 선택을 할 때 명확한 기준을 가지고 있으며, 선택하는 감정에 동요되는 성격도 아니었다. 나에 대한 오해와 편견들을 나 스스로 바로잡는 과정은 희열을 느낄 만큼 행복하다.

우울증 극복의 과정은 길고도 지루했다. 우울을 없애기 위해 내가 가장 먼저 했던 방법은 약을 먹는 것이었다. 이것은 내가 우울을 가볍게 생각했을 때의 처치였다. 정신과에서도 가장 손쉽게 처치해주는 방법이다. 상담을 따로 하지도 않는다. 마치 감기를 치료하듯이 의사 선생님과 몇 마디 우울의 정도를 확인하는 말을 나눈다. 나는 그렇게 프로작을 복용했었다.

그다음으로 해 본 것이 정신분석 상담이었다. 이것은 비용도 들고 시간도 많이 들지만, 우울증으로 고생하는 사람들에게는 가장 도움이 된다고 생각한다. 정서적인 문제로 몸까지 아픈 사람들에게는 적극적으로 추천한다. 자신의 시간을 아끼고 자신을 사랑하는 적극적인 마음으로 성격과 정서에 대해 컨설팅을 받는 기분으로 해보면 좋다. 그래서 견디기 힘든 감정들을 관찰하는 능력을 키우는 데 도움을 받을 수 있다. 자신의 내면을 탐구하는 시간을 가져보는 자기 투자의 시간이 될 것이다. 자신의 내면을 볼 수 있고 감정에 휘둘리지 않는 정도의 건강한 정신력과 체력이 확보되면 이젠 우울을 완전히 날려 보낼 계획을 세운다.

우울이 정신분석치료로 끝나는 사람도 있지만, 사람마다 다 다르다. 병수준의 차원이 아니라고 해도 우울은 내가 느끼는 주관적인 상태이기 때문이다. 나의 경우는 여기까지 해도 여전히 우울이 가끔 내 집에 찾아왔다. 관리할 수 있는 힘이 생겼다고 해도 시간도 들고 에너지도 든다. 그래서 건강한 활동에 지장을 받는다. 우리의 삶이 너무나 소중하고 우리의 인생은 더 빛날 수 있는데, 우울은 자꾸만 더 나은 삶으로 가고 싶은 나의 발목을 잡는다. 더 솔직한 표현으로 우울은 나의 행복과 발전을 막는 물귀신이다.

자신의 얼굴을 그리는 것을 좋아하는 사람도 있지만, 그렇지 않은 사람들도 많다. 심리 치료도 마찬가지이다. 아무리 자기애가 있어도 자신의 민낯과 현재의 모습을 보는 것은 용기가 필요하다.

사람의 마음에 관해 표현할 때 마음은 세상 모든 것을 담을 만큼 크다고 한다. 그렇다. 나의 마음에는 너무 많은 정보와 기억들 그리고 역량이 같이 있다. 그 마음에 내가 숨기고 싶은 상처들도 잔뜩 들어 있다. 보고 싶지 않고 듣고 싶지 않은 나의 모습도 함께 있다. 평생 숨기고 사는 것은 자신의 자유이다. 하지만 자기 자신에게는 솔직한 사람이 자존감이 강한 사람이다. 자기 자신마저 속이면 나의 감정은 힘을 잃는다. 내가 나를 속이는 것은 나의 인생을 의미 없게 만든다. 여기에서 인생의 한 끗이 결정된다. 생각 하나가 내 인생을 좌지우지하게 된다.

나는 나의 욕망을 드러내는 것에 장애물이 있는 것을 원하지 않는다. 나는 잘 살고 싶다. 그래서 자신의 자아에게 뼈 때리는 소리도 들을 수 있어야 한다. 나는 그런 마음의 준비와 자기애가 생겼다. 이제 우울을 완전히 내보낼 수 있는 시간이 된 것이다.

정신과에서는 가벼운 정신병을 치료하는 환자들에게 웬만하면 환자라는 딱지를 안 붙이려고 한다. 우울증을 겪었다는 것, 즉 '환자'라는 타이틀이 평생 노력을 하지 않아도 되는 책임회피의 근거를 줄 수 있다는 것이다. 자기 자신에 대한 목표치를 낮게 잡아서 발전이 없을 수 있다는 것을 우려

한 것이다. 자기 인생의 실패 원인을 우울증으로 모두 몰아넣는 전략을 차단하려는 것이다.

하지만 나는 이 방법에 완전히 동의할 수는 없었다. 정신적인 고통은 매우 주관적이다. 그래서 조금 아픈 것도 죽을 것 같다고 과장하기도 하지만, 아주 괴로워도 전혀 표현도 안 하는 사람들도 있다. 결국 이것은 자기 자신이 받아들이는 데에 그 해결책이 있다고 생각한다.

나의 엄마의 경우를 보면 내가 암 병동에 입원해서 치료를 받을 때도 내가 꾀병을 부린다고 평가했다. 암은 병도 아닌데 환자 유세를 떤다고 했다. 처음 입원을 할 때 한 번 집에서 고기를 구워다 주었다. 하지만 그다음부터는 나의 고통을 철저히 외면했다. 아니 철저하게 나를 모욕했다. 무기력으로 힘들어할 때도 세상에서 가장 게으르고 못난 년이라고 욕을 했다. 그래서 나는 나의 모든 병의 이유를 엄마 때문에 받은 스트레스 때문이라고 생각했다. 엄마는 텔레파시로 딸의 모든 생각을 읽는다. 내 생각을 보기라도한 듯 나에게 말했다. "그렇게 모든 게 엄마 탓이라고 생각하는 네년이, 대학이나 나와서 남 탓이나 하는 네년이, 세상에서 가장 못난 년이다."라고 말했다. 나는 그렇게 한 번 죽고 두 번 죽고 계속 죽는 삶을 살았다.

나는 이런 '나쁜 엄마와 희생자' 구도에서 나 자신이 나와야 했다. 그러기 위해서 나를 탐구하듯이 엄마를 탐구했다. 엄마를 감정으로 대하는 것이 아닌 거리 두기를 했다. 내 안에 엄청나게 거대하게 자리 잡은 엄마의 자리를 나의 삶으로 채우고 싶었다. 엄마에 대한 원망으로 세월을 보내서도 안 되고, 엄마가 말하는 못난 년 욕은 인제 그만 먹기로 했다. 나는 못나지 않았기 때문이다. 그리고 다시 나를 보았다.

내가 인정하고 싶지 않았던 엄마의 말이 있다. "저년은 제가 못나서 창피해서 도망만 다닌다."라는 그 말을 완전히 부정했었는데, 반은 인정하게 되었다. 나는 못나서 도망 다닌 것이 아니라, 마음이 건강하지 못해서 도망 다닌 것이었다. 이렇게 엄마의 말에는 반은 진실이고 반은 모욕이 함께 들어 있었다. 그래서 분명히 엄마의 말은 상처를 주고 기분이 나쁜데 나의 힘으로는 그 논리를 뒤집어엎지 못했었다.

심리학자이자 정신과 의사였던 아들러는 우울증의 목적은 책임회피라고 했다. 처음에는 이 말을 도저히 받아들일 수가 없었다. 내가 우울하기 위해서 머리를 썼다는 것 자체가 기분이 나빴다. 이건 아픈 사람을 전혀 이해하지 못하는 이론이라고 생각했었다. 하지만 나에게 마음의 힘이 회복되고 나서 보니 이 이론이 틀리지 않는다. 다만 너무나 상처가 아픈 사람들에게는 무리일 수 있다는 말이다.

나의 인생은 온통 회피로 가득했다. 회피는 선택의 순간 자기 자신의 마음이 다 알고 있다. 내가 직접 우울을 선택하지는 않았지만, 결과적으로 우울을 선택하는 길을 걸어왔다는 것은 부정할 수 없었다. 이 순간에도 책임을 회피하면 내 인생을 버리는 것과도 같다. 누구도 내 생각들을 대신 교정해주지 않는다. 우울을 내가 초대한 것은 아니지만 우울에게 들어와도 된다고 허락한 것이 나인 것이다. 뼈아픈 사실이다. 정신을 바짝 차려야 하는 이유다. 그렇게 우울은 온통 내 집안을 가득 채우고 있었다. 하지만 기쁜 소식은 이것을 알게 되면 다 끝났다는 것이다. 이제 샅샅이 내 생각들을 점검하고 손님을 내보내기만 하면 된다.

PART 3

진정한 나를 지키는
진짜 자존감
찾는 법

01

나를 과소평가하지 말자

"세상의 길이 당신에게 열릴 것이다."

보통 많은 사람들은 자신의 진짜 능력을 알지 못한 채로 살고 있다. 사람들의 능력은 너무나 다양하다. 그리고 자기만의 독특한 능력을 갖추고 태어난다. 그런데 문제는 그 능력들을 평가할 방법들이 다양하지 않은 것이다. 능력을 발휘할 수 있는 무대가 너무 좁다. 학교도 학생들이 가진 고유의 능력을 키워주는 교육을 하기보다는 정해진 과목, 정해진 종목만을 측정하기 때문에 그 범주 안에 들어간 능력들만 인정받는 구조로 되어 있다.

하지만 요즘은 반갑게도 이 모든 구조가 깨지고 있다. 그래서 자신만이 가진 고유한 능력을 개발시키는 사람은 매우 행복하다. 또한 그것을 이용해 돈까지 벌 수 있다면 더할 나위가 없다.

요즘 참 시대가 많이 변했다는 말을 누구라도 자주 하게 된다. 스마트폰이 나오면서부터 그 변화의 속도는 맹렬하다. 얼마 전 인터넷 시대에 '덕후'라는 단어가 유행하면서 어떤 분야에 덕후가 되면 앞으로는 살아남을 수 있는 세상이 된다고 했던 것이 벌써 옛날같이 느껴진다. 그러면서 게임의 캐릭터를 호감 가게 잘 그린 금손들이 자신이 그린 캐릭터 그림을 인터넷으로 팔기 시작했다. 게임을 좋아하는 사람들(주로 학생층) 사이에 입소문이 났다. 게임 캐릭터를 A4에 그린 그림을 학생들이 20만 원, 30만 원을 주면서 기꺼이 사기 시작했다. 금손님들께서 그리신 그림을 예약 주문을 하고, 그림을 주문했다. 그림을 사고, 판다는 개념이 예전에는 화랑이나 갤러리를 통해서 이루어졌다면 이제는 수요와 공급이 1:1 거래를 시작한 것이다. 아마추어와 프로의 경계가 허물어졌다. 그렇게 프로의 정의는 수요자가 만들었다.

심지어 덕후가 아니어도 된다. 어느 정도 나는 이건 자신 있다고 생각하는 분야에 대해서 영상을 찍으면 그것이 상품이 된다. 청소를 잘하면 청소 잘하는 방법, 세탁을 잘하면 세탁을 깨끗하게 하는 방법을 올린다. 유튜브를 보면 그림에 관련된 영상들만 보더라도 자신만의 영상을 찍는 내용들이 각양각색이다.

그뿐만 아니라 나이의 제한도 없다. 사회생활이라는 것이 성인이 되어야 시작하는 것이라는 통념에서 벗어나게 된 것이다. 지금은 세 살이든, 스무 살이든, 여든 살이든, 아흔 살이든 사회생활의 나이 제한도 파괴되었다. 영역도 파괴되고, 제한도 사라졌다. 무엇이든 정말로 자기가 잘하는 것을 하면 된다. 단 자기가 정말로 좋아서 한다는 것만을 알면 된다. 남의 인정을 기다리는 때는 지났다. 본인이 인정하고 본인이 좋아서 앞으로 나서는 것만이 이 시대의 생존 방법이다.

이 시대의 생존을 위한 전제조건은 그래서 남들이 나를 인정하든 안 하든 내가 나를 인정할 수 있어야 한다. 나의 경우는 남들이 가진 숨은 재능을 알아보는 능력을 갖추고 있다. 15년간 미술 입시 강사 생활과 10년간의 교육 상담을 통한 성적향상센터에서 일하면서 발전시킨 능력이다.

나를 찾아왔던 아이들의 경우 무기력하고 학교에 적응을 못 하여 외톨이로 지내는 아이들도 있었다. 학교 성적이든 그림 실력이든 입시를 통해 진학할 만한 실력에는 턱없이 부족한 경우도 있었다. 나는 그 아이들의 현 상태에 초점을 맞추지 않는다. 그 아이가 편안한 상태에서 드러내는 여러 가지 모습을 입체적으로 본다. 그리고 나는 주로 그 아이가 하는 말에 먼저 집중하면서 아이의 능력이 가장 반짝이는 부분을 알아본다. 부모들이 볼 때는 능력이 하나도 없는 아이처럼 보이지만 내 눈에는 아니다. 사실 처음에는 엄마들도 내가 하는 말에 반신반의한다. 아이들은 비슷한 말도 들어본 적 없는 창의적인 관점의 칭찬을 듣고 처음에는 못 믿다가도 나중에는 이해하고 수긍한다. 이렇게 되면 다 된 것이다. 자기가 자기의 장점을 받아들이고 인정하는 순간부터 아이들은 비약적으로 변한다. 그리고 아이도 자신이 성장한다는 것을 자신이 느낀다. 이제 아이는 나를 믿고 쫓아오게 된다. 그렇게 성적이 하위권이었던 아이들도 모두 합격의 기적을 맛보게 했다. 이 일하면서 나도 나의 능력을 알게 되었다.

나는 일을 통해서 나는 나의 능력을 더 많이 발견했다. 나는 사람을 관찰하는 능력이 있다. 그 사람이 가진 재능을 알아보고, 그 사람이 가장 힘들어하는 것을 알아본다. 같이 있는 것만으로 아이들이 스스로 자신이 느끼는 어려움을 표현하게 만든다. 그렇게 하면 먼저 아이들은 매우 활발해진다. 나에게 이야기하고 싶어서 마음을 열고 기다린다. 서로가 경쟁적으로 나에게 자기 생각을 말한다. 이렇게 자기 생각이 일어나는 것이 바로 아이를 성장시키는 힘이다. 그림을 그리고 공부를 하면서 나와 함께 공부하는 것이 천국 같다고 이야기한다. 그리고 엄마들께는 죄송하지만 내가 자기 엄마였으면 좋겠다고 말한다. 물론 아이들도 집으로 돌아가면 언제 그랬냐는 듯이 다 까먹는다.

그러면 왜 그런 말을 했을까? 자기 생각을 충분히 말할 수 있는 자유가 있는 수업을 했기 때문이다. 그리고 자기의 마음을 제대로 알아주었기 때문이다. 그렇게만 되면 아이들의 성적은 보지 않아도 성큼 올라가 있다. 이런 방식의 교육이 비단 우리나라 교육제도 아래에 있는 아이들에게만 적용되었던 것도 아니다. 미국과 유럽 그리고 중국에서 살고 있는 아이들이 방학 때 나에게 와서 수업을 받아도 똑같이 적용했다. 이것도 결과는 대만족이었다.

지금까지 자신이 가지고 있던 틀을 완전히 깨야만 새로운 능력은 드러난다. 내가 틀 안에서 일했을 때는 나의 능력을 서울대학교 미술대학, 서울예고, 예원학교, 선화예고 이렇게 한정된 학교를 들여보내는 미술 강사를 하면서 사용했었다. 하지만 미술의 틀을 벗어던지고 나니 나는 미술을 전공하는 학생이 아니어도 더 다양하게 아이들의 능력을 끌어내어주는 나를 보게 되었다. 그렇게 학습 상담, 심리 상담을 하면서 아이들의 성적이 올라가고, 또래 친구들로부터 사랑을 받고 리더십이 생기며, 아이들이 자기 자신을 사랑하는 방법을 알게 하는 것에서 기쁨을 느끼게 되었다. 내가 어릴 때 받고 싶었던 그런 관심과 교육을 주는 것으로 나 역시 매우 기쁘고 감격스러웠다. 나는 내 안에 있는 지혜와 능력들을 아직 다 만나지 못했다.

부정적인 생각으로만 치달았던 내가, 그리고 자기 사랑이라고는 먼지만큼도 모르던 내가, 엄마의 눈치만 보며 나를 위해서는 생각하는 게 뭔지 감도 없던 내가, 10대부터 골골대며 병원을 전전하고 급기야 30세에 항암 투병에 폐인같이 살던 내가, 사기꾼에게 속아도 속는 줄도 모르고 시간과 에너지를 다 털리던 내가, 자신에게 씌워진 프레임을 벗겨내기로 마음먹고 나서부터 내 생각의 흐름과 잠재의식의 흐름을 바꾸는 데 성공했다.

20년 동안 잠적하면서 친구들과의 왕래도 다 끊긴 상태에서 혼신의 힘을 다해 나 자신과 싸웠다. 이것은 이를 악무는 종류의 싸움이 아니고 지능적으로 나를 보호하는 게임이다. 다른 말로 하면 내가 나를 때리지 못하게 하는 싸움을 시작한 것이다.

내 안에는 또 다른 내가 있었다. 나와 분리를 못 한 내 안에 형성되어 버린 나쁜 초자아이다. 엄마가 사라지고 없는 상황에서도 24시간 나를 감시하고 나를 혼내고, 나를 작게 만들어버리는 존재다. 생각하려 하지 않아도 어느새 내 안의 좋은 기분을 없애고 불안과 함께 등장하는 존재이며 힘이다. 이것의 크기와 그 해악은 사람마다 다양하다. 분명한 것은 이것은 인생을 악순환의 고리에서 못 빠져나가도록 묶어놓는 역할을 한다는 것이다.

나는 앞으로의 내가 더 기대되는 이유가 내가 이런 거대한 힘과 싸워서 이겨냈다는 사실이고, 그로 인한 노하우가 내 안에 쌓였다는 것이다. 나는 불행의 연속 속에서도 자살만을 생각하던 시절에도 알 수 없는 힘으로 견뎌냈다. 내가 아는 정신과 의사는 나의 이런 점을 엄청난 생명력이라고 말했다. 어쩌면 누가 봐도 폐인의 모습으로 정상적인 생활이 불가능했던 내가 살아야겠다고 활동을 시작한 것에 대한 찬사였을 것이다. '그래, 나에게 생명력이 있구나. 밟히고 무너져도 절대로 죽지 않는 힘이 있구나. 그렇다면 한번 해보자.' 하는 마음이 들었었다. 내가 그 벼랑 끝의 순간에 나를 과소평가했더라면 나는 이 악순환의 힘과 흐름을 이겨낼 수 없었을 것이다.

나는 내가 겪을 수밖에 없었던 아픔과 고통의 소용돌이를 여러분 혹은 다음 세대의 아이들이 겪지 않기를 바란다. 그래서 하루라도 빨리 자신이 가진 능력과 잠재능력을 스스로가 알아보는 눈을 가지기를 바란다. 그 눈은 자기 자신을 사랑하는 마음에서 생겨난다.

이런 능력은 경쟁이 심한 현실을 이겨낼 힘이 되기도 하지만 더 중요한 것은 인생 전체를 관통하는 삶의 버팀목이 되어준다. 남들과의 경쟁에서 조금 나은 위치에 있다는 것이 나를 평가하는 절대 기준이 되지는 못한다. 상대적으로 잠시 안도감을 가질 수 있는 정도일 것이다. 그래서 많은 사람들이 좋은 학교와 꿈에 그리는 직장에 들어간다 해도 존재적 불안에서 벗어나지 못한다.

나는 무조건적 사랑을 한번 해볼 것을 권한다. 그 대상이 어떤 사람이 될지는 각자의 삶이 있으니 모두 다양할 것이다. 이것은 나이를 초월하고 이해관계를 초월한 사랑을 말하는 것이다. 내가 먼저 주는 것에서 시작하는 것이다. 받을 것을 기대하지 말고 한번 마음을 써보자. 의외의 사람이면 더 좋다. 그런 틀을 깬 사귐에서 받는 사랑은 나를 더 크게 만든다. 나 자신이 나에만 한정된 것이 아니라, 가족의 틀에만 갇힌 것이 아니라, 보편적 인간의 사랑으로 승화되는 순간을 경험한다. 그 경험은 '나'라는 인간을 다시 보게끔 한다. 그러니 나를 과소평가하지 말고 그 한 발자국을 내딛자. 그러면 세상의 길이 당신에게 열릴 것이다.

02

마음의 상처에 맞설 용기를 내자

"절대로 당신의 잘못이 아니다."

나는 아이들에게 재미 삼아 지금 소원이 무엇인지 묻곤 한다. 그러면 6학년이든, 중학생이든 여자아이들이라면 어김없이 같은 대답을 한다. "남친 사귀고 싶어요." 그리고는 아직 남자친구가 없는 것에 억울해서 미치겠다는 듯이 뜨겁게 이야기한다. 무슨 일이 있어도 이번 크리스마스에는 반드시 남친과 함께 크리스마스를 보낼 것이라며 영화에서나 벌어지는 일들을 머릿속에 상상한다. 그 의지와 열정은 내가 지금껏 수업시간에는 보지 못했던 종류이다. 현실적으로 생각했을 때 중학생이 남자친구와 크리스마스를 보낼 확률이 얼마나 되겠는가?

나도 그랬었다. 항상 남자친구가 생기기를 바랐고 지금도 그렇다. 건강한 신체와 건강한 정신을 가진 영혼들이라면 자신이 원하는 짝을 찾기 위해 애쓰는 것은 당연하다. 아무리 나 혼자 사는 게 익숙해진 시대라고 해도 이성에 대한 그리움과 연애와 결혼을 하고 가족을 이루며 새로운 생명이 탄생하는 것은 지구가 없어질 때까지 세상에서 가장 중요한 문제이다. 이성에 대한 관심은 욕망 중에 최고의 욕망이 분명하다.

그런데 나는 대학교 때부터도 소개팅해서 남자를 만나도 오래가지 못했다. 연애도 연습이 필요하고 배워야 한다고 하지만 내 눈에는 타고나길 연애 체질로 태어난 사람은 따로 있는 것만 같았다. 욕구는 있지만 도저히 관심과 집중이 되지 않았다. 남녀 관계는 정말 어렵게만 느껴졌다.

주변을 보면 성격이 좋고 나쁘고와는 상관도 없고, 외모가 꼭 출중하지 않아도, 스펙이 뛰어난 것이 아니어도 결혼만 잘 했다. 나만 인연이 없어서였을까? 서로 짝이 따로 있듯이 내성적이면 내성적인 대로 장점이 되었고, 활발하고 활동적이면 그에 걸맞는 짝들이 나타났다.

나는 뭔가 핵심적인 것이 빠진 것 같은 관계였다가 금방 흐지부지했다. 진심으로 친해지지 못했고 항상 불편함만을 느꼈다. 원인은 사실 뻔하다. 그냥 가볍게 만나는 사이라고 해도 나는 내 이야기를 하지 못했다. 나를 도대체 어디에서부터 보여줘야 할지 감을 잡지 못했었다.

여자로서의 정체성은 엄마로부터 배우게 된다. 딸은 엄마를 보면 안다는 말도 있다. 그런데 내가 외모를 엄마를 닮기는 했지만, 성격과 가치관 행동거지 하나까지 엄마를 닮은 구석은 하나도 없다. 그리고 가장 결정적인 것은 인간관에서 부딪힌다. 사용하는 언어에서부터 다르다. 나는 남자를 사귀는 것이라고 표현한다면, 엄마는 남자를 잡으라고 말한다.

　나의 엄마는 자기애가 무척 강한 남다른 성격이다. 어디를 가나 주목받는 행동을 서슴없이 하고, 모르는 사람에게도 말을 잘 거는 스타일이다. 엄마는 외향적인 성격으로 집에서 살림하기보다는 주로 낮에는 모임 약속을 빼곡하게 정해놓고 모임이 있는 곳에는 빠지지 않았다. 엄마는 집안에서는 항상 꼬투리를 잡고 싸우는 모습이었지만 밖에만 나가면 인간관계가 가장 중요한 직업인 것처럼 살았다. 새벽부터 부지런히 화장하고 외출을 준비했다. 밖에 나가서 사람들의 시선을 받으면 더 힘이 나는 듯했다. 그래서인지 내 친구 엄마들이 나의 엄마에게 정치하러 국회에 가라고까지 농담을 할 정도였다.

　초등학생 3학년쯤 되니 나의 눈에 보기에도 엄마와 아빠의 관계를 보면 엄마가 성적으로 훨씬 더 적극적이었다는 것을 알 수 있다. 인간이니 타고난 성향이 그럴 수 있다. 엄마는 누가 봐도 성을 밝히는 스타일이었다. 옷 입는 것이 그랬고, 걸음걸이가 그랬다. 진한 화장이 그랬고, 목소리가 그랬다. 아빠와는 사이가 안 좋아서 남자친구도 수시로 사귀었다. 그리고 그 남자친구들을 자식들인 나와 언니에게 소개도 했다. 이것은 내가 대학교에 갔을 때까지도 계속되었다.

　하지만 엄마는 딸들과는 아무런 대화도 하지 않았다. 엄마의 타고난 성적 공격성 때문이었을까? 아마도 우리가 자기 딸이라는 의식이 없었던 것 같다. 언니가 엄마에게 당한 공격은 이루 말로 다 할 수 없을 정도이다. 엄마와 목욕탕을 같이 가면 목욕이 문제가 아니었다. 엄마가 온갖 몸에 대한 모욕적이고 모멸감이 드는 말들을 쏟아내서 언니는 초등학교 5학년 이후로는 엄마와 목욕탕을 가지 않았다. 피부가 곱지 않다고 하고, 아토피로 피부가 검게 변한 것을 목욕을 안 해서 때가 살이 되었다는 둥, 지금 생각하면 엄마가 만들어낸 가짜 뉴스는 끝이 없다. 사실 언니는 엄마보다 미인이다. 주변에서 예쁘다는 소리를 들으며 살았는데 그런 언니를 엄마는 여자로서 자신감을 가지지 못하게 하는 말들로 도배를 했다.

이는 나 역시 마찬가지였다. '뚱뚱하다', '꾸미고 살아라', '여자가 그게 뭐냐?' 뭐 그런 종류의 이야기들이다. 이것은 엄마의 사랑을 못 받는다는 느낌이 아니라 존재로서 얼굴이 화끈거리는 모멸감을 엄마에게 당하는 것이다. 하지만 그때는 너무 어렸기 때문에 알지 못했다.

이런 수치심을 느끼게 하는 것은 언어폭력으로만 끝나지 않았다. 틈만 나면 엄마의 거친 손이 우리의 민감한 곳을 훑었다. 엄마는 장난삼아 했다고 말하면 끝나겠지만 언니와 나는 그때는 서로 말도 하지 못하고 한참 커서야 말할 수 있었다. 자고 있으면 이불 속으로 손이 쑥하고 들어와 더듬는 것이다. 겁이 나서 잠도 편하게 자지 못했다. 나는 지금은 이것을 엄마에게 성추행을 당했다고 말한다. 이렇게 말해도 괜찮은 세상이 되어 다행이다.

80년대 집집마다 비디오 플레이어가 놓이기 시작하면서 우리 집에도 소니 비디오 플레이어가 들어왔다. 엄마는 5학년 언니, 3학년인 나 그리고 1학년인 남동생을 TV 앞에 앉혀놓고 비디오를 틀어서 보여줬다. 평소에 셋이 모여서 〈사운드 오브 뮤직〉을 재밌게 보았던 우리 삼 남매는 엄마가 틀어주는 영화에 관심이 집중되었다. 그 영화는 실비아 크리스텔 주연의 〈개인교수〉였다.

우리 집은 대화라는 것이 없는 집안이었다. 도대체 에로티시즘의 정점에 있다는 그 성인영화를 왜 엄마는 대낮에 아이들을 앉혀놓고 보게 했을까? 아직도 묻지 못했다. 엄마가 우리에게 보여준 영화는 그것 말고 없었다.

그렇게 황당한 영화 시청으로 인한 형제들의 무의식에는 무슨 마음들이 쌓였을까? 나의 삼 남매 중 남동생만 결혼을 했고, 언니와 나는 결혼을 하지 않고 있다. 마음속에 성에 대한 아름다운 관념이 있을 리가 없고, 깊은 상처를 받은 것이 분명하다. 이 사건 하나가 우리의 모든 것을 결정했을 리는 없다. 수많은 엄마의 부주의함과 장난이 우리의 마음에 상처를 냈다.

이렇게 성교육에는 앞서가던 사람이 막상 언니와 내가 생리를 시작할 때는 생리대도 사주지 않았었다. 그 시절에는 생리대를 사려면 약국에 가서 사야 했던 시절이다. 지금처럼 성에 대한 생각들이 오픈되지 않았던 시절에 나는 부끄러움을 무릅 쓰고 약국에 가서 생리대를 샀다. 모든 것이 수치심으로 귀결되었다.

이 마음의 상처를 누구에게 말한단 말인가? 하지만 우리는 자신만이 알고 있는 상처를 치유해야 하는 의무가 있다. 나 자신이 아니면 나를 위로해줄 수 있는 사람이 없기 때문이다. 말도 안 되고 기가 막히는 일을 당한 사람들이 세상에 많을 것이다. 정확한 이유도 파악하지 못하고, 어디에 말할 곳도 없어서 속에서 느껴지는 분노를 주체하지 못하고 괴로워할 많은 영혼이 있을 거라 생각한다. 제발 당신 스스로를 수치스러워하지 말기 바란다. 절대로 당신의 잘못이 아니다.

이런 경험을 한 것으로 인해 파생되는 문제가 있다. 상처를 해결하지 않고 마음속에 담아두면 그대로 속으로 곪아간다. 또한, 무엇이 어떻게 잘못되었는지를 알지 못하기 때문에 반드시 반복된다는 것이다. 이런 상처가 치유되지 않으면 남자를 만나도 나를 상처 주고, 성적으로 폭력적인 남자를 만날 가능성이 크다. 또한, 커서 언니와 이야기를 해보면서 알게 된 사실이 있다. 언니와 나는 남의 집 귀한 자식을 우리 집과 관계를 맺고 살자고 할 자신이 없었다.

1989년도에 우리나라에서 선풍적인 인기를 끌었던 〈사랑의 굴레〉라는 드라마가 있다. 우리 삼 남매는 그 드라마를 감정이입하고 봤다. 고두심이 히스테리를 부리는 부잣집 딸이자 사모님 역할로 나와서 "잘났어. 정말."이라는 유행어를 만들었다.

사실 그 말을 잘 쓰는 사람이 나의 엄마였다. 엄마는 나에게 항상 "잘난 하네."라는 말로 핀잔을 주었다. 엄마에게 뭔가 듣기 싫은 입바른 소리를 한다는 뜻이다. 드라마 속 고두심이 정신과 치료라도 받는 모습이 부러웠다. 드라마 상으로는 고두심의 병명이 경계성 인격 장애라고 한다. 시청률이 그렇게 높았던 드라마를 엄마는 좋아하지 않았다.

인생은 상처를 받는 일의 연속이다. 사람은 누구나 상처를 받는다. 그래서 인생의 성공과 실패를 좌우하는 요인은 상처로부터 얼마나 잘 회복될 것인가가 좌우한다고 한다. 그렇다. 동물은 상처를 입으면 죽음과 같다. 인간은 그나마 상처에 바를 약이라도 있다. 그러나 누구나 알듯이, 마음의 상처는 눈에 보이지 않는다. 그래서 자신이 상처를 정확히 느껴서 살피지 않으면 그 누구도 나의 상처에 나 대신 약을 발라주지 않는다. 심지어는 정신과 의사도 마음에는 약을 발라줄 수가 없다.

방치된 상처는 저절로 치유되지 않는다. 그러니 방법은 내가 용기를 내는 것이다. 이 상처를 직면하여 상처가 만들어 낸 나의 감정들과 나의 상처 받은 욕구, 왜곡된 나의 마음으로 인한 방황의 시간, 미움을 표현하지 못해 엉뚱하게 발산해서 되돌아온 수치심들을 보자. 그 모든 것이 당신이 죄책감을 가질 일이 아니었음을 알게 된다. 그리고 이제 인생의 크리스마스를 기대하자.

03

나는 괜찮은 사람이라고 생각하자

"오로지 나의 내면에는 가식이 아닌 진정성만을 먹고사는 내가 있다."

괜찮은 사람의 조건은 사실 복잡하지도 까다롭지도 않다. 주변에 피해를 주지 않는 사람, 책임감 있게 자기 일을 하는 사람 정도면 충분하지 않은가? 그리고 사람들은 각자 자신이 가진 에너지가 있어서 모여 있기만 해도 서로에게 힘이 되는 그런 존재이다. 그러니 사실 괜찮지 않은 사람이기는 쉽지 않다. 남들은 다 괜찮다고 하는데도 문제는 자기 스스로가 괜찮지 않다고 생각하는 사람들이 많다. 이렇게 생각하게 만드는 요인을 생각해보면 그중에 열등감이 가장 문제다.

고등학교 때부터 시작된 나의 열등감은 외모 콤플렉스였다. 나의 외모 콤플렉스는 유전적인 부분도 한몫했다. 우리 집안은 큰아버지, 고모, 아빠,

삼촌 모두 키가 작은 편인데다가 스스로 외모가 못났다고 생각했다. 그래서인지 배우자들은 평균 이상으로 키가 크고, 모르는 사람들이 탤런트 아니시냐고 착각할 정도의 외모를 가진 사람들이었다. 그 중 우리 아빠는 키가 크지는 않지만 동네에서 예쁘다는 소리를 듣는 엄마와 결혼했다.

그러나 열등감은 배우자가 생겼다고 없어질 리도 없고 점점 더 심해졌다. 가족들이 모여도 친밀감이 없어서인지, 재미있고 흥미로운 대화를 나누는 일보다는 삼촌이나 고모가 나를 못생기고 뚱뚱하다고 놀리면서 울리고야 마는 일이 많았다. 못된 어른들이었다. 지금 생각하면 자신들이 열등감 때문에, 그리고 서로에 대한 분노 때문에 아이들에게 몹쓸 말을 해서 괴롭히기만 한 모양새라는 것을 이해하지만 그 당시에는 그런 것이 그냥 생활인 줄 알았다. 그리고 내가 외탁을 했기 때문에 친가 식구들이 더 놀린다는 정도로 해석했다.

이에 대해 내 편이 되어주었어야 할 나의 부모들도 다를 바 없었다. 엄마 아빠가 서로 내면을 보고 결혼한 것도 아니고, 외모 때문에 결혼한 사이여 그런지 자식을 대할 때도 외모만 보았다. 우리에 대한 엄마의 총체적 평가는 '너네는 못났다.'였다. 키도 작고, 뚱뚱하고, 못생겼고, 걸음걸이도 이상하고, 자세도 구부정해서 옷 태가 나지 않는다는 등의 부정적인 외모 평가를 했다. 반면 자기 자신에 대해서는 예쁘고, 잘났고, 옷도 세련되게 입으며, 부지런하다고 평가하고, "천상 여자다."라는 말로 엄마 자신을 표현했다.

그렇게 무도한 집안 환경이었지만 우리 삼 남매는 학교에 가면서부터 그래도 살 만했다. 초등학교까지는 상관이 없었다. 각자의 존재만으로도 학교에서 친구들 사이에 인기도 많았고 인정받으면서 행복한 생활을 했다. 하지만 중학생이 되면서부터 이차성징이 있고, 자아 정체성이 생기는 시기부터 내면에 들러붙어 있던 엄마의 평가들이 우리를 괴롭혔다. 세상 물정을 어느 정도 알게 되니 나 자신이 부끄럽고, 나의 부모가 부끄러운 것이 나의 생활에 영향을 미쳤다. 내면에 쌓인 열등감과 부정적인 생각들이 그림자를 드리우기 시작했다.

나는 내가 가진 조건이 남들이 가진 행복에 미치지 못한다는 생각 때문에 더 열심히 해야 한다고 생각했다. 적어도 남들보다는 열심히 해야 살아남을 것 같다는 생각에 하루도 마음이 편할 날이 없었다. 왜냐면 나는 괜찮은 아이가 아니었기 때문이다. 못나고 못난 하자가 많은 사람이라고 생각했었다. 그렇게 나 자신도 나의 조건만 보면서 살게 되어버렸다.

내가 진학했던 예원학교는 음악, 미술, 무용을 전공하는 학생들을 시험 보고 뽑는 중학교였다. 나도 열심히 준비해서 학교에 합격했다. 그런데 내가 집에서 멀기 때문에 선택했던 학교는 부잣집 아이들이 모이는 학교였다. 아무래도 조기에 예술 교육을 따로 한다는 것이 돈이 많이 드는 일이었으니 당연한 상황이었다.

나는 전공을 미술로 선택하면서 내면의 자유를 얻는 시간을 확보했다.

그러나 나를 둘러싼 환경은 잘난 집안의 아이들이 가득해서 나의 못남이 더욱 드러날 수밖에 없는 환경이었다. 아이들 한 명 한 명이 귀하게 대접받고 자란 아이들이라 그런지 풍기는 분위기에서부터 귀티가 났다. 몇천만 원대의 악기들을 아이들이 하나씩 둘러매고 다니는 신세계였다.

엄마가 언니와 비교하는 게 너무 싫어서 도피한 것인데, 동네 중학교를 피해서 간 곳이 나의 열등감을 더욱 심화시켰다. 왜 도피를 한다면서 더 어려운 길로 가지? 남들이 쉽다고 하는 곳으로 가야 도피가 아닌가? 논리에 맞지 않는다는 것을 알게 될 것이다. 그게 바로 나의 오류였다. 적극적 선택에 의한 회피.

입학한 날 주위를 둘러보고 '여기에서 공부를 못하면 사람 취급도 못 받겠구나. 완전히 집에서 당하던 멸시보다 더한 죽음이 나를 기다리겠구나.' 하는 생각이 스쳐지나갔다. 나 자신을 생각하고 앞날을 고민해야 할 사춘기의 정점에서 나는 주변의 조건에 기가 죽지 않기 위해 최선을 다하는 삶으로 들어갔다.

나의 절박한 노력은 효과가 있었다. 예원은 예술 전문 학교니만큼 실기 실력이 중요했다. 1학년 첫 시험에서 실기 두 과목을 모두 A+를 받았다. 성적표를 보고 나도 놀랐다. 당시 미술과 학생이 모두 80명이었는데 두 과목 A+는 전체에서 나 한 명이었다. 공부도 미술도 잘하는 아이들만 모인 곳에서 점수를 잘 받으니 나의 모든 열등감이 보상을 받은 것만 같았다. '내가 못난 사람이 아니구나. 나도 남들보다 잘하는 것이 있구나.' 하고 나 자신에게 놀랐다.

그렇게 열심히 미술 잘하는 애로 6년을 살고 대학까지 들어간 후 미술 잘하는 애의 삶은 그만 살기로 했다. 이 생활을 유지하기 위해 긴장하고 사느라 인간관계를 하는 능력이나 삶의 다른 것들을 향상하지도 개발하지도 못했다. 결정적으로 진짜 나를 잃어버리고 산 세월이 안쓰러웠기 때문이다. 중·고등학교를 거쳐 '하면 할 수 있구나.' 하는 자신감은 얻었지만, 이것이 내가 충분히 사랑받을 만한 사람이라는 자존감으로 연결되지는 않았다.

이렇게 중·고등학교 시절을 목표에 집중하여 전략적으로 열심히 산 결과 서울대학교 서양화과에 합격할 수 있었다. 그런데 그다음에 대한 준비가 전혀 없었다. 나는 대학교에 붙기만 하면 당연히 즐거운 대학 생활이 나에게 주어질 것이라는 환상을 가지고 있었다. 그때도 나의 엄마 변수를 생각하지 못한 것이다.

대학교에 들어가는 입학식에 엄마와 나 둘이 갔다. 엄마는 항상 그랬듯이 입학식 날에 내가 입고 갈 옷이 가장 중요했다. 대학 시험이 끝나기 무섭게 나에게 다시 악몽의 날들이 시작된 것이다. 고3을 마친 지 몇 달 지나지 않았고 나는 다이어트를 하느라 열을 올리고 있었다. 엄마는 내가 대학에 들어가기만 하면 나를 어떻게 하려고 마음이라도 먹은 것처럼 나를 바꾸려고 했다. 고등학교를 졸업한 지 한 달도 안 된 내가 갑자기 '야시시한 아가

씨'가 되어야만 했다.

입학식에 참석하기 위해 서울대 안까지 들어갔지만, 엄마와 나는 결국 주차장에서 대판 싸워버렸다. 엄마가 나의 마음을 또 다 뒤집어놓은 것이다.

"화장을 그렇게밖에 못하니? 이상하잖아. 어휴, 저 살 좀 봐. 네가 너희 학교 전체에서 제일 못났다. 옷 입은 꼬라지가 그게 뭐냐."

사실 평소에도 듣던 말이라 그렇게까지 화를 낼 일은 아닐 수도 있었다. 하지만 그날은 나의 대학 생활이 시작되는 날인 나의 입학식이다. 그날까지도 아무런 의미를 생각하지 않고 같은 말만 반복하는 엄마 앞에서 어이가 없어서 눈물이 폭발했다.

나는 입학식이라는 것이 무슨 의미가 있나 싶어서 발길을 돌려 집으로 왔다. 물론 대화는 없었다. 나의 엄마는 아무 말도 없었고, 그런 나에게는 아무 말도 하지 않았다. 다시 입학식장으로 들어가라는 말도 한마디 하지 않았다. 이렇게 나의 어두운 대학 생활이 시작되었다.

나는 엄마가 생각하는 그런 열등하고 못난 사람이 아니다. 엄마가 말하는 '천하의 못난 년', '잘난 척하며 애미를 무시하는 죄인'도 아니다. 엄마는 틈만 나면 세상 사람들에게 나의 죄를 폭로하겠다고 한다. 나는 왜 엄마에게 평생 이런 말을 들으면서 살아야 하는지 이해하기 위해서 애썼지만 명확한 답을 얻지는 못했다. 이 문제를 해결하기 위해서 나는 나의 귀한 세월을 45년을 보냈다. 더이상 현실을 회피하면서 살고 싶지 않다.

내가 괜찮은 사람이라고 생각하는 사람이었다면 당연히 정신과 상담을 받지는 않았을 것이다. 그리고 정신과 상담도 '내가 괜찮은 사람이야.'까지는 도달하기 어려웠다. 이유는 의사와 환자라는 페르소나로 만나는 사이이기 때문이다. 그래서 개인 대 개인의 관계가 맺어지지 않는다. 전문가에 대한 신뢰감은 생기지만 친밀감까지 생기기는 않는 구조이다. 또 정신과는 치료를 위해 심리적인 거리를 두기 때문에 개인적인 친밀감이 생겨서도 안 된다.

이런 내게서 열등감을 없애준 결정적인 사건들이 있다. 내가 상담 일을 할 때 나의 직함은 의사가 아니기 때문에 사람들이 긴장하지는 않는다. 그리고 아이들의 눈에는 나는 그냥 '아줌마'일 뿐이었다. 나는 아이들을 있는 그대로 봐주고, 장점을 칭찬해주고, 애정을 주었다. 나는 아이가 없어서 아이들이 너무 예쁘다. 그 마음을 아이들이 알았던 것 같다. 내가 준 것보다 더 나에게 애정으로 보답해주었다.

그런데 이 관계가 나에 대해 생각하는 마음을 바꾸었다. 이게 뭐지 싶었다. 사람과 사람이 사귀는 일이 어려운 일이 아니었나? 지금도 생각하면 신기하다. 나는 어린 친구들을 만나 우정을 경험할 수 있었다. 나는 아이들을 왜곡된 눈으로 보지 않았고, 아이들도 나를 왜곡하지 않았다. 그것뿐이었다. 서로 별명을 부르면서 농담도 하는 별다를 것 없는 우정이었다. 숨기는 것도 없었고 내세우는 것도 없었다. 가르치려 하지도 않았고, 모르는 것을 도와줄 뿐이었다. 진심이 통한다는 기분을 태어나서 처음으로 경험했다.

나는 아이들에게 달콤한 말만 한 것은 아니었다. 내 별명이 '고쌤'이었다. 상담을 통해 아이들도 자신의 진짜 본 모습을 보는 것이 어렵다는 것을 알았던 것 같다. 내가 자기네들에게 고통을 주는 사람이라면서 나를 고쌤이라고 불렀다. 아마도 내 앞에서 거짓말을 못 했던 것 같다. 하지만 아이들도 진심을 알았기 때문에 나의 말을 잘 들었다. 서로의 고통을 나누면서도 항상 보고 싶고 만나고 싶고 이야기하고 싶은 대상이 생긴 것이다. 아이들과의 교류에서 그 친밀감으로 나는 기적같이 내가 참 괜찮은 사람이라는 것을 느꼈다.

자존감은 외모, 성적, 재산, 커리어, 사회적인 성취로 얻을 수 있는 것이 아니다. 나 스스로에게 내면의 나에게 나의 모습을 보여줘야 한다. 스스로에게 충실함을 보여주는 것이다. 즉 남들 보라고 연기하는 나의 모습은 자존감에는 득이 되지 않는다. 내면이 알고 있다. 내가 나를 얼마나 사랑하는지, 내가 얼마나 사람을 사랑하는 사람인지를 보여주어야 한다. 나도 내 모습을 보아야 알 수 있고, 나의 말을 들어야 이해할 수 있다.

그러니 내면의 나를 무시하면 안 된다. 적극적으로 나의 모습을 남들에게 어필하는 것보다 더 적극적인 진정성을 나에게 보여줄 필요가 있다. 오로지 나의 내면에는 껍데기가 아닌 가식이 아닌 진정성만을 먹고사는 내가 있다. 그 진정성이 바로 '괜찮은 나'이다. 솔직한 내가 바로 '괜찮은 나'이다. 대박 사건은 그 '괜찮은 나'가 열등감을 지워가기 시작했다는 것이다. 괜찮은 사람인 내가 자존감의 기본을 다져준 것이다.

04

'천사표' 딱지를 과감하게 버리자

"신은 착한 사람만큼이나 못된 사람들도 사랑하신다."

착한 사람이란 과연 어떤 사람일까? 요즘 말로 착한 사람은 이득을 적게 보는 사람이라고 표현하면 맞을 것이다. 가격도 적당한 가격은 싼 것을 말한다. 부담이 없다는 뜻이다. 상대방을 힘들게 하지 않는다. 이런 사람들은 남과의 갈등 상황에서 문제를 일으키지 않는다. 자신이 조금 손해를 보더라도 상대방이 기분 상하지 않게 해결하려고 한다. 본인은 윈-윈 전략을 쓴 것처럼 생각한다. 말은 그럴듯하게 들리지만, 실상은 모든 상황에서 손해를 보는 사람이 착한 사람이다. 착함을 버리는 것은 말처럼 쉬운 일이 절대로 아니다. 선함은 분명 좋은 가치인데 무엇을 생각해보아야 하는 것일까? 이해를 넘어선 깨달음이 필요하고 진정한 지혜가 필요하다. 그래서 막연한 착함이 아닌, 나 자신을 위한 진짜 착함을 생각해보길 바란다.

나는 30살에 암으로 고생을 할 때까지도 엄마에게 부정적인 감정을 제대로 드러내보지 못했었다. 나는 완전히 불행과 병과 한 몸이 되어서 내 삶을 고쳐보려는 엄두도 내지 못했다. 정신을 잃고 너와 나의 잘못이 엉망진창이 된 가족 관계와 무너져가는 일상생활들이 무심히 시간과 함께 흘러갔다. 가족이 붕괴해가고 있음을 느꼈지만, 문제를 어디에서부터 풀어야 할지 막막했다.

집안의 분위기는 점점 더 어두워졌다. 아빠는 IMF 때부터 손해를 보고 사기를 당해서 심기가 불편했다. 자세한 이야기는 10년도 더 지나 아빠와 관계가 좋아진 한참 후에야 들을 수 있었다. 아빠가 엄마같이 따랐던 고모에게 상처를 받았다고 했다.

매일같이 초저녁 5시쯤부터 아빠는 식탁에 앉았다. 소주병과 유리잔과 함께이다. 아빠는 딱 1인분 자기 한 명만 먹을 음식을 사 들고 집으로 들어왔다. 요리하기를 좋아했던 아빠는 재료를 사 들고 들어와 아빠만의 요리를 만들기도 했다. 아빠는 하루에 소주 한 병 반에서 두 병까지는 마셔야 잠이 온다고 했다. 왜 잠이 안 오는지 이유를 들을 수는 없었다. 나 역시 그때는 아빠에게 말을 건네는 방법을 몰랐다. "술 좀 그만 드세요.", "그러다가 큰일 나요."라고 해도 소용없는 일이었다. 아빠는 그렇게 10년을 넘게 소주를 마셨다. 그리고 2012년 대장암으로 돌아가셨다.

나는 아빠가 어떻게 경제활동을 했는지 정확히는 알지 못한다. 남들이 말하는 회사에 다니지는 않았다. 아빠는 시대를 조금 빨리 살다가 가셨다. 요즘 살았다면 아빠의 시대를 맞이할 수 있었을 텐데, 안타깝다. 요즘 같았으면 내가 멋있게 '주식 전문가'라고 타이틀이라도 붙여주었을 텐데 80~90년대만 해도 아빠가 증권회사에 낮에 앉아 있다는 것은 백수라는 뜻이라고 엄마가 말했다. 친구 엄마들이 볼까 봐 낯부끄러운 일이었다. 나는 그게 부끄러운 일인지도 사실은 잘 몰랐는데 엄마가 하도 아빠에게 면박을 주고 구박을 해서 나도 그렇게 생각했다.

우리 식구들은 엄마를 구심점으로 나머지 모든 식구가 서로를 오해하면서 살았다. 엄마는 거짓 뉴스를 만드는 온상지였는데 나머지 네 명은 그것을 까맣게 모르고, 엄마의 왜곡된 정보 안에서 서로를 미워하고 증오했다.

엄마의 기준으로 나머지 네 명은 다 천하의 죄인들이었다. 아빠는 자식들을 경계했고, 자식들은 아빠를 원망했다. 엄마가 말하는 것에 속아서 아빠는 언니가 사치한다고 생각했고, 내가 욕심으로 가득 찬 못된 년이라서 서울대를 갈 수 있었다고 생각했다. 막내아들은 고대는 갔지만, 술만 먹고 여자만 밝히는 정신이 나간 놈이라고 생각했다. 이것은 모두 사실이 아니었다. 그러니 나도 아빠에 대해서 얼마나 잘못 알고 있었을까, 생각한다. 확실한 건 나머지 네 명이 엄마보다 못되거나 혹은 영리하지 못했다.

나의 아빠는 착한 사람이었다. 엄마가 아빠의 삶을 그렇게 갉아 먹었는데도 아빠의 자존심에 상처를 줬는데도, 심장을 후벼 파는 막말과 욕설로 모욕을 줬는데도 평생을 손찌검 한 번 하지 않았다. 둘이 부부 싸움을 하면서 동물같이 마룻바닥을 뒹굴었어도 엄마가 아빠를 할퀴고 물어뜯는 것이었다. 아빠는 방어만 할 뿐 때리지 않는 것이 보였다. 엄마 혼자 긁히고 깨뜨리고 하면서 피가 나면 모두 아빠에게 뒤집어씌웠다. 자해공갈이고 사기였지만, 폭력 앞에서는 몸이 작은 여자가 유리했다. 엄마가 분명 가해자인데 시간이 지나면 자기 자신이 피해자로 변해 있었다.

중3 때였다. 엄마 아빠가 크게 싸우는 와중에 큰 유리가 깨지면서 엄마 손에서 붉은 피가 터져 나와 얼굴과 옷에 묻었다. 차라리 아빠가 다쳤으면 좋았으련만……. 피를 본 남동생이 놀라서 흥분했고, 어딘가 응급상황에 대해 전화를 한다고 하려던 것을 경찰서에 전화한다고 말을 뱉은 것이다. 여기에서 오해가 불거졌다. 아빠는 남동생이 아빠를 경찰에 신고한다고 생각해서, 자식들이 아빠를 범죄자로 죄인으로 낙인찍었다고 오해한 것이다. 집안이 초토화가 된 이후, 아빠는 삼 남매를 불러 앉혀놓고 말을 했다.

"오늘부터 아빠라고 생각하지 않아도 좋다. 대학 교육까지는 시켜주겠다. 그 뒤에는 너희가 알아서 살아라."

지금 생각하면 정말 무책임의 극치이다. 하지만 아빠는 그야말로 자존심이 박살이 난 것이다. 아빠의 죄책감이 폭발해서 번지수를 잘못 찾은 것이다. 집안 전체가 정신이 나갔다. 리더가 필요했는데 우리 집안은 미쳐 돌아가고 있었다. 나는 아빠에게 울면서 이야기했다. 아빠가 오해한 거라고 말이다. 하지만 이미 아빠는 아빠만의 생각 속에 빠져있었고, 엄마 아빠 싸움의 분풀이를 우리한테 했다.

여기에서 단죄되어야 할 사람은 엄마였는데 왜 남동생이 그 분노를 받아야 하지? 이해가 되지 않았다. 이런 방식이 엄마의 생존 방식이었다. 엄마는 구석에서 조용히 무슨 일이 벌어지는지 상황을 구경했다. 이날부터 동생도 마음의 상처를 입고 마음을 걸어 잠갔다.

아빠는 엄마 아빠가 싸워서 너희에게 상처를 줘서 미안하다고 말했어야 했다. 그리고 나도 그 말을 요구했어야 했다. 그런데 나에게는 아빠의 오해가 먼저 보였다. 아빠의 상처가 먼저 보였다.

그 순간에 나도 나를 생각했어야 했다. 내가 당신들 부모들 때문에 힘들어서 죽을 맛이라고 소리를 질렀어야 했다. 그렇게 그들이 정신 나가 미친 짓을 하고 있을 때 뼈있는 말을 했어야 옳다. 그게 진정 나를 사랑하는 마음이다. 하지만 나는 그러지 못했다.

엄마는 자신이 착하지 않은 사람이라고 표현하는 사람이다. 그래서 못된 짓을 해도 죄책감도 없다. 수치심도 없고, 양심도 없다. 손해를 보는 법도 없다. 삶이 매우 자유롭다. 맘대로 욕하고 거침없이 산다. 그리고 상황에서 모든 탓을 남들에게 뒤집어씌우는 재주도 있다.

내가 엄마처럼 살고 싶지 않다고 해도 엄마의 삶의 방식은 꿰뚫고 알았어야 했다. 소위 착하다고 하는 사람들은 이 못된 사람이 혼란스럽게 어질러놓고, 치우지 않고 방치해 둔 쓰레기 속에서 지뢰를 하나씩을 밟고 쓰러져간다. 그래서 나를 잘 살리기 위해서는 단순하게 착할 일이 아니다. 못된 사람들은 만만한 존재들이 아니다. 신은 착한 사람만큼이나 못된 사람들도 사랑하신다.

핵심은 내 인생의 '나'로 힘의 초점과 힘의 흐름을 끌고 와야 한다. 이 못된 사람들의 특징은 온전히 나에게 향하는 집중과 성장을 방해하고 그 힘을 자신에게로 끌고 간다는 것이다.

나는 엄마에게 사랑받고 싶었기 때문에 엄마의 욕심을 채워주기 위해서 나를 희생하는 삶에 익숙해져버렸다. 남을 위해 주는 것이 더 행복하고, 나를 이용하거나 피해를 조금 주는 친구가 마음 편하게 느껴졌다. 마치 중국의 전통이었던 여자들의 전족처럼 기형적인 모습의 마음이 되어버렸다.

엄마의 기호에 맞게 나의 마음을 내 마음대로 쓰지 못하고 자신을 위한 꼭두각시가 되게 하는 엄마의 방식에 맞춘 것이다. 엄마는 나에게 무언가를 요구할 때마다 '엄마의 소원'이라는 표현을 썼다. 나는 아무리 비상식적이라 해도 사랑한다면 그 모든 것을 넘어서 주어야 사랑이라고 말할 수 있을 것 같았다. 마치 무리한 요구는 인간으로서 나의 한계를 시험하는 것 같았고, 그 기록을 깨는 것도 쾌감이 있었다.

나는 '다 줄 거야' 병에 걸려 있었다. 그리고 나는 엄마의 병명을 '지랄병'

이라고 불렀었다. 그렇게 다 주고 나면 마치 엄마의 지랄병을 치료한 의사라도 된 듯한 뿌듯함과 엄마에 대한 상대적 도덕적 우월감이 생겼다.

외갓집 가족들도 엄마가 문제가 있다는 것을 알았지만 이것은 입 밖으로 말할 일이 아니었다. 이 약도 없는 지랄병을 고칠 방법을 아무도 몰랐고, 정신과 병원은 발달하지도 않았다. 아는 척을 할 수도 없는 민감한 사안이다. 그래서 보통 착한 남편들이나 부인들이 다 당하면서 살아준다. 원인을 찾을 수 없으면 같이 사는 사람이 다 덤터기를 쓰면 그만인 것이다. 그렇게 착한 우리 네 명의 가족들이 나눠서 짐을 졌다.

이런 엄마 병의 본모습을 알고 이해하게 된 것은 나이가 서른다섯이 넘어서였다. 나의 병에서 완치가 되고 인간의 심리를 공부하고 인생 쓴맛도 보고 나서야 그 실체를 알았다.

다행히도 아빠가 돌아가시기 전에 아빠와의 오해는 완전히 풀었다. 나는 아빠와의 오해 풀기가 내 인생에서 가장 잘한 일이라고 생각한다. 왜냐면 아빠가 돌아가시기 전에 아빠에게서 '천사표' 딱지를 나와 언니가 떼어 드렸기 때문이다. 아빠는 나와 언니에게 유언했고, 나는 아빠의 죄책감을 풀어 드렸다. 인생의 마지막에 용기를 내어준 아빠에게 너무 고맙다. 그리고 아빠는 평생 우리에게 못했던 "미안하다. 사랑한다."라는 말을 했다. 나의 남동생은 아빠의 마지막 돌아가신 모습이 너무 예쁜 얼굴이고 행복한 것 같다고 했다.

05

누구도 나를 함부로 하게 내버려두지 말자

"폭력의 기준과 감각이 없어진 사람들은

자신이 얼마나 부당하고 위험한 상황에 놓여 있는지에 대한 감이 없다."

우리가 사는 세상에는 다양한 생각과 다양한 가치관을 가진 사람들이 모두 같이 살아가고 있다. 그래서 나와 생각이 맞지 않는 사람들 만나더라도 그들의 가치관을 이해해야 그들과 공존할 수 있다. 그리고 전체적으로 합의한 큰 가치관의 테두리 안에서 살아간다.

우리는 모두 같은 인간 그리고 생명체라는 테두리 안에 있다. 그런데 가끔은 그런 가치도 인정하지 않는 사람들을 만나곤 한다. 그저 우리는 같은 세상 안에서 살 뿐이고 다른 생명과 사람을 물건이나 도구 취급하기도 한다. 그래서 '나는 너희랑은 다른 아주 특별한 사람이야. 나는 우월해. 내가 법이야. 너희는 내 말대로 움직여야 해.'라고 생각하는 차별주의자들이 있고, 병적인 자기 중심주의로 세상을 바라보고 힘이 약한 상대의 에너지와 시간을 착취한다. 그들은 더 나아가 가지고 있는 차이에 의해서 특권을 만들고 계급을 만들어서 어떻게든 자신들의 이득만을 키워가려 한다. 이것 또한 인간의 본성이다.

나의 아빠는 자식들과 대화를 거의 하지 않았다. 할 말이 없었다는 것도 안다. 그런데 아빠가 집을 나가서 병이 든 나에게 집으로 들어오라고 전화를 했다. 나는 사실 많이 놀랐다. 아빠와 개인적인 통화는 처음이나 마찬가지였다. 그렇게 바쁘게 병원에 가서 검사와 진단을 마치고 폭풍 같은 날들이 지나고 내 인생의 무대는 입원실 침대 위 하나로 정리된 것이다.

환한 대낮, 그 차갑고 정 없는 병원 침대에 덩그러니 누워 있을 때 아빠가 혼자 손님처럼 나를 찾아왔다. 태어나서 아빠가 나에게 따뜻하게 웃으며 대해주는 모습을 그때 처음 봤다. 아픈 나를 위로해 주려고 더 과장해서 웃는 것 같아 보일 정도의 환한 웃음이었다. 내가 알던 아빠가 아닌 다른 사람 같았다. 얼마 전에 집으로 들어오라면서 "넌 안 돼, 강해질 수 없어."라는 말로 나에게 상처를 주었던 모습은 온 데 간 데 없다.

나는 그래도 엄마에게 시달려서 기를 못 펴고 사는 아빠를 엄마보다 응원하는 마음이 강했다. 아빠의 열등감, 무기력, 우울의 정체를 알 수 있을 것 같았기 때문이다. 그래서 그런 아빠도 나를 이해하고 응원하는 마음이 있었던 것 같다.

사실 집을 나왔을 때 아빠가 나에게 전화를 하지 않았더라면 나는 집 밖에서 죽었을 것이다. 그렇게 그냥 아프다가 끝까지, 죽는 데까지 가려고 한 마음을 알았기 때문에 아빠는 나에게 전에 없던 강력한 말을 한 것이다. 내가 그렇게 이 세상을 떠났다면 엄마의 비난과 나의 병의 모든 책임이 아빠에게 돌아가고 아빠를 공격했을 것이 뻔할 뻔 자이기 때문에 아빠가 다급하게 전화했다는 것도 안다. 하지만 지금 나는 그때 전화를 걸어 나를 살게 해준 아빠에게 진심으로 감사하다.

엄마는 나의 입원실에 매일 오지는 않았다. 나도 엄마가 오는 것이 싫었기 때문에 자주 오지 말라고 못을 박았다. 내가 있었던 6인실에는 병간호를 하는 가족들이 모두 같이 기거했었다. 말은 6인실이지만 11명이 같이 한방에서 자고, 밥을 같이 먹고 지냈다. 무슨 일이 생길지도 모르는 상황에 한시도 곁을 떠나는 가족이 없었다.

나는 언니가 낮에 와주는 것이 가장 편하고 좋았다. 모두 면역력이 약해져서 마스크를 쓰고 지냈고, 움직이는 것도 불편한 상태였다. 북적거리는 입원실에 또 한 명이 추가되는 것은 내가 사절이었다. 그래서 언니에게 책과 만화책만 잔뜩 빌려다 달라고 주문해서 만화책만 봤다.

가끔 치료와 처치를 위해 가족의 도움이 필요할 때도 있었다. 골수 주사를 맞을 때는 4시간 정도 움직이면 안 돼서 가족을 부르라고 했지만 그래도 나는 아무도 없는 편이 더 나았다. 그렇게 혼자 시간을 보내고 있어도 엄마가 이삼일에 한 번씩 오기는 했다.

당시 엄마는 당뇨병이 있었고 약을 먹는 관리 상태였다. 입원한 지 한 일주일 되니, 엄마는 나의 병원 침대가 좋아 보였나 보다. 완치될 것인지 몇 달을 더 살 수 있을지 하루하루 병마와 싸우고 있는 아주머니들과 할머니들을 향해서 큰 소리로 말했다.

"진짜로 아픈 사람은 얘가 아니에요. 진짜로 아픈 건 나라고요."

그렇게 말을 하면서 나보고 침대에서 내려오라고 했다. 나는 엄마의 그런 모습이 어색하지도 않고 익숙한 사람이다.

속으로 헛웃음이 나왔지만, 나의 엄마는 장난이 통하는 사람이 아니다. 그 말은 농담도 아니었다. 나는 주사액이 들어가고 있는 링거줄을 들고 침대 아래 있는 보조 침대로 자리를 옮겼다. 엄마는 세상을 다 가진 듯한 표정으로 나의 병원 침대 자리에 누워서 그 시간을 즐겼다. 아무리 남의 떡이 더 커 보이고, 남의 사과가 더 맛있다고 하지만 딸이 누워 있는 병원 침대까지 뺏을 줄이야.

엄마 눈에는 내가 병원 놀이를 하거나 병자 코스프레를 하는 것처럼 여겼다. 그리고 급기야는 나에게 꾀병을 한다고 했고, 병도 아닌 거로 유세 떤다고 했다. 병원 침대의 면 시트를 쓰다듬으면서 "깔깔하고 좋네."라고 말하고, 아니라는 것을 본인이 뻔히 알면서, 마치 내가 돈 내고 대접받으면서 특급호텔 룸서비스라도 받고 지내는 것처럼 여겼다.

또 자기만의 세상의 수다를 시작한다. 동네 아줌마들의 근황을 전체적으로 브리핑한다. 나와 상관이 없어도 엄마는 상관이 없다. 자기 말에 취해서 본격적으로 맘에 안 들었던 아줌마들을 한 명씩 험담하기 시작한다. 내가 멀리 도망을 못 간다는 것을 알고 즐거운 마음으로 나의 시간과 에너지를 뺏었다.

이때 나는 침대에서 내려오면 안 되었다. 하지만 나는 엄마와 말씨름을 하기가 싫어서 말이 안 통하기 때문에 포기하는 마음으로 비켜준 것이다. 아예 엄마를 병원에 접근 금지해야 했다. 하지만 그 당시에는 이 엄청난 엄마의 왜곡된 생각과 감정과 망상들과 싸우는 방법을 전혀 알지 못했다.

내가 가장 먼저 느껴야 했고 해야 했던 생각은 '나'를 지키는 것이었다. 나처럼 극한의 상황에 내몰려보아야 "세상에 나를 도울 힘은 나 자신에게만 있구나."라고 절실히 느끼게 된다. 그리고 나를 함부로 대하는 엄마의 행동은 어느 날 갑자기 시작된 것이 아니다. 내가 태어나기 전부터 나에게 했던 말들과 생각들의 총체적인 모습이다. 그런데 이렇게 집안에서 함부로 당하는 것에 익숙해진 사람들은 밖에 나가서도 사람들에게 험한 꼴을 당할 가능성이 커진다.

나는 나의 이번 생에 만난 엄마, 나를 세상에 있게 해준 엄마였기 때문에 진심으로 그 사람을 사랑하고 싶었다. 그래서 밤에 엄마 옆에 가서 엄마와 같이 잠을 자 보기도 했다. 하지만 잠이 들고 몇 시간이 지나면 몸이 아프고 온몸이 쑤셔서 새벽 2, 3시에는 내 방으로 돌아오곤 했다. 나도 남들처럼 엄마 품이 가장 좋고, 엄마만 생각하면 눈물이 나고 미안하고, 엄마의 집밥이 가장 좋은 힐링 푸드가 되는 그런 삶이 그리워서 만들어보고 싶었다. 하지만 나의 눈물 나는 노력에도 그런 경험은 나의 것이 아니었다.

그리고 몸을 준 엄마가 아니라 나의 생명이 시작된 근원을 찾는 것이 중요해졌다. 그렇게 내면의 엄마를 찾는 여행도 했다. 그 과정에서 수많은 고생과 수많은 사기도 당했다. 그러면서 세상에 나의 엄마를 대신해줄 사람은 없다는 것을 알게 되었고, 더 나아가 세상에 나 자신을 대신해 힘을 내줄 사람도 없다는 것을 알았다. 의존이 아닌 진정한 자립을 해야 자신을 사랑할 수 있다는 것을 알 수 있었다. 남들은 일찍이 다 알았지만 나는 정말로 몰랐었다.

누군가가 나에게 함부로 하는 것을 느낀다는 것은 센서가 살아 있는 것이다. 보통 함부로 하는 것에 익숙해진 사람들이 이 센서가 많이 죽어 있다. 슬픈 얘기이지만 이런 사람들에게는 '무엇이 함부로 하는 것인가?'에 대한 아주 기본적인 교육이 필요하다. 폭력의 기준과 감각이 없어진 사람들은 자신이 얼마나 부당하고 위험한 상황에 놓여 있는지에 대한 감이 없다. 그래서 아무 생각 없이 고속도로를 활보하는 고양이 신세가 된다.

또한, 누구라도 나에게 함부로 하게 내버려두면 그 폭력은 점점 더 커지고 집요해진다. 그래서 결국에는 같은 인간들 사이에서는 하면 안 되는 반인권적인 행위들이 이루어지게 된다. 즉 남들이 나를 인간 취급을 하지 않는 수준으로까지도 간다.

기분이 나빠야 한다. 그리고 나를 사랑하는 힘으로 그것을 걷어내야 한다. 그러니 그 사람이 당신의 엄마일지라도 내버려두면 안 된다. 슬퍼할 시간이 없다. 매 순간, 온 마음으로, 본능적으로 나를 위해야 한다.

06

부당한 모욕은 거부하자

"기본적으로 나를 사랑하는 마음이 적으면

나를 모욕하는 사람들로부터 나를 지키기가 어렵다."

모욕은 가치를 낮잡아 보고, 깔보고, 욕되게 하는 것이다. 누군가가 나를 모욕하는 것은 당해서는 안 되는 일이다. 내가 용서받지 못할 만큼의 큰 잘못을 저질렀다면, 그 사람은 나를 욕할 권리가 있다. 하지만 대부분의 사람들이 다른 사람을 모욕하는 것은 분명히 성립되지 않는 죄이다. 그래서 나에게 부당하게 죄를 짓게 놔두는 것은 마치 내 집에 강도가 들어와도 아무 조치도 취하지 않는 것과 같다.

하지만 엄청난 싸움판이나 엄청난 이권이 달린 곳이 아닌 이상 실제 생활에서 사람 앞에서 대놓고 모욕을 주는 경우는 많지는 않다. 심지어 안 보이게 모욕을 주는 것을 실력이라고 생각하기도 한다. 자칭 인간관계의 선수들의 논리로 말하면 보이지 않게 때리는 기술이다. 그래서 대부분의 선

수가 아닌 사람들은 모욕이라는 느낌보다는 무시당했다는 느낌이 더 와 닿을 것이다. 남에게 모욕을 주는 것을 모르는 사람에게 이런 것들이 너무나 생소하기만 하다. 인정하고 싶지 않지만, 사람들 사이에서 눈에 보이지 않는 모욕은 빈번하게 일어난다.

그리고 모욕의 시작은 알아들을 수 없는 어려운 논리, 말이 아닌 행동과 뉘앙스 등으로 전달되어 온다. 복잡하게 얽힌 현실 속에서 뭔가 비상식적이고 황당한 느낌, 뭔가 이상하고 불쾌한 느낌 등으로 시작된다. 그래서 처음에는 이것을 거부해야 하는지조차 헷갈리는 경우가 많다.

나는 가정환경 상 심리적으로 부모의 빈자리가 너무나 컸다. 그래서 나의 지상과제는 부모의 사랑을 받아보고, 느껴보고 죽는 것이었다고 해도 과언이 아니었다. 한 번이라도 부모의 사랑을 느낄 수만 있다면 죽어도 여한이 없다고 생각했었다.

그런 상황에서 나는 정신과 의사 선생님 B를 만났다. 내 삶의 목표이자 절실히 원했던 어른을 만났기 때문에 B는 나에게는 사람 그 이상의 의미였다. 상담을 통해 비로소 대화라는 것을 할 수 있게 되었고, 비록 치료 관계였지만 나의 이야기를 들어주는 어른을 만나 날아갈 듯이 행복했다. 악몽만 꾸고 잠자리가 사나웠던 내가 좋은 꿈을 꾸게 되었고, 나의 영혼에 햇살이 비치는 것을 느끼고, 지겹고 무료했던 삶에 신선한 바람이 불기 시작했다.

이전에도 정신과 상담을 두 곳에서 받아 보았었지만 아무런 효과도 보지 못하고 끝났었는데 이번에는 나와 잘 맞는 선생님을 만나서인지 상담을 한 번 받을 때마다 변화가 있었다. 그래서 B의 말이라면 팥으로 메주를 쑨다고 해도 믿어졌다. 그 어릴 때 친구들의 말도 안 되는 자랑의 말들이 이제야 이해가 되었다. 나는 나에게 새로운 생명을 준 사람이라는 생각 때문에 무조건 그에게 감사했다. 그렇게 나는 퇴행을 통해 유아기에 해보지 못했던 "우리 아빠가 세상에서 최고야!"를 B를 통하여 원 없이 해볼 수 있었다.

그 정신과 병원에서는 토요일마다 철학과 신학을 공부하는 세미나가 있었다. 그 세미나에는 상담을 받았던 사람들이 대부분이었고, 상담을 마친 사람들이 받는 정기적인 집단치료의 개념이고 모임이었다. 그 모임의 이름은 박사님의 이니셜을 딴 B교실이었다. 그곳에서 사람들의 사례와 모습들을 보면서 나의 모습을 객관화시킬 수 있는 자리가 되었다.

정신과를 찾는 사람들의 모습은 겉으로 볼 때는 일반 사람들과 다를 바가 없다. 하지만 조금만 깊이 들어가면 자신만의 생각과 독특성이 드러난다. 대인관계가 불편하지만 이런 모임을 통해서 그 불편함을 조금씩 깨뜨리고 세상에 적응하려는 의도였다고 생각한다. 그래서 나도 기꺼이 참석했다.

그 모임의 사람들의 특이한 점은 사람들의 학교 다닐 때 나름대로 공부 잘한다는 소리를 들었던 사람들인데 현실 적응에 어려움을 겪는 사람들이 많았다. 미국 박사학위를 가진 사람도 있었고, 사업가, 서울대 나온 교사 출신 가정주부, 이대 약대 나온 가정주부, 작가, 간호사, 변호사 등등 그 면면이 다양하고 성실히 열심히 살아온 사람들이었다. 그 사람들도 나처럼 어느 시기에 갑자기 발병하여 적응 장애가 가장 두드러졌던 것 같다.

B는 나에게 이 모임의 핵심 멤버를 소개해주겠다고 했다. 그 사람은 경제학을 공부한 미국 박사라고 했는데 나의 선배라고 했다. 이 사람을 처음 본 것은 점심시간 중국집에서 식사하기 위해서였다. 마주하고 앉은 자리에서 보인 것은 이 사람의 눈이었다. 깡마른 몸에 몸의 다른 부분은 보이지도 않았다. 테이블에 앉아서 나를 쳐다보는데 얼굴을 똑바로 보지도 않고, 고개를 숙인 채로 눈동자만 올려서 나를 쳐다보았다. 호의라고는 전혀 없는 나를 감지하는 눈동자, 위에서 아래로 나의 모습을 훑어서 보았고, 눈을 마주치지도 않았다. 그것이 그 사람을 만난 것의 전부였다.

나는 그 길로 다시 돌아와 B에게 앞으로 상담을 그만두겠다고 말했다. 너무나 불쾌한 사람과 같이 모임이라는 것을 하고 싶지 않았다. 그리고 나는 B 당신을 좋은 사람이라고 생각했었는데, 저런 사람과 가까이하는 것을 보니 당신도 조금 이상한 것 같다고 말했다. 그랬더니 B는 웃으면서 말했다.

"왜 그 사람이 불편한지 써봐."

나는 나의 불편함을 2페이지가 넘게 써 내려갔다. 내가 아는 그런 느낌의 정체를 썼다. 그리고 그 글의 끝에서 만나게 된 사람은 엄마였다. 그 사람을 이해한 내 생각들이 고스란히 엄마에 대한 생각과 같았다. 말을 하지 않아도 눈빛에서 벌써 모욕감을 느낀 것이다.

B는 그 모욕감을 이겨내야 한다고 했다. 세상은 그런 것들로 가득하고 실상은 그것이 아무것도 아니라는 것을 깨달아야 한다고 했다. 나는 그때 설득이 되었다. 모든 말에는 일장과 일단이 있다. 그랬다. 내가 엄마를 두려워하여 아무것도 하지 못하고 산 세월을 생각하면 이런 사람은 내가 뚫고 지나가야 하는 장막 중 하나였다.

모욕을 거부하는 데 필요한 것이 있다. 그것은 그 모욕의 정체를 분명히 아는 것이고 다른 하나는 정신적 정서적 힘이다. 나는 이 두 가지가 모두 없었다. 기본적으로 나를 사랑하는 마음이 적으면 나를 모욕하는 사람들로부터 나를 지키기가 어렵다. 육식동물들 사이의 초식동물처럼 같이는 살지만, 항상 두려움에 떨면서 살아야 한다. 나는 더는 불안함에 떨면서 살고 싶지 않기 때문에 그 불편함과 만나보기로 했다.

나의 엄마가 집에서 그랬듯이 그 미국 박사도 모임에 와서 분위기를 망쳤다. 사람들을 불편하게 만들었다. 이 모임은 B에게 상담을 받은 사람들의 모임이니 당연히 B는 가장 사랑받는 위치에 있고, 그 모임의 사람들은 B에게 사랑을 받고 싶고, 인정을 받고 싶은 욕구가 가득했다. 그런 사람들에게 그 사람은 외모적인 비하는 기본이고, 여자는 어떻게 행동해야 한다는 둥, 권위적이고 성차별적인 언행과 세상에서 자기가 가장 똑똑한 것처럼 모든 것을 비판하고 판단했다.

이는 마치 못된 사람과의 대화에 익숙해지기 과정 같았다. 일부러 바이러스를 몸에 집어넣어 면역성을 키우는 과정과 흡사했다. 겁내지 않고 싸우기이다. 그런 과정을 통해서 못 견디는 사람들은 이 모임을 그만두고 나오지 않는 것이 이곳의 과정이었다.

그리고 B는 이 방법으로 사람들의 무의식을 드러나게 했다. 일종의 동종요법이다. 모욕을 모욕으로 치료하는 것이다. 이는 불교적인 접근으로 세상에는 깨끗한 것과 더러운 것이 따로 없는데 사람들의 관념에서 그것을 이분법적으로 나누어 생각하면서 마음속에 고통을 만들고 있다는 원리와 같다. 일반적인 방법은 아니고 매우 독창적인 방법이라는 생각이 들었다.

나는 이렇게 엄마에 대한 두려움에서 벗어날 수 있었다. 주변 거친 사람들의 거친 말들에도 상처받지 않고 스트레스받지 않으면서 이겨내는 방법을 터득할 수 있었다. 끊임없이 쏟아지는 인신공격 사이에서 내가 마치 영화 매트릭스의 네오가 된 기분을 느끼게 한다. 그 모욕의 총알들이 느리게 보이는 것이다. 그래서 감정적으로 대응하지 않고 생각할 시간이 생기고 그 모욕의 총알을 손으로 잡아 다시 던져줄 수 있을 때까지 발전하게 된다.

하지만 더 교묘하게 변형된 모욕들이 세상에 있다. 앞에서는 달콤한 말로 칭찬을 하면서 뒤에서 행동은 반대로 하는 경우이다. 이것은 두세 번 더 꼬아서 하는 것이다. 모욕의 총알을 느낄 수가 없다. 이는 공격이라기보다 반대로 칭찬이라고 느껴지기도 한다. 그래서 사람들은 더욱 조심스러워진다. 사회생활이라는 아주 익숙한 형태이기도 하다. 솔직하게 소통할 수 없는 사이에서 벌어지는 일이다. 책임을 져야 하는 솔직한 말은 많은 사람들이 직접 하려고 하지 않는다. 앞에서는 대단하다는 듯이 추켜세우지만 겉치레이다. 단지 자신의 처신을 위해 좋은 말로 자신을 포장한다. 사람에 대한 불신이 높은 사람들 사이에서 이런 모습이 더 많이 보인다.

비판을 하면 부정적인 사람으로 낙인이 찍힐 수도 있으므로 내 것을 지키기 위해서 하는 것이라고 말하기도 한다. 그렇게 좋은 사람인 척 시간을 미뤄놓고 도망친다. 나중에는 인간관계에 더 큰 상처가 되어 돌아온다. 그래서 이것이 더 심한 모욕이고 배신이 된다.

이런 일을 겪으면 금전적 손해를 보는 경우도 많고, 정신적 심리적으로는 공황장애와 대인관계 기피증을 겪기도 한다. 쉽지 않은 경우들이다. 하지만 이런 경우라 해도 연습만 하면 인간관계 구조의 지도가 눈앞에 보일 수 있다. 얼마든지 헤쳐 나갈 수 있다. 우리에게 필요한 것은 걱정이 아니고 자신감이다.

부당한 모욕은 다른 말로 바꾸면 부당한 정신적인 심리적인 폭력이다. 눈에 보이는 폭력은 상처가 남거나 증거를 남기지만 정신적인 심리적인 폭력은 증거가 온전히 개인의 내면에 남는다.

본인이 기억하지 않으면 치유의 실마리를 잡기도 힘들다. 안타깝게도 이런 기억을 가진 사람들은 그 폭력을 기억해내지 못하는 경우가 더 많다. 무의식적으로 자존감에 상처를 받고 깊이깊이 아무도 발견할 수 없는 심연에 숨겨버린다.

그래서 나는 이 신이 사라진 시대에 신이 다시 살아나야 한다고 주장한다. 인간의 마음은 너무 넓다. 개인의 숨겨진 상처는 인간의 힘으로 의학의 힘으로 치료하기에는 아주 멀고 신비한 곳으로 숨겨졌다. 그래서 우리 생명은 모두 치유력을 가지고 있다는 것을 믿는 것에서 시작하는 것을 추천한다. 이 시대에 자기 치유가 필요한 이유다. 그래서 자기 치유로서 부당한 모욕을 거부하는 힘이 나에게 있음을 나에게 보여주는 것이 나를 살려내기 시작한다.

07

모든 것은 스스로 결정한다

"절대로 나의 행복을 다른 사람에게 의지해서는 안 된다."

나의 32세는 인생을 걸어보기로 한 정신과 병원에 들어가서 일을 하는 것으로 시작되었다. 상담을 마치고 몸이 많이 회복되었다. 무기력증이 사라지면서 나는 일상이 행복했고, 상담의 매력에 푹 빠졌다.

10년이 넘게 병원 신세를 지고, 간염에, 황달에, 급기야 암 투병까지 하고 기가 다 빠져버렸던 내가 다시 일상생활을 시작할 수 있었다. 9시에 출근할 수 있는 체력이 된 것이다. 나는 어떤 일을 하고 싶은지 고민할 필요도 없었다. 나는 미련 없이 B선생님과 같은 일을 하고 싶었다. 내가 평생 시달렸던 무기력에서 나오게 된 것이 너무나 감사했고, 나와 같은 고통을 겪는 사람들을 도울 수 있다면 더할 나위 없이 행복할 것 같았다.

B박사는 아르바이트부터 시작하면서 상담 일을 배울 것을 권했다. 나도 내 전문 분야가 아니기 때문에 당연히 바닥부터 시작하는 것을 흔쾌히 받아들였다. 심리 검사 아르바이트부터 했다. 그리고 정신과는 특성상 병원에서 약을 지어주는데 B는 약도 직접 지어주는 의사였다. 독특하게도 그 병원에는 간호사가 없었다.

그곳에는 나 말고도 B선생을 스승님으로 모시면서 일을 하는 아르바이트들이 두세 명 더 있었다. 다들 나처럼 상담을 받았던 사람들이었고, 그와 함께 일하며 같이 공부도 하고 그의 연구를 도왔다. 다른 사람들에게도 B선생의 존재감은 거대했다. 그를 스승 이상으로 부모처럼 따르고 사랑했다. B를 흠모하는 사람들은 다양했다. 남녀노소 구분이 없었다. 정신과의 특성상 열렬히 그의 관심을 원했다. B는 나의 언니에게도 병원에서 일할 것을 권했다. 그렇게 나와 언니는 모두 그의 병원에서 파트타임으로 일했다.

B가 상담에 사용한 방법은 말하는 방식의 상담이 아닌 글쓰기 방식의 상담이었다. 나는 상담이 말하기가 아니라는 것에 처음에는 조금 어색했지만 금방 적응했다. 이전에 말하는 방식의 상담을 해본 경험이 있었다. 한 시간을 줄기차게 말하고 나와도 상담실을 나오면 허무해졌다. 그런데 글쓰기는 생각을 나만의 속도로 상대방을 의식하지 않고 적어 내려가니 나의 의식에 집중할 수 있었다. 그래서 생각하는 힘이 붙는다.

나는 병원 일과 상담을 보조했다. 그리고 나머지 여가는 신학 공부를 하면서 시간을 보냈다. 성경 공부를 시작으로 신학과 철학의 역사를 훑는 공부를 하게 되니 하루하루가 천국같이 느껴졌었다. 언니와 함께 일하면서 서로 몰랐던 모습을 알게 되고 언니와도 더 친해질 수 있었다.

상담을 시작할 당시 우리 집 내부의 상황은 폐허나 다름없었다. 아빠는 매일 술을 마시면서 알코올 중독이었고, 엄마는 아랑곳하지 않고 엄마만의 라이프 스타일을 즐기며 하루도 빠짐없이 히스테리를 부렸다. 언니는 대학 진학 이후 좌절하고 실망스러운 결과 때문에 자신감이 없었다. 사업을 해보려 해도 신통치가 않았다. 그런데 나까지 암 치료를 받으니, 나를 돌보던 언니의 마음이 같이 무너져버렸다.

남동생 또한 기댈 곳이 없어 술을 자주 마셨다. 술에 의한 사고가 나면 나는 그 와중에 동생을 구하겠다고 엄마를 대신해서 경찰서로 뛰어다녔다. 동생에게 어려움이 생길 때마다 엄마는 자기 일이 아닌 양 모른 척했고, 아빠는 아들을 욕했다.

우리 삼 남매는 누구 하나 서로 손을 놓아버리면 서로의 생명이 위태로웠다. 미래는커녕 하루하루를 처리하기에도 빠듯한 세월이었다. 그러한 폐허 위에서 상담했고, 이후의 병원에서의 아르바이트는 나와 언니에게 피난처가 되었고, 마음에 안정감을 주었다. 또한, 그 시기에 계속 집안에 몰려오는 우환들을 피하지 않고 상대하는 힘을 키웠다.

시간이 지나면 욕망도 변한다. 하지만 나의 욕망은 변하지 않고 그대로 있었다. B와의 신학 공부가 계속되면서 나는 더 발전된 상담센터가 탄생할 것을 기대했다. 사실은 B도 처음에는 그런 큰 꿈을 이야기하며 나를 이끌 었다고 해도 과언은 아니다. 하지만 누구에게나 현실의 문제는 녹록지 않다.

그렇게 3년이 지나고 병원에도 변화가 왔다. B는 병원을 확장했고 규모를 키웠다. 나와 언니는 최저의 급여를 받았지만, 그것과는 상관없이 병원일에 온 마음과 성의를 다했다. 나는 그가 나의 죽었던 목숨을 구해주었다고 생각했기에 의리를 지켜야 하고 은혜를 갚아야 한다고 생각했다. 내 마음속에서 B는 나의 부모 그 이상이었다. 나는 나의 힘을 보태는 것만으로도 감사했으므로 병원에 들어가서 청소부터 환자들의 이불, 옷 등의 세탁과 간호조무사 일까지 모두 돌아가면서 도왔다.

B는 새로운 상담센터를 새로 오픈했다. 센터는 도심의 오피스텔 건물에 있었다. 나와 언니는 다시 그곳으로 투입되었다. 엄마의 정신적 그늘과 영향에서 벗어나 새로운 삶을 사는 것이 목표였기에 언니와 함께 집에서 나왔다. 집에서 나와 상담센터에서 숙식도 해결하는 생활을 시작했다. 거주할 수 있는 여건이 되진 않았지만, 언니와 나는 찬밥 더운밥을 가릴 신세가 아니었다. 낮에는 사무실인 곳에서 일하고, 밤에는 바닥에 간단히 이불을 깔고 잠을 잤다. 자매 둘이 마치 우렁각시처럼 살았다.

언니와 나의 생활은 온통 상담센터와 하나가 되었다. B는 인건비를 줄이고, 언니와 나는 이렇게 늦은 나이에 출가할 수 있었다. 낮에는 센터 일과 B의 조수 역할, 나의 차로 그의 출퇴근을 도왔다. 5분 대기조가 되어 나의 차로 기사 역할을 했다. 남들이 보기에는 매우 비정상적인 상하 관계였지만 나는 B가 내 차를 타는 것만으로도 기뻤다. 나는 엄마를 피해서 생활할 수 있다면 모든 것을 할 수 있었다. 그리고 당시 상담 사업은 발전하고 있었다. 나는 나와 언니를 도와준 그가 돈을 많이 벌기를 바라는 마음으로 그의 일을 도왔다.

시간이 총알같이 흘러 10년이 지났다. 나는 내 삶의 리더 자리를 B에게 주고 있었다. 그는 내 인생에서 치료자였고, 부모였고, 정신적인 애인이었고, 스승이었고 상사였다. 그렇게 B에게 순종하면서 살았다. 내 인생의 목표는 나와 같이 어려운 심리적 환경에서 아픈 사람들을 돕는 것에는 변함이 없었다. 사업이 더욱 진행되면서 나는 상담센터의 대표를 맡게 되었다. 다양한 학생들과 가족들을 만나면서 그들의 공부와 인생의 고민들을 해결하는 게 여전히 좋았다.

이유를 막론하고 B는 나의 영원한 상사였다. 나는 이곳이 세상의 끝이었다. 나에게는 갈 곳이 없다고 생각했다. 그래서 그가 시키는 일을 무조건 따랐고, 그의 결정을 따르는 생활에 익숙해져갔다. 그는 나보다 훨씬 똑똑했고, 그의 결정을 따르는 것이 다시 불행해지지 않는 길이라고 생각했었다.

하지만 어느 순간부터 그의 결정이 옳지 않다는 것이 느껴지기 시작했다. 아무리 좋아했던 사람도 콩깍지가 벗겨지면 다른 모습이 보인다. 나에게는 이 콩깍지의 기간이 너무나 길었던 것이다. 내가 정신적으로 성장한 것일까? B가 변해버린 것일까? 아니면 원래 그랬는데 내가 몰랐던 것일까? 혼란스러운 상황이 펼쳐졌다. 내 안에서 자꾸 다른 목소리가 들리기 시작했다. 그렇게 10년의 관계에 변화가 오기 시작했다.

인간관계에 관해서 설명하는 것은 참 어렵다. 어디까지가 맞는 것인지 헤아리기도 힘들다. 단지 알 수 있는 것은 이 상담의 길은 내가 집에서 당하는 정신적인 폭력이 힘들어서 새롭게 시작한 삶이었다. 그런데 뭔가 엄마와 유사한 냄새가 나기 시작했다.

한없이 친절하고, 매너 좋고, 미래를 함께하자고 했던 B가 10년이 지나서는 다른 꿈을 꾸고 있었다. 신학을 공부하고 하나님을 이야기하며 영혼을 다해 일하고 돈을 벌던 박사님이 인생의 돈을 위해서 영혼도 팔아야 한다고 했다. 모임에 오는 모든 멤버들에게 힘을 합쳐서 공동체를 만들 것 같이 말하던 박사님이 각자도생을 이야기한다. 세상이 변했다는 이유다.

무슨 어려운 일이 있어도 같이 이 파도를 헤쳐 나가자고 했던 선생님이 나에게 의존적이라고 말하며 언니와 나의 10년간의 성과를 외면했다. 어떻게 이런 일이 일어날 수 있는지 경악할 수밖에 없었다. 분명 그는 누구보다 지적이고 통찰력 있고 감각적이며 심지어 예술적이기도 한 매력적인 박사님이었다. 그 사이에 우리에게 무슨 일이 있었던 걸까?

소중한 인간관계에서 한 사람으로부터 천국과 지옥을 경험하는 것은 공포에 가깝다. 기대가 없는 사람에게는 아무런 일도 벌어지지 않는다. 하지만 나는 B를 미친 듯이 사랑했었다. 10년을 휴가도 거의 없이 그의 옆에서 일했다. 하지만 이젠 나의 착각과는 다른 관계였다고 말해야 한다. 현실은 나는 그의 노예였다.

이런 결과를 낸 모든 결정은 내가 스스로 내린 것이었다. 핵심은 결정을 스스로 내리는 것에만 신경 쓸 것이 아니다. 온전한 스스로가 될 수 있어야 한다. 나에 대한 사랑이 없으면 그 결정은 백 번을 해도 옳지 않다. 물론 나는 기만적인 나의 사랑을 통해서 엄청난 것을 깨달았다. 사랑에 도취하는 것이 얼마나 어리석은 일인가? 나를 지키는 방법이 무엇인지 스스로 찾는 노력은 멈추면 안 된다.

눈 감으면 코 베어 먹는 세상이라는 말은 단순히 세상의 인심이 험악한 것만을 이야기하는 것이 아니다. 내가 나를 사랑하지 않았을 때 그리고 깨어 있지 않았을 때 벌어지는 현실을 표현한 속담이라고 생각된다. 절대로 나의 행복을 다른 사람에게 의지해서는 안 된다. 항상 깨어서 그 누구에게도 생각을 의존하지 않아야 한다. 다른 사람의 생각에 종속되는 것이 바로 노예의 삶이다. 주체적으로 생각하는 능력을 확보하는 것이 자존감을 찾는 시작이다.

PART 4

나를
아프게 하지 않는
8가지 기술

01

무례한 사람에게 신경 쓰지 말자

"실수가 뼈아프더라도 실수를 통하여 내가 얻은 것에만 집중하여
과거에 매몰되지 않아야 한다."

무례한 사람이 따로 있을까? 거만하고 자기밖에 몰라 주변을 불편하게 만드는 사람이 간혹 있기는 하다. 그런 사람들을 대할 경우는 일찌감치 거리를 두고 마음에 보호막을 만들기 때문에 그런 일이 벌어져도 기분이 나빠도 그 사람이 잘못이라는 것이 명명백백하기 때문에 그 피해는 크지 않다. 하지만 문제가 되는 무례함은 친함의 가면을 쓰고 와서는 마음의 빗장을 열어 진심까지 가져갈 때 그 피해가 크다.

그리고 요즘 세상에 눈에 보이는 무례함이란 흔하지 않다. 무례한 사람들이 대놓고 무례했을 경우 사진으로도 찍히고 증거가 남아 자신에게 피해가 크다는 것쯤은 다 알기 때문이다. 그런데 눈에 안 보이는 무례함은 은밀하게 남에게 피해를 주고, 헷갈리게 하며 남의 에너지를 뺏어간다.

무례함의 시작은 비상식적 행동에서 시작된다. '이게 말이 되나?' 이런 생각이 들게 한다. 하지만 말이 안 되는 상황은 무리한 일을 해야 함이 도전 정신으로 바뀐다. 인내와 참을성을 시험하는 것으로 한계에 도전하는 것으로 탈바꿈된다.

나는 중학교 때부터 외모에 신경이 쓰이기 시작했다. 내가 더 나은 사람이 되기 위해서는 살을 빼서 날씬해지면 나 자신에게 더 만족감을 느낄 수 있을 것 같았다. 그리고 엄마에게 수없이 들어온 외모 비하에서 벗어나고 싶은 마음이 컸다.

중3 여름방학에 엄마와 아빠가 부부 동반 동남아 여행을 가게 되었다. 나는 이때가 엄마로 인한 스트레스를 받지 않으며 다이어트를 할 수 있는 최적의 기회라고 생각했다. 당시 나는 다이어트에 대한 지식도 없었다. 그냥 무작정 밥을 안 먹거나 적게 먹었다. 점심에 약간의 밥을 먹고 나머지는 물만 마셨다. 신기하게 배가 고프지 않았고, 엄마 아빠가 2주간의 여행을 마치고 돌아왔을 때는 나는 5kg 정도가 빠져 있었다.

첫 다이어트에 대한 기억은 성공적이었고 가벼웠다. 하지만 그때는 요요라는 것을 알지도 못했다. 가을과 겨울이 되어가면서 여름에 뺐던 살들은 다시 회복되었고, 살 빼기 전보다 2kg이 더 불었다. 이런 게 요요현상이라는 것을 처음 알았다.

고등학교 때 나에게 각인된 강렬한 기억은 다이어트이다. 고등학교 때부터 엄마는 나에게 다이어트를 본격적으로 시키기 시작했다. 엄마는 내가 몇 년 후면 성인이 될 것을 생각하고 나를 가능한 한 예쁘게 만들어서 부자에게 시집을 보내야 한다는 생각만 했다. 그래서 어떻게든 나의 옷 사이즈를 44나 55로 줄이려 했고 그것을 엄마의 노후 대비라고 생각했다. 매년 연례행사처럼 다이어트를 했다. 다이어트는 대충 2달 정도로 돌아갔다. 2달간 효소만 물에 타서 먹거나, 덴마크식 다이어트 식단 도시락을 싸 들고 학교에 갔다.

하지만 내 몸은 그렇게 생각대로만 조절되지 않았다. 남들이 다 성공했다고 하는 방법들을 시도해보아도 나는 7kg이 빠지면 다시 10kg이 다시 쪘고, 10kg을 빼면 다시 15kg이 쪘다.

요요현상이 반복되면서 나는 급격히 몸이 망가지는 것을 느꼈다. 결과적으로 살은 원래 상태보다 10kg 더 쪘고, 겨울에는 손끝 발끝이 차가워지면서 심하게 추웠고, 모세혈관까지 피들이 돌지 않아 낯빛이 보라색이 되었다. 몸의 균형이 망가지면서 심리적으로도 허기짐이 심해졌다. 더 피곤했고 엄마 몰래 과자를 숨겨놓고 먹었고, 먹으면 바로 화장실로 가서 토했다. 폭식증이 생겼다. 이런 생활을 고2까지 반복적으로 하고 있었다.

나는 고3이 되면서 공부와 전공에 더 집중해야 했는데 엄마의 생각은 나와는 달랐다. 엄마는 고3이니 대학생이 1년밖에 남지 않은 것으로 계산

했다. 고3이 되면서 엄마는 3월과 4월에 나에게 강력한 다이어트를 요구했다. 나는 그것도 받아들였지만 3월 말 모의고사가 끝나면서 성적을 보면서 나는 엄마와 협상을 해야 했다. 도저히 빈혈이 와서 공부할 수가 없었다. 협상의 내용은 나의 대학이었다. 엄마가 이렇게 무리하게 다이어트를 계속 시키면 나는 지금의 성적을 유지하지 못한다. 그러면 내가 생각하는 최고의 대학에 들어갈 수 없을 것이 예상된다. 그러니 엄마 말을 듣고 살을 빼는 것을 목표로 할 것인가? 아니면 다이어트 없이, 밥 먹고 힘내서 내가 원하는 대학을 갈 것인가? 엄마는 포기를 모르니 결정하라고 했다.

엄마는 그제야 한 발 물러서 다이어트 시키기를 중단했고, 내가 원하는 대학을 가는 것에 합의를 했다. 이것이 엄마가 나의 건강을 위해서 내린 결정이 아니라는 것을 안다. 엄마는 내가 서울대를 가려고 한 것에 동의해준 것 뿐이었다.

이것은 나의 친엄마가 나에게 행한 무례함의 예이다. 너무나 비상식적이고 무리하다. 나를 한 인간으로서 그리고 딸로 대한 것이 아니다. 당신의 목표를 이루기 위한 도구로 생각하는 마인드를 가졌기 때문에 이런 무례함이 나오는 것이다.

하지만 나는 나의 엄마라는 이유로 나의 가족이며 세상에서 나와 가장 가까운 사람이라는 이유로 그 사람의 말을 들은 것이다. 그리고 사실 그 말이 완전히 나쁜 말만은 아니라는 것을 다 느낄 수 있다. 세상에서는 예뻐야 시집을 잘 간다는 것은 너무나도 자명한 진리인데 내가 어떻게 그 진리에 대항한단 말인가?

엄마의 논리를 뚫기에는 나의 자의식이 힘이 부족했다. 그래서 이런 무례함을 방임할 수밖에 없는 상황에 놓인 것이다. 지금이야 "나 이만하면 이뻐, 괜찮아."라고 말할 수 있지만 자아가 부실하던 시절에는 그런 말이 입 밖은커녕 생각으로도 머릿속에서도 맴돌지도 못했다.

이렇게 친한 사람에게 당하는 무례함을 허용하고 나면 다른 많은 무례함들이 더 크게 나를 찾아온다. 그때도 역시 친근함의 가면을 쓰고 있다. 게다가 나처럼 몸에 대한 자신감이 떨어지고, 자아가 약해진 경우에는 이런 무례한 사람들의 먹잇감이 되기에 십상이다.

나는 자아의식이 건강하지 못했기에 정신과 의사 B를 만났을 때 구세주를 만난 것 같았다. 나의 부족함을 모두 알려주고 깨우쳐줄 수 있는 사람을 만난 것이 행운이라고 생각했다. 그리고 병원과 상담센터에서 일하면서 현실적인 문제들에 자각이 생기기 시작했다.

사업은 돈을 많이 벌어야 한다. 나에게 신이었던 정신과 전문의 박사님이었던 B도 그 부분에 대해서는 매일같이 고민했다. 모든 것을 다 가진 의사도 이렇게 매일 고민하다니 나는 그런 모습도 너무 좋았고 존경스러웠다.

그런 B의 주변에는 같이 일을 하는 여자들이 나 말고도 몇 명 있었다. 회사생활을 그만두고 B와 함께 제2의 인생을 꿈꾸거나, 혹은 평범한 주부였지만 B를 만나 새로운 사업을 하고 싶어 하는 아줌마들까지 그야말로 B는 주변에 멘토로서 영향력이 상당했다.

이렇게 믿을 만하다고 생각한 사람과의 사이에서도 내가 나의 가치를 낮잡아 보고 방심하면 무례함은 나를 덮치게 된다. 나는 B의 도움을 받은 만큼 그것을 되돌려 드리는 것이 당연하다고 생각했다. 그래서 그가 시키는 일은 다 나를 위한 일이라고 생각했다.

그는 매우 돈을 알뜰하게 아끼는 사람이었다. 그래서 나는 최소한의 아르바이트비만을 받아도 그것을 그의 알뜰함이라고 생각했다. 그가 돈을 버는 것이 나의 보답이었다.

13년을 일했지만, 상담센터 일을 마치고 회식을 해도 8천 원이 넘는 식사는 해본 적이 없다. 대부분의 식사는 김밥천국을 벗어나 본 적이 없다. 고기를 먹어도 가장 싼 집에 가서 먹고 밥을 먹어도 가장 싼 집만 갔다. 부대찌개 집에 가서 4명이 가서 3인분만 시켜도 그것을 생활의 지혜라고 여겼다. 나는 그렇게까지 하지 못하는데, 남의 시선을 의식하지 않는 짠돌이 태도도 배울 점으로 보였다. '돈은 이렇게 귀한 것이구나.' 하고 부자일수록 더 돈을 아낀다고 생각했다. 그러다 최악의 사건이 터지면서 나는 이런 무리함을 무례함이라고 생각하는 계기를 맞았다.

나는 전 대표에게 양도받아 상담센터의 대표가 되었다. 내가 상담센터의 대표였기는 하지만 수입은 의사인 B에게 많이 가는 구조였다. 어느 비즈니스 장소이든 문제는 발생한다. 이곳에 세무조사가 나온 것이다. 요즘의 업장이 그렇듯이 서비스업은 카드 사용이 90%에 가깝기 때문에 세무적으로 문제가 될 일이 거의 없다. 하지만 어쨌든 세무조사를 받아야 했다.

세무조사를 두려워하지 않는 사업체는 없다. 아무리 규모가 작은 사업체라고 해도 3년 치의 자료를 정리하는 일은 고되다. 열심히 자료를 정리해서 보내고 정리하는 김에 나와 언니의 3년의 생활도 같이 정리하는 계기를 가졌다. 나는 센터에서 먹고 자고 많은 일을 했고, 여기저기 뛰어다녔다. 그리고 일을 잘 마무리까지 했다.

나에게 상담센터는 13년의 내 삶의 기록이며 결실이며 동시에 나의 미래였다. 반드시 아무 문제없이 잘 마무리해야 했다. 그래서 그렇게 한 달여를 고생했어도 B와 그렇게 계속 일을 해 나갈 것이었기 때문에 힘이 들어도 힘이 드는 줄 몰랐다. 그런데 그렇게 한 달여의 시간을 정신없이 세무에 올인했다.

그렇게 일을 마무리하고 난 뒤 내가 신으로 모셨던 B선생님이 나와 언니의 고생을 치하해주었다. 김밥천국에서 돈가스와 김치찌개로 밥 한 끼를 먹었다. 나중에 술 한잔하자는 말과 함께. 그때 뒤통수를 맞은 듯 정신이 홀딱 깼다. 이것이 아니구나. 이 사람은 모든 것을 귀하게 생각해서 아끼는 것이 아니라 그냥 인색한 자린고비 영감이었구나. 이 사람은 나에게 치가 떨릴 정도로 무례하구나.

그제야 알았다. B가 나의 엄마와 다를 바가 없구나. 나를 자신의 돈벌이를 위한 도구로 생각했구나. 나에게 말했던 하나님에 관한 이야기들과 상담센터의 미래 비전과 꿈들에 대한 모든 말들이 모두 말뿐인 말 잔치였음을 깨달았다.

이런 무지막지한 무례함을 신경 쓰지 않을 수 있는 큰 사람 마인드는 세상에 흔하지 않다. 이런 무례함을 경험한 후 그 처리가 매우 중요하다. 결론적으로 이럴 때 상처를 크게 받지 않으려면 우리는 앞으로 무엇을 할 것인가에 초점을 맞춰야 한다. 즉 상처에서 어떻게 하면 빨리 나올 것인가가 관건이다.

이런 관계에서 내가 얻은 것과 내가 잃은 것들을 냉철하게 보아야 하고 빨리 청산을 해야 한다. 세세하게 부정적인 것들에 집중하지 말고, 큰 시야를 가지고 나의 과거와도 맞물려 생각해보고 나 자신이 그럴 수밖에 없었던 이유도 충분히 알아주고 자신을 용서해야 이 상처에서 빠르게 나올 수 있다. 즉 나 자신을 너무 수치스럽게 생각하지 말도록 하자. 내 인생의 구조가 아무리 부실해도 내 인생이다. 누구나 실수할 수 있다.

무례함에 신경 쓰지 않으려면 가능한 한 빠르게 그 무례함의 실체를 알아볼 수 있어야 한다. 그리고 그 실수가 뼈아프더라도 실수를 통하여 내가 얻은 것에만 집중하여 과거에 매몰되지 않아야 한다. 재빨리 잊는 것이 이런 무례한 사람들에게 본때를 보여주는 최적의 길임도 잊지 말도록 하자.

02

사소한 일에 신경 쓰지 말자

"우리는 고차원적인 용서라는 방법을 사용할 수 있는 존재이다."

우리는 일단 사소한 일과 사소하지 않은 일을 구분하지 못한다. 우리는 흔히 하는 말로 디테일에 강해야 성공한다는 말을 듣기도 한다. 즉 남들이 신경 쓰지 못하는 것까지도 세심하게 신경을 쓸 수 있어야 남다름을 만들어낼 수 있다. 그렇다면 사소한 일들까지도 신경을 써야 한다는 말이다. 도대체 어느 장단에 맞춰야 할까?

내가 사소한 일에 신경을 쓰고 있다는 증거 중 하나는 걱정이 많다는 것이다. 걱정의 대부분은 불안에서 기인한다. 내가 이 일을 잘하지 못하면 어떻게 하지, 과연 나에게 그런 능력이 있을까, 이 말을 하면 사람들이 나를 이상하게 보지 않을까 등 나에 대한 믿음이 부족하니, 남들의 눈치를 보는 상황이 많다. 혹은 내가 뭔가 남들에게 좋은 것을 주고 마음을 써 주었는데 남들이 나를 알아주지 않아도 화가 나고 계속 맘속에서 서운함이 남아 생각을 곱씹게 된다. 그렇다면 나는 사소한 것에 신경을 쓰고 있는 것이 맞다.

하다못해 아기가 잘 뛰어놀다가 바닥에 넘어져서 머리를 콩하고 박아 아프면 엄마가 바닥을 혼내고 잘못을 바닥 탓으로 돌려야 아기도 마음이 풀린다. 하물며 어른들의 일이란 그 책임 관계가 복잡하고 미묘하다. 그런 속에서는 내가 스스로 내 덕과 내 탓을 스스로 구분하지 않으면 아무도 나에게 내 덕을 제대로 계산해주지 않는다. 그래서 심리적 재산을 빼앗기면 자신이 억울하다는 생각이 쌓여간다.

이 억울함을 날려버리기 위해서 모든 과거를 잊고 혹은 묻고 따지지도 말고 앞으로 가라고 한다. 하지만 이것은 말뿐이다. 묻고 따지지 않는 망각은 그냥 기억을 잃으라고 하는 것과 다를 바가 없다. 나도 앞으로 나아가고 싶다. 사람은 아무도 제자리걸음을 하고 싶은 사람은 없다. 억울해 하기 위해서 억울함을 키우고 있는 것이 아니다. 그러면 왜 그것이 안 될까?

여기에서 용서가 필요한 순간이 온다. 이것은 지금까지 준 것에서 멈추지 말고 조금만 더 마음을 내어주면 완전한 끝을 볼 수 있다는 말이다. 따라서 용서는 절대로 약자들의 변명이 아니다. 나에게 상처를 주고 손해를 끼친 사람은 나의 용서를 미치도록 싫어한다. 용서는 자기 자신에게 사람이 줄 수 있는 마음 치유의 끝판왕이다. 용서는 적극적으로 모든 마음의 채무

관계를 깨끗하게 영으로 만들겠다는 마음의 리셋이다. 이 리셋의 단추는 자기 자신만이 누를 수 있다. 이런 마음의 혁명이 가능하기 위해서는 엄청난 용기와 통 큰 상상력이 필요하다.

나의 엄마가 자주 하는 말이 있다.

"세상에서 제일 못난 것들이 자기들이 못난 걸 부모 탓이라고 하는 것들이야."

엄마의 요지는 엄마 탓하지 말라는 것이다. 엄마의 말은 틀리지는 않는다. 하지만 마음에 와 닿지 않는다. 이 차이를 깨달아야 한다. 말의 내용과 말 밖의 모순을 발견해야 한다. 나의 엄마가 결여하고 있는 것은 엄마의 태도이고, 엄마의 말투와 분위기와 눈빛이다. 그러면서 세상의 모든 엄마는 자식을 사랑한다는 전제조건 뒤에 숨어서 자식들을 공격했다. 이는 공평하지 않다.

만약에 나를 조금이라도 생각하는 마음이 보였었더라면 나는 이 말을 받아들일 수 있었을 것 같다. 이 말을 할 때 엄마는 화를 냈고, 자신만을 방어하기 위해서 가장 이기적인 태도로 말을 했다. 말 자체가 속이 좁고 인정머리가 없었다.

나는 사소한 엄마의 태도에 분노가 치밀었고 신경이 쓰였다. 엄마 자신에게는 한없이 관대하면서 자식들에게는 무엇 하나 너그럽지 않았다. 그런 이중적인 태도에 속지 않아야 한다. 그래야만 이렇게 사소한 엄마를 놓아 줄 수 있다.

보통 사람들은 큰 병에 걸리면 자신의 인생을 돌아보고 자신을 용서하고 주변 사람에게 너그러워지며 하나님을 믿는다. 자기의 삶을 반성하면서 가족들 그리고 친구들과 사랑을 나누려고 한다.

나는 병에 걸렸을 때도 나를 너그럽게 보지 못했다. 나 자신을 연민의 마음으로 대하지 못했다. 오히려 반대로 얼마나 못났으면 자기 관리도 못 해서 병에 걸리나 창피한 생각이 들었다. 나는 엄마가 말하는 "꾀병 부리지 마라.", "정신상태가 나약해 빠졌다.", "게으르고 운동을 안 해서 병에 걸린 것이다.", "비겁하게 병으로 도망치고 현실도피 하지 마라." 등의 말에 은연 중에 동의하는 태도를 보였다. 말이면 다 말이 아니다. 세상에는 들을 만한 가치가 없는 말들도 널려 있다. 이 말들에 현혹되면 내가 다친다. 자신의 감정을 느낄 수 있어야 하고, 생각을 붙잡고 있어야 하고, 말할 수 있어야 한다.

처음에는 이런 말도 아닌 말들에 대해 반론을 제기하는 것에서 시작한다. 상대방의 말을 한 문장, 한 문장 붙잡고 뒤집기를 한다. 포인트는 나를 힘들게 하는 사람보다 두세 문장 더 나 자신에게 힘을 실어주는 말을 해야 한다. 말의 꼬리를 놓치지 말고 밀어붙이자. 이기려고 하기보다 그냥 내가 말을 끝까지 하는 것을 즐기자.

"엄마, 저 꾀병 아니에요. 세상에 암을 꾀병이라고 하는 사람은 엄마밖에 없어요."

"엄마, 저 못나지 않았어요. 어디가 어떻게 구체적으로 못났다는 거죠? 이만하면 괜찮은 편이라구요. 엄마 눈에는 못나고 못생겨 보일지 모르지만 저는 제가 세상에서 제일 예뻐 보여요. 엄마는 혼자만의 착각이라고 하지만 저는 제가 진심으로 좋아요. 제가 저를 좋다고 하는 게 무슨 문제인가요? 이건 공주병이 아니고 당연한 거예요."

"엄마, 저 자기 관리 못 한 거 아니에요. 저 열심히 살았어요. 그냥 오랜 시간 넘어져 있던 것뿐이에요. 엄마도 다 알듯이 말이에요. 맞아요, 엄마 탓이 아니에요. 엄마는 저를 위해서 평생 열심히 사셨어요. 제가 뭘 몰라서 지금까지 오류가 좀 있었어요. 인정해요. 하지만 지금부터는 다 고칠 거예요. 제가 알아서 스스로 일어날 거니까 걱정하지 마세요. 제 일은 제가 알아서 해요."

처음이 어려울 뿐이다. 말을 많이 하다 보면 신이 나고, 재미도 난다. 완벽주의에서 벗어나 자기 자신을 용서하고 애정의 눈으로 보면서 이야기하는 것이다. 내 안에 있는 나의 전담 변호사를 불러내어 나를 열심히 변호하고 나를 보호하는 것이다. 이렇게 스스로를 보호하는 힘을 키우면 나에 대한 애정도 솟아나고 숨어 있던 용기가 내 옆으로 나타난다. 내가 용기를 내어 입을 열고 말을 시작하면 마음의 지원군들이 나에 대한 사랑이 내가 살아 있음을 느끼게 한다.

나는 나의 엄마의 몸을 통해서 나왔지만 엄마에게 인생을 빚지고 있는 것이 아니다. 나의 마음속에 눌어붙어 있던 죄책감들도 말끔히 청소할 수 있다. 착하다는 것과 죄책감을 느끼는 것을 혼동해서는 안 된다. 그래서 아무리 부모라고 해도 심리적인 감사와 고마움에 대한 정산도 게을리하면 안 된다. 내가 잘못된 것이나 실패한 것이 남의 탓이 아니듯이, 잘되는 것 또한 누가 뭐라 해도 일단 내 덕이다. 내 덕을 인정해주면 남 탓하는 버릇은 저절로 줄어든다. 그리고 난 후에 주변 사람들에게도 충분히 감사하자. 나의 마음 안에 좋은 것들만 채워주자.

나는 자연의 과정 안에서 지금의 엄마와 아빠와의 인연으로 이 세상에 나왔을 뿐이고 생물학적으로 딸이라는 위치에 있다. 다른 친구들의 가정처럼 가족 간의 친밀함이 부족하다는 것이 콤플렉스였지만 그것 때문에 나는 나의 정신과 생각은 하나님에게서 왔다는 것을 믿게 되었다. 나의 결핍이 나에게 상상력을 키워주었다. 나는 수많은 인연으로 지구에 태어난 생명체이고 영혼이며 하나님의 딸이고 자녀이다.

용서는 이런 억울함에 사로잡힌 나의 사고에서 벗어나고 사소한 것에서 해방되기 위해 통과해야 하는 문이다. 그리고 이 문은 내가 상상력으로 만들고 들어가는 것이다. 용서의 문을 넘어 다른 세상으로 넘어가야 자유라는 결실을 얻을 수 있다.

　용서는 나의 억울함을 산 채로 땅에 묻으라 하지 않는다. 용서는 진정한 나의 자유를 위해서 그 상상과 미지의 문을 넘어 억울함과 결별하라고 하는 것이다. 억울함으로부터 멀어지는 방법을 알려주는 것이다. 그래야만 과거에 발목 잡히지 않고 자신의 미래를 만들어갈 수 있다. 이 지점이 매우 어렵다는 것을 안다. 하지만 사람이기에 용서할 수 있는 것이다. 사람만이 가진 고귀한 능력이며 동시에 사소한 일에 사로잡히지 않을 수 있는 최상의 방법이다.

　단순한 망각도 이런 괴로운 생각과 사소한 신경 쓰임에서 벗어나기 위한 몸부림의 일종이지만 궁극적으로 건강하지는 않다. 망각은 고귀함에 비해 낮은 차원의 처리이다. 우리는 고차원적인 용서라는 방법을 사용할 수 있는 존재이다. 이는 쓰레기 처리로 비유할 수 있다. 용서는 고효율 쓰레기 처리이고, 쓰레기를 이용한 자가발전을 이루게 한다. 마음의 쓰레기 처리의 신기원을 경험하게 된다. 이것은 마치 예술에서 얻을 수 있는 카타르시스의 감정과도 비슷하지만, 훨씬 더 높은 차원이다.

　용서에는 자기희생이 필요하다고 생각해서 꺼리는 사람들이 많다는 것을 안다. 나는 단언컨대 이것은 당신의 발전을 가로막는 세상의 편견이라고 말한다. 용서는 절대로 희생을 요구하지 않는다. 세상의 가장 큰 기쁨과 자기 사랑을 경험하기 위한 통과의례이다.

03

감정을 다스리는 법을 배우자

"우리는 자신의 상처받은 감정을 스스로 치유해야 하고
진짜 감정을 찾는 노련한 탐정이 되어야 한다."

　당신의 감정들은 잘 지내는가? 감정은 나의 마음에서 일어나고 경험된
다. 감정은 기쁨, 분노, 슬픔, 놀라움, 즐거움, 혐오, 공포, 사랑 등의 기본 감
정을 시작으로 다양한 형태로 느껴지는 기분 에너지이다. 이 감정들이 원
활하게 상황에 맞게 잘 느껴진다면 우리의 감정은 건강한 것이다. 감정은
그 어떤 감정 즉 부정적인 감정도 나쁜 것이 아니다.

　사람들은 말로도 소통하지만, 감정으로도 소통한다. 감정을 잘 느끼고
표현하는 것도 능력이다. 이 감정을 나누고 적절하게 느끼면서 소통하는
사람은 감정만으로도 사람을 끌어당기고 매우 매력적이다. 그래서 잘 정제
된 감정을 표현하는 예술을 보면서 대리만족과 카타르시스를 느끼는 것이
다. 때로는 감정들을 참고 숨기는 것도 필요하지만 너무 참고 외면하면 병

이 되기도 한다. 감정은 매우 예민한 나의 또 다른 모습이다. 그래서 감정은 수시로 살펴보아야 한다. 눈에 보이지 않지만, 나의 내면이라고 하는 이 마음은 또 하나의 나이고 또 하나의 나의 몸이다.

　나는 대학생이 될 때까지 친구와 한 번도 싸워본 적이 없다. 초등학교 때는 정상적인 아이들이라면 일 년에 두세 번은 싸워줘야 정상이 아닌가 싶다. 친구들끼리 삼총사가 되고 삼각관계가 되어도 그 흔한 서로의 시기 질투에 의한 여자아이들끼리 욕했다가 사과하고, 붙었다가 떨어지고 하는 일반적인 싸움을 해본 적이 없다. 항상 중간의 위치에서 친구들의 싸움을 중재하기만 했다. 그렇다고 나의 감정이 아무것도 일어나지 않았던 것이 아니다. 단지 나는 나의 감정이 일 순위가 아니었기 때문에 친구들이 감정을 앞세워도 나는 한 발 떨어진 위치에서 친구들을 관찰하는 입장이 되었다.
　나는 내성적이었고 수줍음이 많았다. 누군가에게 호감이 있어도 내가 먼저 나와 놀자고 말할 용기가 없었다. 나는 항상 나에게 적극적으로 다가와주는 자기주장이 강한 친구들에게 수동적으로 친구가 되었다. 그리고 나는 나에게 손 내밀어주는 친구들이 고마웠다. 그리고 자기 이야기를 잘 하고 자기애가 강한 아이들이 나의 친구가 되었다. 나에게는 없는 자신감을 가진 친구들이 좋았다. 중고등학교 시절에도 그렇게 감정이 풍부했던 시절에도 무시하고 공부만 했다.

한번은 내가 친한 친구의 감정을 잘 살피지 못하고, 옳고 그름을 이성적으로만 따지며 친구의 말이 틀렸다고 하며 친구의 편을 들지 않았던 사건이 있었다. 내 친구는 나의 행동이 잘못된 것은 아니었기 때문에 나를 탓하지는 못했다. 하지만 친한 친구라면 당연히 자기가 틀렸어도 마음으로는 자기편이 되어 주었어야 했는데 그러지 못한 내가 원망스러웠던 것이다. 그리고 결정적인 한마디를 했다.

"지수야, 나 너한테 상처받았어. 그래서 마음이 아파."

나는 직접, 그것도 나 때문에 마음이 아프다는 소리는 태어나서 처음 들었다. 뭐라고? 마음이 아프다고? 마음이 아픈 게 뭐지? 마음이 아픈 건 사랑하는 사람들 사이에 하는 말 아닌가? 이 친구와 내가 사랑하는 사이인가? 중고등학교 여학생들이 '사랑해'라는 말을 수시로 하기는 한다. 그리고 그 친구와 나는 사랑하는 사이가 맞았다. 그런데 나는 나의 행동과 말 때문에 친구가 마음이 아플 것이라고는 상상도 못 했다. 내가 잘못한 것이 없는데 왜 나 때문에 마음이 아프다고 하는지 당시에는 이해가 되지 않았었다. 하지만 나는 이날의 충격이 몇 년이 지나도록 고스란히 마음에 남아 있었다.

'마음이 아프다는 게 뭘까?'

대학교에 가서 인간적인 것들을 고민할 때 이 친구의 말이 항상 내 안에서 들렸다. 그 친구는 내가 감정을 못 느낀다는 것을 알려준 고마운 친구이다. 만약에 나에게 그런 친구가 없었다면 나는 불감증에 공감을 못 하는 어른으로 성장하여 무미건조하고 팍팍한 삶을 살았을 것이다. 우리 주변에는 그런 사람들이 여전히 많다.

나는 그때까지 마음과 거기에서 일어나는 감정을 외면하고 내버려 두고 살았다. 감정을 느끼는 것은 수많은 소설을 읽고 사랑 영화를 본다고 해서 얻어지는 능력이 아니다. 직접 마음을 열고 경험해봐야만 알 수 있는 것이다. 나는 마음을 열고 세상과 소통하고 싶었다. 나는 그때부터 마음으로 지지한다는 것, 무조건 편이 되어 준다는 것 등의 마음을 쓰는 것이 내가 엄마에게 바랐던 것과 다르지 않다는 것을 알았다.

감정을 느끼는 것과는 또 다른 측면으로 자신의 감정을 본다는 것이 있다. 여기부터는 추상적이기 때문에 사람들이 많이 어려워한다. 자신의 있는 그대로의 모습을 보는 것. 그 무엇도 덧씌우지 않은 내면을 보는 것이다. 인간들의 사회생활은 어째서인지 서로의 내면을 보이면 안 된다고 생각한다. 아무리 문명이 발달하였다고 해도 우리 인간의 본능 속에는 동물의 속성도 포함되어 있고 사람마다 선함과 악함이 다 다르다. 사람들이 사람을 서로 경계하는 이유이다. 그래서 우리의 사회생활은 다양한 사람들의 속을 다 알지 못하기 때문에 완전히 믿는 사람이 아니면 그 속을 다 보여주이서도 안 된다.

어떤 사람은 자신의 알몸을 보면서 사랑스럽고 좋아하기도 하지만 어떤 사람은 창피해서 숨기고만 싶은 사람이 있다. 감정도 이와 같다. 감정에 대해서도 남들 앞에서 감정을 드러내는 것이 자유스럽고, 더 나아가 자기 자신의 감정을 보는 것이 어렵지 않은 사람들이 있다. 이런 사람들은 정말 복이 많은 사람들이다. 하지만 대부분의 사람들은 자기 혼자 있을 때조차 자신의 내면을 보는 일이 안 되는 사람들도 있다. 나도 후자에 속하던 사람이다. 분명 마음은 내 안에 있고 내 것인데 그 모습을 보기가 힘들어서 내 마음 나도 모르는 고통과 혼란의 시절을 겪었다.

성경에 나오는 에덴동산의 아담과 이브는 맨 처음 하나님께서 자신의 형상대로 지으실 때 옷을 입히지 않으셨다. 나는 이것을 태어날 때의 인간이 감정에 어떤 옷도 입지 않은 인간 본연의 모습의 상징이라고 생각한다. 분명 인간의 원형인 아담과 이브는 에덴이라는 천국에서 살았다. 우리 인간의 모태 감정은 천국이었음을 말하려는 것이다.

하지만 인간사회의 시작에서 감정은 필연적으로 상처를 동반한다. 부모를 포함한 인간관계 속에서 감정은 건강하게 자라기도 하고 상처를 입기도 한다. 우리의 삶이 감정을 키우기도 하고, 감정을 삭제시키기도 한다. 그래서 많은 사람들이 현실에서 감정 위에 옷을 입거나 혹은 가면을 쓰고 살고 있다.

기분이 나빠도 일할 때 손님들을 맞이할 때는 나의 감정을 드러낼 수가 없다. 그래서 심하게는 감정노동이라는 개념도 생겨났다. 내가 사회적으로 유리한 위치가 아니면 어쩔 수 없이 받아야 하고 감내해야 하는 '감정손상'이라는 것도 있다. 일방적으로 상대방의 감정에 밀려 나의 감정은 보호되지 못하는 자리에서 있게 된다.

상처받은 감정을 우리는 어떻게 다스릴 것인가? 감정은 움직이는 에너지이다. 따라서 감정은 당신을 그냥 내버려 두지 않는다. 반드시 단서를 남긴다. 그러니 우리는 자신의 상처받은 감정을 스스로 치유해야 하고 진짜 감정을 찾는 노련한 탐정이 되어야 한다.

일단 집안에서 물건들을 다 꺼내어 정리하듯이 기억 안에 묻혀 있는 감정의 실마리들을 찾아내어보자. 이런 작업을 나를 살리기 위해서 매일같이 해야 한다. 처음에 습관이 안 들었을 때는 힘들기도 하지만 자주 하다 보면 수월해진다.

또 보기 싫은 감정들이 많다는 것도 안다. 특히 불안이라는 감정은 이 모든 것을 수포로 돌아가게 하고 집중도 방해한다. 하지만 이 쓰레기 더미를 넘어가면 감정의 천국이 있다는 것을 반드시 기억하자. 이 불안과 공포와 수치심과 죄책감을 지나가면 우리는 에덴으로 갈 수 있다. 우리는 모두 에덴에서 왔다는 것도 기억하자.

혼자의 힘으로 꺼내기 힘들고 혹은 기억이 나는 것이 하나도 없는 사람들도 많다. 이런 경우에는 내 생각 혹은 내 느낌과 같은 기분이 들었던 공감이 가는 영화, 주인공, 음악, 미술작품 등등을 나열해본다. 좋아하는 것조차 생각나지 않는다면 싫어하는 것 리스트를 만들어보는것도 효과적이다. 이것이 자신의 감정으로 들어가는 입구를 찾는 방법이다. 우리는 원래부터 투덜이가 아니었다. 감정이 막히고 답답한 인생이 계속되다 보니 성격이 변형된 것뿐이다.

감정을 찾는 일은 서두를 필요가 없다. 감정이라는 것은 서두른다고 다룰 수 있는 것이 아니다. 일단 감정이라는 단어에 관심을 주는 것만으로도 충분하다. 매일의 나의 감정을 쓰다듬어주고, 칭찬해주고, 만져주면 된다. 그리고 자기가 잘 아는 감정, 그리고 잘 모르는 감정을 체크해보자. 기쁨, 성남, 슬픔, 즐거움, 애정, 혐오, 공포 등으로 하나씩 꺼내어보자. 특히 리스트에서 두드러지게 적은 부분, 혹은 한 번도 느껴 본 적이 없는 감정이 있다면 그것이 바로 문제의 감정이다. 그리고 그 문제의 감정을 위주로 나를 살펴가는 것이다.

이렇게 하나하나 알아가다 보면 나는 어느새 감정에 휘둘리고 있는 사람이 아니고 감정을 다스리고 있는 사람이 되어 있다. 또한, 감정을 다스리는 것을 넘어 나의 본래 감정에 도달해 충실히 느끼고 있을 것이다. 전혀 어렵지 않다. 나의 감정을 부드럽게 인정하자.

질문을 '왜'에서 '어떻게'로 바꾸자

"'어떻게'는 방법을 찾는 질문이기에 행동할 것을 전제로 한다."

삶은 한순간의 터치로 방향이 바뀌기도 한다. 그 터치는 말 그대로 따듯한 손길일 수도 있고, 사랑이 담긴 문장 하나일 수도 있고, 진정한 애정에 의한 관심일 수도 있다. 이렇듯 나에게로 향하는 그 터치, 나에게 묻는 말 하나에 의해 이전의 나에 대한 관념 생각들이 바뀌면서 새로운 인생의 길로 방향을 바꾸어 접어들게 된다. 이것을 거창하게 말하면 기회가 될 수도 있다. 그렇기에 이를 위해서 항상 주변의 혼돈을 줄이고, 자신의 상태를 점검하는 자세가 필요하다.

인생의 무게가 마치 납덩이들이 나를 짓눌러 한 발짝도 옮기기 힘들 만큼 무겁게 느껴지기도 한다. 하지만 동시에 생각만 바꾼다면 내 생각은 언제든지 자유롭게 변하고 날아다닐 수 있을 만큼 깃털처럼 가볍게 느낄 수도 있다. 이것은 자신에 대한 생각과 관점의 변화에서 시작된다. 관점을 바꾼다는 것은 자신의 내면에서 수시로 이루어지는 자신에 대한 그리고 세상에 대한 질문을 바꾸는 것이다.

　나는 어릴 때부터 통통한 편이었다. 살이 있는 내 몸매는 엄마의 지적 대상이었다. 엄마는 내가 게을러서 움직이지 않기 때문에 날씬하지 않은 것이라며 항상 못마땅해했다. 엄마는 항상 '뒤룩뒤룩'이라는 표현을 썼다. 이런 엄마가 가장 이상적이라고 생각하는 운동은 테니스였다. 짧은 치마바지 운동복을 입고 코트를 누비고 다니는 테니스 선수들의 모습은 누가 봐도 건강하고 예쁘지 않은가? 그렇게 부럽고 좋으면 엄마가 하면 될 일이었다. 하지만 본인은 힘들어서 못 한다고 했다. 사실 엄마도 운동을 좋아하지는 않았다.

　중학교 1학년 겨울방학이었다. 엄마는 특별히 잘 말해서 테니스 강습료를 싸게 했다며 나에게 강습을 받으라고 했다. 시간은 새벽 4시 50분 타임이었다. 엄마는 나에게 더 혹독한 부지런함을 알려줄 생각이었다. 겨울 새벽 4시 50분은 그냥 밤이랑 똑같다. 나는 눈에 눈곱도 제대로 떼지 못하고 그 추운 길을 뚫고 집에서 멀지 않은 코트로 향했다. 고요한 새벽 눈이 살짝 내린 코트에만 조명이 켜져 있어서 분위기는 너무 좋았다. 하지만 나는 전혀 흥미도 없는 운동을 배우려 하니 입이 댓 발 나온 채 테니스 강사 선생님을 만나야 했다. 선생님은 내가 엄마의 성화에 못 이겨 억지로 나온 중학생이라는 것을 알기에 강하게 운동을 시키지는 않으셨다.

나는 완전히 운동을 싫어하는 사람도 아니다. 수영도 잘하고, 조깅도 좋아한다. 나 역시 테니스가 싫지는 않았고 잘해보고 싶은 마음도 있었다. 코트를 두 바퀴 뛰고, 라켓 잡는 법부터 시작해서 자세 잡는 법, 날아오는 공을 보는 방법 등을 배운 뒤 본격적으로 공을 받아 치는 연습으로 들어갔다. 이렇게 이 주일이 지나갈 무렵, 공을 보면서 공을 치는 나에게 질문이 하나 떠올랐다.

'내가 왜 이 공들을 따라다니며 쳐야 하지?'

그 순간 나는 몸에서 모든 힘이 빠져버렸다. 강사 선생님이 공의 방향을 바꾸며 이쪽 끝에서 저쪽 끝으로 보낼 때마다 내가 공을 따라가면서 뛰는 이유를 모르겠다는 생각이 들면서 더 숨이 찼다. 나는 그때부터 나를 아침에 일어나게 하는 힘도 다 잃어버렸고 강습을 나가지 못했다.

여기에서 문제는 질문이었다. 나는 '왜'라고 질문했다. '왜'라는 질문은 결과의 관점에서 원인을 찾아 들어갈 때 하는 질문이다. 혹은 숨겨진 이유가 궁금할 때 묻는 것이다. 이 경우엔 궁금한 것도 없었는데 단지 나는 이 공을 따라다니기 싫어, 공을 따라다니는 것이 재미가 없다고 하는 딴지의 표현이었을 뿐이다. 사실은 나는 엄마가 만들어놓은 '뒤룩뒤룩 뚱뚱한 딸'이라는 생각에서 벗어나고 싶었던 것이다. 하지만 그 거대한 부정적 표현에서 벗어나지 못하였고, 일단 엄마의 강요를 거부하고 싶었던 것이다. '어떻게 하면 엄마의 부정적인 말에서 해방될 수 있었을까?' 하고 고민하기에는 너무 어리고 힘이 부족했다.

나는 적절하지 못한 '왜'라는 질문을 하는 것은 긍정적인 에너지의 부족이라고 본다. '왜'라는 질문을 덮고도 남을 만큼의 긍정적인 에너지가 있었다면 상황은 달라졌을 것이다. 그 긍정적인 에너지는 나를 사랑하는 마음이라고 할 수 있다. 그 상황에 엄마의 말보다 내 느낌, 나의 하루, 나의 몸을 더 사랑하는 마음이 앞섰다면 내 눈에는 그 겨울 새벽의 아름다움이 더 마음에 들어왔을 것이다. 나의 건강을 더 생각할 수 있는 긍정이 앞섰다면 차가운 새벽 공기가 내 몸을 더 깨끗하게 만들어주는 것에 집중할 수 있었을 것이다. 내 몸을 더 사랑했다면 자세 하나하나를 배우면서 아름다워지는 나의 모습을 더 칭찬했을 것이다. 그리고 연습을 통해 강해지는 내 팔의 근육을 느끼며 뿌듯했을 것이다.

하지만 나는 그러지 못했었다. 부정적인 에너지가 나를 삼키면서 나는 모든 활동을 멈추고 하기 싫다는 마음으로 갇혀버렸다. 그 순간에 '왜'라는 부적절한 질문이 만들어가는 부정의 악순환을 보지 못했다. 조금만 내가 힘이 있었더라면 나의 부적절함을 교정하고 '어떻게'라는 질문을 던졌을 것이다. 그것은 주변에서 그 아이를 사랑하는 어른이나 혹은 친구가 줄 수 있는 도움이라고 생각한다.

나는 관점을 바꾸지 못한 채 이런 나의 성향을 대학생이 되어서도 지속하였다. 나의 끊임없는 '왜'의 여행은 계속 이어졌다. 당시의 나는 그렇게 하는 것이 본질을 찾는 것인 줄 알았다. 그래서 대표적인 질문의 학문인 철학이 나의 관심을 끌게 되었다. 서양철학, 동양철학, 종교학 등 답을 찾기는 어려워도 질문을 맘대로 할 수 있는 것만으로도 좋았다. 하지만 마치 물 한 모금 마시고 나면 다시 목이 마르듯이 나는 끊임없이 목이 말랐다. 철학을 가르쳐주는 학당과 모임도 적극적으로 찾아다녔었다. 그중에서도 나의 마음을 사로잡은 것은 동양철학이었다. 노자, 장자, 맹자, 논어 그리고 한시에 푹 빠져서 나오기 싫을 정도로 탐닉했다. 노래 외우듯이 한시를 외우면서 걸어 다녔다. 하지만 내가 원하던 답을 찾을 수는 없었다.

흔히들 사춘기 때 정체성에 대해 고민을 하고 인생이 무엇일까를 고민한다. 혼돈의 시기를 거치면서 자신의 인생과 미래에 대해서 진지한 생각을 시작한다. 그래서 생각하는 힘을 키운다고 하는데 나는 10대에 사춘기를 겪지 않았었다. 부정적인 생각들을 배출하는 방법을 체득하지 못했다. 그래서 신체화가 되었고, 20대에 스트레스에 회복이 안 되고 몸이 아프면서야 비로소 나는 사춘기를 겪었다.

모든 것이 정리되지 못해 서툴렀고, 인간관계에서도 감정을 표현하는 것이 적절하지 못했었다. 나의 부적응 상태를 스스로 감당하고 교정하기에는 그 크기를 알 수도 없었다. 적정 상태를 잃어버린 나는 그야말로 언제 터질지 모르는 시한폭탄 같았다.

한 치 앞이 보이지 않는 막막함 속에서도 나는 참 열심히 살았다. 대학교 3학년 때 실낱같은 희망을 찾기 위해 학교에서 철학을 공부하는 모임에 참여했다. '나보다 똑똑한 사람들과 같이 공부하면 그래도 얻을 게 있을 거야. 분명히 철학에 답이 있을 거야' 하는 희망으로 하루하루를 연명했다.

당시 인류학자 레비스트로스의 『슬픈 열대』를 강독하는 모임에 참여했다. 나는 사실 그때도 무슨 말을 하는지 전혀 알아듣지 못했다. 나만의 생각에 빠져서 외부에 아무런 호기심도 가지지 못했었는데 그것마저 안 하면 불안해서 붙잡고 있었던 것이다. 딱히 공부도 해가지 않고 모임의 참여 태도가 엉망인 채로 머릿수만 채워주고 있었다.

그 모임을 주관하던 사람은 수학교육과를 다니던 오빠였는데 매우 어른스럽고 책임감이 강한 사람이었다. 다른 학생들도 모두 각자 학구열과 사상에 대한 호기심으로 발제도 열심히 하고 독서를 즐기고 있는 모임이었다.

하루는 모임이 끝나고 각자 발표를 하는 시간을 가졌다. 나는 평소 말을 많이 하지 않았는데 그날은 나의 속에서 참을 수 없는 감정이 솟아 올라왔다. '이 친구들이라면 그래도 무슨 말이라도 할 수 있지 않을까?' 내심 기대도 있었던 것 같다. 뜬금없는 질문을 날렸다.

"그런데 사람이 왜 살아야 하죠?"

이렇게 말하고 나는 눈물을 터뜨려버렸다. 순간 분위기는 완전히 싸늘해졌다. 누가 봐도 그냥 우울증의 한 장면이다. 하지만 그때는 나도 상황을 파악할 수 없었고 모두 황당해했다. 갑자기 나온 말에 창피하고 미안한 마음만 앞섰다. 공부하겠다고 자발적으로 모인 열렬하고 뜨거운 친구들에게 부정적인 질문의 끝판왕인 "왜 살아야 하죠?"를 던진 것이다. 세상 어디에도 이 말에 답을 할 수 있는 사람은 없다. 내 안에 있던 중학교 때의 망령이 살아난 것이다. "나는 살기 싫어요."라는 말을 그렇게 돌려서 한 것인데 그것에 무슨 답이 있었겠는가?

사람들이 흔히 하는 말이 있다. 질문에 이미 답이 있다는 말이다. 그 질문들은 이미 그 사람의 생각을 내포하는 단서이다. 질문한다는 것은 앞으로 가기 위한 시작이다. 하지만 아동들에게 허용되듯이 모든 질문이 다 적절한 것은 아니다.

'왜'라는 의문은 단순한 의문이 아닌 의심을 동반한다. 즉 반대의 의견인 아닐 수도 있음을 포함한다. 비판과 부정을 포함한다. 그래서 이유를 뚜렷이 밝힐 수 없다면 시간 낭비에 불과한 경우도 많다. 근본적인 질문일 수도 있지만 적절하지 않다면 답을 찾을 수가 없는 경우가 많은 질문이다. 즉, 답이 없이 질문의 수렁에 빠져버리는 것이다.

그러니 스스로 관점과 차원을 바꾸기 위해 할 수 있는 일을 하자. 그것은 상황을 긍정하는 질문인 '어떻게'로 의문사를 바꾸는 것이다. '어떻게'는 방법을 찾는 질문이기에 행동할 것을 전제로 한다. 지금부터 부정의 쳇바퀴에서 벗어나도록 질문의 단어 하나만 바꿔보자.

05

부정 생각을 긍정 생각으로 전환하자

"내면에서의 부정적인 생각을 자꾸 떠올리는 것은
자신을 때리는 것과 같은 효과를 가지고 있다."

나는 입시 미술학원 강사를 그만 둔 지 10년이 넘었지만, 개인적으로 찾아오는 학생들이 있다. 그런 학생들에겐 개인 레슨을 한다. 중고등학교 시절 미술에 완전히 몰입하여 습득한 실기 노하우가 상담에서 능력을 발휘하는 것이 술이 익어가듯 시간이 지나면서 느껴진다. 매번 다른 학생들을 만나면서 새로운 문제를 해결하는 쾌감이 보람이다.

나에게 찾아온 5학년 학생의 어머니는 예중에 보내고 싶어 했다. 조그만 체구에 낯선 사람 앞에서 아주 작은 목소리로 말하던 J는 귀엽지만 약간은 겁먹은 토끼 같았다. J는 그림에 자신이 없었고, 자신은 그림을 못 그린다고 말했다. 그 아이가 자신이 그림을 못 그린다고 하는 이유는 자기가 다니는 대형 미술학원에서 자기가 제일 못 그리기 때문이라고 했다. 나는 웃음이 났다. 귀엽기도 하고 안쓰럽기도 했다.

의기소침해 있는 J에게 나는 실제 나의 경험담을 이야기해주었다. J가 거대하게 느낄 공포를 알기 때문이다. 내가 어릴 때 예원을 가기 위해 미술학원에 다니다가 입시 막바지에 대형 미술학원으로 학원을 급하게 바꿨었던 이야기.

나도 잘하는 아이들을 볼 때의 주눅 드는 느낌이 있었다. 그 아이들에 비하면 나는 존재감도 없고 실력도 없어서 느껴지는 불안함이다. 나도 똑같이 두려웠었다. 하지만 나는 그 당시에 내가 미술을 좀 못한다는 것이 그렇게까지 부끄럽지는 않았었던 것 같다.

"선생님도 6학년 때 미술학원에 갔을 때는 꼴찌였어."라고 말을 했다. 진짜로 그랬었다. 그 말을 듣고 J가 눈이 동그래졌다. '꼴찌였는데 서울대 미대를 갔다고요?'라는 생각의 반전이 온 것이다. 마음속의 불안이 '나도 할 수 있다.'라는 자신감으로 변하고 집중력이 생기기 시작하는 것이 보였다. 꼴찌라는 것이 아무것도 아니라는 것을 알고 안도하게 된 것이다.

실제로 J의 경우는 부모의 학벌도 최고에다가 오빠도 공부를 잘해서 상대적으로 자신감이 부족했고 평소 자존감이 올라갈 일이 별로 없었던 것뿐이었다.

나는 10대 20대 때에는 미술이 타고난 재능이 있어야 잘한다고 생각했었다. 하지만 시간이 지난 뒤 생각이 바뀌었다. 그림은 누구나 잘 그릴 수 있는 것이다. 누구나 발전하고 자신의 반짝이는 모습을 찾을 수 있기 때문이다.

이렇게 생각이 바뀌고 난 후에 나는 학생들을 가르치는 일이 더 재미있어졌다. 아이들의 다양하고 고유한 재능은 발견하면 되고, 그 재능에 보편적인 질서, 시험에 선택되는 팁은 아주 조금만 가르쳐주면 알아서 크기 때문이다. 그리고 심지어 그것이 되면 그 학교에 굳이 가지 않아도 된다. 아이들에게 불가능은 없다. 나는 아이들을 상대로 불가능을 생각하지도 않는다.

어린 초등학생들이 볼 때는 남들과의 격차가 크게 보이지만 어른이 되어서 보면 그 차이는 아무것도 아니라는 것을 안다. 하지만 아이들은 그것을 모르기 때문에 불안한 것이다. 아이가 모르고 있어서 부정적으로 잘못 생각하는 부분만 깨닫게 해주면 된다.

그 이후에 아이는 막힘없이 수업을 받아들이고 배우고 성장하게 된다. 그렇게 막힘없는 성장을 경험한 아이는 자신의 강점을 알게 된다. 자신이 무엇을 잘하는지도 알게 된 아이는 자부심이 생기면서 어려움이 와도 스스로 일어나 보려는 힘을 낼 수가 있게 된다. 좌절의 경험이 사실 아무것도 아니었음을 이미 체득하게 되었기 때문이다.

부정적인 생각을 긍정적인 생각으로 바꾸는 것은 부정적인 현실을 부정하라는 말이 아니다. 부정적인 현실 즉, 꼴찌라는 현실을 무겁게 받아들이지 말라는 말이다. 그것이 마음에 꽉 차지 않고 있으면 새로운 좋은 생각들과 좋은 것들이 들어올 여지를 만들 수 있다. 하지만 부정적인 생각이 가득 차 있거나 혹은 고민에 눌려 있으면 좋은 것들을 받아들일 마음의 공간이 사라지게 하는 것이다.

나는 부정적인 생각에 쉽게 매몰되던 사람이 아니었다. 많은 시간 긍정적인 생각을 하는 편이었고 목표의식도 뚜렷한 편이었다. 그런데도 의식적으로 아무리 긍정적인 생각으로 무장을 해도 뚫리고 마는 부분이 있다. 바로 무의식이다. 지속적이고 반복적인 부정적인 말들이 공격하면 무의식이 점령을 당하게 된다. 그러므로 되도록 부정적인 사람들하고는 거리를 두는 것이 좋다. 하지만 가족으로 아주 친밀한 사이로 거리를 두지 못하면 의식적으로 자신이 무의식을 수시로 점검해주어야 한다.

부정적인 생각들은 놀라운 파괴력을 가지고 있다. 부정적인 생각과 말은 다시 말하면 내적 폭력이고 감정의 폭력이며 정신적인 학대이다. 내면에서의 부정적인 생각을 자꾸 떠올리는 것은 자신을 때리는 것과 같은 효과를 가지고 있다. 그래서 자신의 마음을 아프게 한다. 그런데 정신이라는 것의 속성은 익숙한 것을 더 좋아한다. 오히려 정신적으로 폭력을 겪는 것이 마음이 편안한 것이다. 오히려 평화로운 자유가 어색해서 적응을 못하는 경우도 있다. 그래서 특히 인간관계에서 그런 잘못을 반복하게 된다.

부정적인 사람들에게 익숙해져 있던 나는 긍정적이고 진취적인 사람들이 오히려 부담스러웠다. 나에게 함부로 하는 사람들을 더 편하게 느꼈고 비정상적으로 마음이 무너지는 것이 더 익숙했다. 나의 존재에 대한 멸시가 더 친근했다.

나는 엄마의 이기적인 감정적 정신적 폭력 앞에서 참 많이 혼란스러웠었다. 나의 엄마는 매우 자유로운 생각을 가지고 있다. 세상의 잣대와도 다른 면이 있었다. 엄마는 항상 남자친구들이 있었고, 보통의 주부인데 남성 편력이 있었다. 이것은 초등학교 때부터 내가 인지했지만, 엄마 연세 일흔이 넘은 지금까지도 계속되고 있다. 나와 언니 그리고 남동생은 그런 엄마의 취향에 대해서 비판적이지는 않았다. 남편과 사랑이 없으면 그럴 수도 있다고 여겼다. 하지만 아무리 쿨하게 생각하려고 했어도 그것은 자식들에게 상처를 주었다.

문제는 가만히 사귀지 않는다는 것이었다. 남자친구들에 대해 자랑과 묘사를 늘어놨고, 심지어는 우리에게 보여주기까지 했다. 자식들을 앞혀놓고 남자친구 자랑을 마치 친구들에게 하듯이 했다.

초등학교 4학년 때였다. 하루는 엄마가 나를 밤에 나의 학교에 데리고 갔다. 엄마는 숙직실로 향했다. 예전에는 학교 선생님들이 밤에 교대로 학교에서 숙직했다. 여름밤에 학교 교문 앞에서 엄마가 나의 4학년 담임 선생님과 만나서 이야기를 나눴다. 나는 10m 정도 떨어져서 기다리는 것 말고는 할 일이 없었다.

나의 담임 선생님은 운동 중 부상으로 학교 선생님이 되신, 운동선수 출신의 건장하고 멋있는 분이었다. 30대인 엄마는 나이가 28살인 내 담임 선생님과 시시덕거리다가 봉투를 선생님의 바지 뒷주머니에 푹 찔러 넣었다. 현대판 「사랑방 손님과 어머니」도 아니고, 4학년밖에 안 된 나는 한밤중 가로등불 아래에서 엄마의 이런 행동을 보고 눈살을 찌푸려야만 했다. 선생님도 젊은 남자인데 아마도 나보다 더한 모멸감을 느꼈을 것이다. 그날 이후로 그 선생님이 나를 함부로 대하는 것이 느껴졌다. 엄마가 딸을 함부로 대하니 선생님도 나를 존중하지 않았다.

　엄마와 아빠의 역할 부재와 엄마의 일탈 행동들에 대한 분노를 잊기 위해 나는 공부를 더 열심히 했다. 하지만 그런 부정적인 생각들이 무의식에 쌓이며 나를 부식시키기도 했다. 엄마의 이런 행동들이 나의 사고에서 결혼에 대한, 그리고 남녀 간의 사랑에 대한 부정적인 생각을 하게 하는 또 다른 측면의 역할을 했다.

　아무리 생각을 긍정적으로 하려고 해도 이런 사건 하나가 마음의 스크린에 박히면 이것을 희석해서 빼내고 없애는 데에는 시간이 걸린다. 게다가 자아에 대한 확고한 상이 생기기 전의 아이에게 이런 식의 비정상적인 혼란을 주는 상황에 대해 스스로 그것을 빼내기 위해 남다른 노력을 해야 한다. 내 인생이 그랬다. 그리고 그 상처가 덧나지 않도록 지속해서 자신에 대한 긍정을 쏟아 부어주어야 한다.

부정적인 생각들을 어느 정도 걷어내고 나면 본격적으로 긍정 생각들을 나에게 공급해야 한다. 마치 몸에 수분을 보충한다는 생각으로 나를 긍정으로 촉촉하게 만들어주어야 그래야만 생활이 쾌적해진다. 그렇게 우리의 생각들을 긍정 생각으로 생각을 바꾸어주면 에너지가 보충된다. 그래서 긍정 생각은 긍정적인 감정을 만들어낸다. 그 긍정적인 감정들은 내면에 온기와 포근함을 만들어준다.

긍정 생각이 좋다는 것을 부정하는 사람은 없을 것이다. 하지만 긍정의 문제점을 지적하는 견해가 있는 것은 사실이다. 그들은 노력 없는 긍정, 도둑놈 심보의 긍정, 말뿐인 긍정은 문제라고 하면서 '싸구려 긍정'이라는 표현을 사용한다. 그러면서 긍정적으로 말하는 것을 현실도피로 여기거나 허무맹랑한 자아 팽창의 역효과라고 하기도 한다. 하지만 나는 이 의견에 동의하지 않는다. 나는 그것을 싸구려 긍정이 아닌 '가짜 긍정'이라고 말하고 싶다. 현실에서 벌어지는 일들을 객관적인 사실을 무시하고 아무런 대비도 하지 않으면서 아무것도 대비하고 준비하지 않으면서 감나무에서 감 떨어지기만을 기다리는 것이 된다.

긍정 생각과 자아도취에 의한 가짜 긍정을 어떻게 구분할 것인가? 결론적으로 말하면 긍정 생각은 자기 자신에게는 솔직해야만 얻어질 수 있고 가짜 긍정은 자기 자신을 속인 최후를 맞이하게 된다는 것이다. 긍정적인 생각들로 에너지 보충을 하면서 동시에 자신을 둘러싼 환경에 대하여 자신의 내면은 항상 솔직한 마음으로 열려 있어야 한다. 그렇게 자신에게 솔직 당당한 사람이라면 이렇게 가짜 긍정이라는 조롱에도 맞서서 자기 생각을 지켜나갈 수 있다. 미래에 대한 자신의 긍정 생각을 도대체 누가 망칠 수 있다는 말인가?

눈앞에 안 보이는 긍정적인 나의 미래를 내가 이미 가진 듯이 선언하면 그것을 비전이라고 한다. 남이 논리적인 비약을 이해 못 해도 이해하고 넘어가주자. 그렇게 용감하게 논리를 뛰어넘을 수 있는 사람만이 자신의 삶을 역동적으로 이끌 수 있고, 더 나아가 그룹에서는 리더가 된다. 비젼을 가진 사람은 상상력을 통해 남다른 생각을 하고, 자신의 능력을 긍정하는 마인드가 있으며, 무한대의 에너지에 대한 신뢰가 있는 사람이다.

나만의 단단한 기준을 만들자

"내가 신과 함께한다는 확신을 가졌을 때
나는 더는 우울감 속으로 빠지지 않았다."

나는 내가 더는 아프지 않을 수 있다는 확신을 하게 된 순간이 있었다. 새벽에 눈이 가볍게 떠지면서 마음속으로 혼잣말을 했다.

'나 이제 우울하지 않네.'

그 순간 너무 행복했다.

내가 오랜 시간 고통을 겪었던 문제들은 대부분 나에 대한 그릇된 생각과 착각들에서 비롯된 것이었다. 나 자신을 효과적으로 보호하지 못한 점들에 대해서 남은 삶에서 몇 배로 차원을 달리하여 더 잘하려고 한다. 나의 내면에서 느끼고 알게 된 나의 결정적인 치유의 이유들을 평생 마음에 새기고 감사할 것이다.

나를 더는 아프게 하지 않는 가장 중요한 생각은 나는 영적인 사람이라는 것을 드러내는 것이다. 나의 본질은 영혼이라고 생각한다. 이 생각이 전부라고 해도 과언이 아니다.

예전에는 이런 생각을 하면 현실감각이 없이 뜬구름 잡는 사람 취급을 당했었다. 그래서 나 또한 나 자신의 정체성을 드러냄에 있어서 소심했다. 그저 "나는 신이 있다고 믿어요." 내지는 "나는 유신론자입니다." 정도의 고상한 표현을 썼다.

많은 사람들은 성스러움의 세계와 세속, 즉 눈앞의 현실을 나누어 생각한다. 나도 그랬었다. 그래서 종교적인 것을 좋아하거나, 신의 이야기를 좋아하는 사람들에게는 더욱 도덕적인 기준을 세우고 아주 현실적인 이야기를 하는 것에 대해서 반감을 갖는 경향이 있었다. 또한, 교회를 다니는 것도 아니기 때문에 하나님을 믿는다는 것에 대해 자신 있게 말하기가 조금은 꺼려진 측면도 있었다. 이 지점이 걱정되어 미지근한 태도를 보일 수밖에 없었다.

그런데 나는 이 생각, 즉 나는 영적인 사람이고, 신이 나를 사랑한다는 생각이 의식뿐만 아니라 잠재의식에까지 가득해졌을 때 비로소 나는 아픔에서 해방되었고 어둠에서 벗어났다. 그리고 결정적으로 내가 신과 함께한다는 확신을 가졌을 때 나는 더는 우울감 속으로 빠지지 않았다. 사람마다 우울의 이유가 다를 수는 있지만, 나의 경우에는 이 생각이 가장 중요했다.

고3 때였다. 학력고사를 일주일 정도 앞두고 모든 과목의 마지막 정리를 하고 있었다. 각 과목의 선생님들은 한 문제라도 더 맞히고 나오라고 시험 장에 가서 떨지 않는 방법을 알려 주시기도 하고, 온갖 선생님들만의 비법 들이 다 튀어나왔다. 그리고 복습에 복습하며 족집게 수업처럼 정리해주시 기 바빴다.

그 와중에 아주 특이한 조언을 해주신 선생님이 한 분 계셨다. 생물 선생 님은 수업시간에 개인적인 이야기를 잘 하지 않으셨던 분이었다. 평범한 중 년의 성실하신 남자 선생님, 평소에 농담도 많이 안 하시고 시간을 아껴가 며 수업을 하셨던 분이다.

"여러분, 생물 공부하지 마세요. 그냥 하나님께 기도하세요. 하나님 시험 잘 보게 해 달라고 기도하는 편이 더 시험을 잘 볼 수 있어요. 지금 공부한 다고 머릿속에 들어가지 않아요."

아주 짧게 말씀하셨다. 처음에는 농담하시는 줄 알았다. 나와 친구들은 생물 선생님의 그 말을 듣고 완전히 빵 터졌었다.

"야. 생물 선생님 너무 웃기지 않냐. 과학 선생님이 하나님께 기도하래. 완전 웃겨."

선생님은 마지막 복습도 정리하는 시간으로 보내지 않고 학생들을 그냥 편안하게 해주셨다. 각자 자기가 하고 싶은 거 하라고 하시고, 선생님은 조용히 선생님의 자리에 계셨었다. 하지만 28년이 지난 지금까지 선생님의 그 말씀이 내 머릿속에 남아 있다. 수업시간의 과목의 내용들은 가물가물한데 선생님의 말씀을 들었을 때의 놀람과 웃었던 기억은 고스란히 남아 있다.

사실 나는 그 말을 들었던 순간에 생물 선생님이 조금 찌질하게 보였었다. 이렇게 3년 내내 열심히 공부했는데 마지막 순간에 고작 제자들에게 하나님께 기도나 하라니. 자기만의 세계관이 있고 문제를 풀어가는 방식은 개인의 자유이니 할 말은 없지만, 하나님께 기도하기는 그 당시 나에게 피부로 와 닿지는 않았었다. 그런데 시간이 한참 흘러 내가 선생님의 나이가 되어서 인생을 보니 그 말씀은 매우 훌륭한 조언이었다. 나의 기억 속에 여전히 생생히 남아 있으니 말이다.

두 번째로 내가 놓치지 않고 지속해서 했던 것은 무조건 내 편 들기이다.

"삶이 그대를 속일지라도 슬퍼하거나 노여워하지 마라."

유명한 푸시킨의 시의 한 구절이다. 나는 이 시인의 의견에 동의하지 못한다. 나는 '삶이 그대를 속인다면 충분히 슬퍼하고 자신의 노여움을 있는 그대로 느끼라.'로 바꿀 것이다. 충분히 슬퍼하는 것과 분노의 끝까지 자신의 감정을 보는 것이 진정한 자기 사랑이다. 참지 않고 분노를 표현하라는 말이 절대로 아니다. 감정은 내면의 나이다. 내면의 나를 솔직하게 마주하라는 것이다. 세상 누구에게도 나의 감정을 말할 수 없을 때 마지막 한 명 나 자신은 나의 편이 되어주어야 한다.

　푸시킨의 시의 뒷부분까지 해석해보자.

　'설움의 날을 참고 견디면 기쁨의 날이 오고야 말리니.'

　인생을 살다 보면 누구에게나 설움의 날이 있을 것이다. 하지만 그 설움의 날들 속에서 그 감정을 결코 잊어버리면 안 된다. 부정적인 감정을 간직하는 것이 어려울 수도 있지만 그 감정을 기억해야만 기쁨을 더 크게 온전히 누릴 수 있다. 어둠을 느낀 만큼 빛의 소중함을 알기 때문이다.
　사람들은 부정적인 감정을 자꾸 잊으라고 한다. 나는 동의하지 않는다. 부정적인 감정을 잘 기억해 두어야 한다. 그리고 할 수만 있다면 자기 역사의 교훈과 지혜로 자식들에게도 알려줘야 한다. 그렇게 부정적인 감정을 인지한 힘은 나를 빛으로 밀고 가는 나의 든든한 뒷심이 된다. 그러니 나에 대한 지지는 '무조건'이어야 한다.

    그다음으로 세 번째 기준으로 나의 직감을 믿는 것이다. 흔히들 이것을 '촉'이라고도 말한다. 직감은 나의 내면의 자동반사이다. 이것은 생각과 감정을 다 초월한다. 그래서 묻지도 따지지도 않고 그냥 해야 한다. 많은 경우 직감은 아이 때 발달하였다가 어른이 되면서 퇴화한다고 한다. 자신의 감을 믿어주지 않으니 자연스럽게 도태된다. 하지만 나는 신비로운 생명이다. 나를 긍정적으로 믿어주고 끊임없이 응원하면 이 감이 살아난다. 이런 직감은 보편적인 생각들과 다를 때도 있다. 이럴 때 남들이 하는 생각에 밀리지 말고 자신의 직감대로 하자.

    나는 직감대로 행동하고 나의 결과에 책임지는 길을 가기로 했다. 책임을 지는 자세만 갖는다면 인생이 흥미로워지고 도전적으로 변해서 좋다. 그렇게 나만의 직감의 길을 만들어가자. 그리하여 일이나 인생에 대해 선택을 해야 하는 순간에 나는 안전한 길보다는 도전하는 길을 택할 것이다. 가슴 뛰고 설레는 기분을 포기하지 않기 위함이다. 요즘과 같이 평생 공부하며 자신의 새로운 모습을 계발하는 시대에 도전을 멈추는 것은 스스로 자신의 삶을 깎아내리는 것이다. 과거를 돌이켜보면 내가 하지 못했던 것들의 대부분은 나의 두려움이 가로막았던 것을 알게 되었다. 두려움 때문에 회피하고 맞서지 못했던 모든 순간에 사과한다.

    편안한 길을 선택하는 것은 힘을 들이기가 싫은 것이다. 나의 잠재능력을 믿지 못하는 것이다. 그리고 조금 더 나의 삶을 책임지겠다는 자세가 없는 것이다. 어쩌면 최소한의 노력으로 최대한의 효과를 보는 것이 똑똑하다는 믿음에 근거한 생각들이다. 나는 효율을 따지다가 걱정만으로 시간을 버리는 우를 범하고 싶지 않다. 내가 원래 원했던 삶은 멋있게 사는 것이다. 나 자신의 한계를 극복하고 새로운 나의 모습을 만들어나가고 싶다.

나만의 기준을 만든다는 것은 자신이 바라는 삶의 모양을 좀 더 구체적으로 그려보는 작업이다. 머릿속에 자세한 스케치가 없으면 자신이 원하는 것을 이루어내기 어렵다. 구체적인 목표를 만들기 위해서는 막연한 상상만으로는 그 형체를 튼튼하게 만들 수 없다. 그래서 기본은 내가 영적인 존재임을 느끼며 가벼워진 상태로 상상에 들어가는 것이다. 한계도 없고 불가능도 없는 나에게서 출발하면 그 상상이 자유롭다.

하지만 내면이 어두운 데서 당장 미래를 상상하는 것은 어렵다. 이것이 바로 나의 현실이 어두웠던 까닭이기도 하다. 그런데도 포기하지 말고 자신을 믿어라. 죄책감이 밀려와도 그래도 믿을 구석은 나뿐이지 않나. 그리고 바보처럼 반복해라. 단단했던 나의 내면의 벽이 기적처럼 한순간에 허물어진다. 자신만의 기준도 한번 써보자. 나는 인생에서 무엇을 붙들고 사는지. 그리고 그것이 나를 가슴 뛰게 살게 하는지.

남보다 나를 더 사랑하자

"나는 나에게 주어진 시간을
최고의 사랑으로 채우기 위해 태어난 것이다."

나를 사랑한다는 것의 의미를 말하는 것이 우습게 느껴질 수도 있다. 그 걸 모르는 사람이 세상에 어디 있을까 하는 생각이 들 수도 있다. 하지만 실제로 나를 사랑한다는 것이 어떻게 하는 것인지 그 의미를 모르는 사람들이 세상에는 너무 많다. 사랑을 느끼고 아는 사람에게는 세상에서 가장 쉬운 일이지만, 사랑을 모르는 사람에게는 먼 나라 별나라 이야기이다. 심지어 남을 사랑하는 이타적인 사랑은 감이 오는데 자기 자신을 사랑하는 것은 알쏭달쏭하기만 하다.

단도직입적으로 말하면 자신에 대한 사랑이 없으면 나인 자아가 사라진다. 이런 종류의 자아 개념에 관한 말을 전혀 이해할 수 없다면 당신은 당신의 욕구를 무시당하고, 희생만을 강요당하며, 자신의 인생을 누려보지도 못한 가엾은 영혼이다.

　나의 엄마는 전형적인 자기애가 강한 분이다. 엄마는 지금까지도 전화 통화라도 하면 나의 안부를 묻지 않고 내가 알지도 못하는 엄마 친구들 이야기를 하느라 정신이 없다. 할머니가 되어서도 내 말을 들을 마음이 안 생기는 것 같다.

　어릴 때는 언니와 내가 친하게 지내는 것도 탐탁지 않게 여겼다. 나와 언니가 침대에 누워서 편안하게 이야기라도 하고 있으면 그사이에 파고 들어와서 무슨 말을 그렇게 재밌게 하냐고 하면서 대화를 끊었다. 장난이 아니고 진심이었다. 모든 관심이 자신에게 쏠리지 않으면 어떻게 해서라도 자신의 이야기를 듣도록 했다. 내용은 아무것도 없었다.

　이런 엄마의 비위를 맞추기 위해 나는 엄마를 매일 매 순간 칭찬했다. 엄마로부터 본인을 칭찬하라고 하는 강요를 받아서 어릴 때부터 엄마의 요구에 응했고 맞춰줬다. 솔직히는 두려움에 복종한 것이다. 그렇게 엄마는 나에게 욕만을 했지만 나는 엄마를 웃게 하려고 온갖 창의적인 칭찬을 만들어서라도 했다. 나는 엄마를 진심으로 사랑했었다. 이것이 얼마나 잔인한 폭력이었는지는 그때는 몰랐다.

　그런데 성인이 되어 엄마의 특이한 점을 알게 되면서 정말 놀랐다. 엄마는 나에게 칭찬만 못 하는 것이 아니었다. 그 어떤 종류의 덕담을 한마디도

하지 못한다는 사실을 알았다. 그 흔한 말들, '힘내라', '열심히 해라', '잘될 거야', '걱정하지 마라' 등의 일상적인 응원의 말도 못 했다. 정말 신기할 정도이다. 밖에서 남들 이야기를 듣고 와서 남의 집 딸과 아들의 우리와 비교하며 기분이 상하게 하기 위한 남의 집 자식 칭찬을 할 수는 있다. 하지만 정작 본인의 자식인 우리에게는 티끌만큼의 좋은 말을 입 밖으로 내뱉지를 못하는 것이다. 정말 마법에라도 걸려 그 말을 하려고 하면 입술에 본드라도 바른 듯이 입술이 딱 붙는다. 엄마는 진심으로 딸인 나에게 그 어떤 종류의 좋은 에너지도 줄 마음이 없는 것이다. 엄마가 이렇게 마음이 인색한 사람이라는 것을 내 나이 사십이 넘어서야 알게 되었다.

나는 정신 상담 과정에서 퇴행을 경험했다. 퇴행은 나의 어린 시절의 어디론 가에 되돌아가는 것이고, 어린아이가 되는 것이다. 퇴행은 사람마다 다 다르다. 그 과정에서 다시 어린 시절 부모와의 관계와 같은 관계를 상담자와 맺게 된다. 새로운 부모가 생긴 셈이다. 그래서 나는 급격히 B와 가까워지는 것을 느꼈다.

상담에 더하여 B는 하나님에 대한 지식을 주었다. 여기에서 중요한 것은 상담자인 그를 하나님을 믿듯이 순종해야 병이 빨리 낫는다고 했다는 것이다. 그 말은 성경의 관점에서 보면 맞는 말이다. 하나님의 힘과 예수님의 힘, 성령의 힘을 느끼려면 하나님께 순종하는 마음으로 상담을 따라오고 자신에게 온전히 의지하라고 했다.

나는 병이 낫기를 간절히 바랐기 때문에 나를 돕는 그를 무한신뢰했다. 사실 이 신뢰는 말로 강요해서 되는 것은 아니다. 그냥 마음이 시키는 대로 믿어야 한다. 나는 지푸라기 잡는 심정이었기 때문에 덥석 그 말을 믿고 무의식으로 따라 들어갔다. 손해 볼 것이 없으니 겁도 없었다.

그렇게 형성된 부모와 자식과 같은 관계는 새로운 현실을 만들어 간다. 세상에 무서울 것이 없다. 정말로 B의 말을 잘 들으면 하나님의 은혜가 나에게 떨어지는 것 같았다. 그렇게 산사태가 난 듯 수습이 어려워 보였던 나와 나의 인생, 내 주변 환경의 과거와 현실들을 정리해갔다. 그렇게 100회가 넘는 상담을 했다.

무의식이 조금씩 정리가 되니 감각이 살아났다. 세상이 너무 아름다워 보였고 사랑하고 싶은 마음이 돋아났다. 그리고 신학 공부를 하면서 하나님에 대한 지식과 인간에 대한 지식을 배우면서 열심히 살아야 하는 이유를 채워갔다. 하나님께 사랑받고 싶다는 욕망이 생겼다. 그렇게 세상 재미있는 지식을 쌓는 것은 나의 허기진 호기심을 채우는 데 모자람이 없이 넘쳤다. 그리고 그렇게 배우는 만큼 B에 대한 신뢰와 존경은 커져만 갔다.

그를 사랑하고 존경하는 마음이 커지는 만큼 나에 대한 사랑도 커져야 했다. 하지만 그 부분은 안타깝게도 잘 자라나지 않았다. 그것에 대해 B는 나에게 나의 자아가 뭉개졌다고 했다.

B에게서 본 그의 장점은 열심히 사는 모습과 자기 생각에 대한 사랑이었

다. 어쩌면 이런 모습은 내가 아빠에게 보고 싶었던 모습이다. 열심히 일하고 일에 몰입하는 아빠의 모습은 나의 어린 시절 가질 수 없었던 로망이었다. 그런 모습을 보는 것만으로도 나의 과거가 보상받는 듯 착각을 일으켰다. 나는 그런 그의 자기애를 배우고 싶었다.

치료 관계가 끝났어도 나는 그를 여전히 사랑했다. 하지만 냉정하게 말하면 그에게 나는 더는 상담자가 아니었다. 그때 퇴행을 마무리해야 했다. 하지만 나는 눈치가 없었다. 내가 손님이었다는 사실도 잊어버렸고, 더는 손님이 아니라는 현실도 깨닫지 못했다.

B의 호의와 케어를 계속 받고 싶었다. 본인 입으로 직접 말할 거리는 아니었기 때문에 그는 직접 나의 착각의 잠을 깨우지 않았다. 세상 물정에 어두우면 이렇게 심리적인 에너지도 낭비하게 되는 것이다. 나 혼자 그렇게 B를 계속 사랑했다. B는 계속해서 상담자가 오면 현실적인 비즈니스를 하고 있는데, 나는 나의 비즈니스가 끝났다는 것을 인정하고 싶지 않았다. 게임이 끝났는데도 끝난 줄 몰랐다. 그때까지도 나는 돈의 효과를 잘 몰랐다. 돈을 낸 만큼 치료를 받는 것이고, 코인이 떨어지면 나의 VR 가상현실은 전원이 커진다는 세상의 논리를 몰랐었다.

문제는 그다음부터였다. 나는 누군가에게 인정을 받지 못하면 불안에 시달리는 증상이 여전히 있었다. 나에게 B는 여전히 하나님이었기 때문에 나는 여전히 그에게 순종했고, 그가 시키는 대로 일했다. 그의 주변에서 그의 심부름을 도맡아 했다. 나는 그렇게 나 자신을 기만했다.

남을 사랑하지 말고 제발 당신 자신을 사랑해라. 사랑이 무엇인지 모르는 사람에게 사랑의 방향, 에너지의 방향을 돌리라는 말은 불가능에 가까운 말이다. 나의 모습이 정확히 그 예이다.

나는 B를 사랑하는 것 말고는 알지 못했다. 그래서 말도 안 되는 것 같은 사이비 종교들이 존재할 수 있는 것이다. 그들은 신도들이 잠에서 깨지 못한다는 것을 너무나 잘 알고 있다. 엄청난 외부의 자극이 아닌 이상 그들은 백일몽에서 깨지 못한다. 그들은 깨달음과는 거리가 멀고 자기 자신과 감정에 무지하다.

그리고 나를 사랑하는 것은 지식으로 알려줄 수 있는 부분이 아니다. 사랑은 책으로 배울 수 있는 것이 아니다. 사랑은 머리를 쓰는 일이 아니다. 그러니 아가들과 강아지들이 마음으로 사랑으로 교감하는 것이다.

나에 대한 사랑은 순수한 조건 없는 사랑과 조건 없는 에너지를 받아야 채워진다. 하나님의 축복이라 표현할 수 있는 친밀감이 허락되는 순수한 관계에서만 전해진다. 그리고 이것은 내가 달라고 떼를 쓴다고 하여 얻어지는 것도 아니다. 삶 속에서 자연스럽게 햇살을 받듯이 받아야 하는 부분이다.

나는 사랑에 관한 한 영적인 에너지라고 말하고 싶다. 사랑은 맛있는 음식으로 채울 수도 없고, 세상의 지혜를 배운다고 채워지지도 않는다. 사랑은 순수한 느낌이고, 좋은 것 중 최고이다. 사랑은 생명을 살리는 순수한 연료이다.

그러니 이 좋은 사랑을 남에게 줄 때 제발 생각이라는 것을 하자. 마구 퍼주면서 주는 것에만 정신을 잃지도 말자. 사랑을 주는 자기 모습에 빠지지도 말자. 사랑은 무한대이니 주어도 사라지지 않는다는 것은 틀린 말은 아니다. 하지만 더 중요한 문제는 전제조건이 지켜져야 한다. 그것은 반드시 나에게 충분히 넘치도록 채우고 나서이다. 이것을 진정한 건강함이라고 해야 한다.

나는 언젠가는 죽는 유한한 존재이다. 굳이 이유를 붙이자면 나는 나에게 주어진 시간을 최고의 사랑으로 채우기 위해 나는 태어난 것이다. 그러니 우선순위가 지켜져야 한다. 나는 최고로 사랑받아야 하는 존재이다. 그리고 무조건 '나 사랑'이 먼저이다. 이 순서를 모르는 가련한 영혼들은 자신의 무의식에 바위에 칼로 새기듯이 박아 넣자.

'남보다 나를 더 사랑하자!'

08

감정적으로 대처하지 말자

"자기를 사랑하고 자신을 존중하는 사람의 감정은 보석과 같이 귀한 것이지만
마음 안에 오물이 가득한 사람의 감정은 배설물보다도 못하다.."

감정 중에서도 나에게 가장 어려웠던 감정은 분노이다. 집에서는 수시로
쏟아지는 엄마의 분노를 보고 살아야 했기에 내가 그토록 싫어했던 분노
의 감정을 밖으로 내보내어 내 눈으로 볼 수가 없었다.

엄마를 미워하는 감정이 쌓여갔지만, 그럴수록 다른 한편에는 수치심과
죄책감으로 엄마를 더 이해하려고 노력했고 사랑하려고 했다. 그래서 결과
적으로는 엄마의 말을 더 잘 들을 수밖에 없었다.

총알이 언제 날아올지 모르는 불안한 집에서의 생활, 어린 시절에는 불
안과 공포가 나의 내면에 무엇을 만들고 있는지도 모르면서 나의 욕구는
꼭꼭 숨겨야만 했다.

엄마가 문제를 일으키는 방식은 엄마에게는 아무런 원칙이 없었다는 것에서 시작했다. 쉽게 말하면 이래도 때리고 저래도 때린다. 세상에 엄마의 과녁에 화살을 꽂을 사람은 한 명도 없었다. 과녁의 위치가 수시로 바뀌었기 때문이다. 그래서 나는 언제 어떻게 행동해야 하는지에 대한 기준과 선을 만들 수가 없었다. 그 기준이 항상 요동치는 엄마의 감정이고 분노였기 때문이다. 이런 엄마를 어릴 때의 나는 '우리 엄마는 기분파'라고 표현했었다. 엄마가 기분이 좋을 때는 어떤 것을 해도 허용이 되었고, 엄마가 기분이 나빠서 꼬투리를 잡으면 그날은 울고불고 난리가 나는 날이었다.

항상 엄마가 먼저 싸움을 걸고, 내 입에서 뭔가 버릇없는 말이 나오면 그 말로부터 싸움은 더 거칠어졌다. 어릴 때는 싸움의 기술을 몰라서 항상 엄마가 친 덫에 걸렸었다. 엄마에게 꼬투리를 잡히는 것이다. 나는 내가 엄마를 감정적으로 대해서 그런 빌미를 만든다고 생각했다. 그래서 나는 살기 위해서 감정적으로 대처하지 않고, 상황을 살피는 버릇이 생겼다. 나의 이런 버릇이 큰 후유증을 만드는 줄 몰랐었다. 지금은 공식이 보이지만 그때는 공식이 안 보였었다.

우리 형제들은 욕을 먹을 짓을 하지 않았다. 실수도 별로 하지 않는 그야말로 엄마에게 길든 아이들이었다. 그런데 내가 엄마에게 가장 많이 들었던 말은 "때려죽여도 분이 안 풀린다."라는 말이었다. 도대체 왜 엄마는 이런 말을 우리에게 되풀이하면서 한 걸까? 나는 엄마를 이해해보려고 무던

히도 애를 썼다. 엄마는 무엇에 그렇게도 화가 난 것이었을까?

나의 스트레스 해소법은 그림을 그리는 것과 잠을 자는 것이었다. 중고등학교 시절에 나는 몸도 자주 아프고 몸살을 자주 겪는 바람에 이불 속에서 지내는 시간이 많았다. 주중에 학교에서 만나는 친구들은 나의 이런 모습을 상상도 못 했을 것이다. 엄마는 우리에게 아빠를 닮아서 잠 귀신이 붙었다고 했다. 이렇게 잠을 자는 모습으로도 자존감에 상처를 주는 말을 했다.

여기에서 우리는 딜레마를 알 수 있다. 어떤 상황에서 감정적으로 대처하면 사건이 더 커지고 감정적으로 대처하지 않으면 내가 안으로 곪는다. 그런데도 감정적으로 대처하지 않도록 하는 것이 기본이다.

어떻게 하면 감정적으로 대처하지 않으면서도 현명하게 건강한 결과를 낼 수 있을까? 우선 감정에 대해서 알고 연습을 해야 한다. 나에게 화를 내고 상처를 주는 사람과는 일단 거리를 두고 이것이 말도 안 되는 소모적인 갈등이라는 것을 알아차려야 한다. 또 갑자기 생기는 갈등에 대해서도 평소 감정에 대한 생각을 미리 정리해놓으면 미리 사고를 방지할 수 있다.

감정적으로 대처했다는 것은 폭력성이 드러났다는 것을 의미한다. 사람들에게는 다들 일정량의 폭력성이 있다. 폭력성이 나쁜 것도 아니다. 나를 지키기 위한 폭력을 쓴 것이 방어의 문제이기 때문에 이를 비난할 수만은 없다.

엄마의 나에 대한 관심은 항상 살과 옷이었다. 본인 인생도 마찬가지로 몸 관리와 옷이 전부인 듯 보인다. 틈만 생기면 나에게 새로운 살 빼기 정보를 가지고 와서 나를 설득한다. 용하다는 비만 클리닉은 전국에 있다.

'구리의 정신과에서 살 빼는 약을 먹고 살을 10kg을 뺐다더라', '남부 터미널에는 수지침 집이 있는데 새벽부터 사람들이 줄을 선다. 너무 용해서 선착순으로 침을 놓고 아침에 영업이 끝난다. 70대 할머니도 2달 동안 새벽 5시에 매일같이 수지침을 맞고 15kg가 빠졌다더라. 할머니들도 그렇게 예뻐지겠다고 극성을 떠는데 아가씨인 너는 뭐냐', '거여동에 있는 내과에 살 빼는 신기한 기계가 있는데 유학을 다녀온 친구 딸이 약 먹고 기계로 운동해서 반쪽이 됐다. 예뻐지니 선봐서 의사하고 결혼을 한다.' 등의 정보들은 차고도 넘쳤다.

거부의 정신 줄을 간신히 잡고 있다가도 또다시 엄마의 설득에 또 한 번 넘어가는 사태가 벌어진다. 나 역시 빠르게 살을 빼고 싶은 마음이 있었기 때문이다. 한번은 구리에 있는 정신과 의원으로 엄마와 차를 타고 달려갔다. 사실 이번에 순순히 엄마에게 넘어갔던 이유는 하나가 더 있었다. 나의 변화를 시험해보고 싶어서였다. 심리 상담을 시작하고 6개월 정도가 지나서 나에 대해서 어느 정도 자신감이 생겼었다. 기분이 나빠도 이 상황을 부딪쳐보기로 한 것이다. 집에서 구리까지는 30분 정도의 거리였다. 하지만 차 안에서 엄마의 잔소리가 나의 마음에 상처를 내기에 충분한 시간이었다. 정신과 의원에 도착하니 나는 이미 온통 욕을 먹고 기분이 나빠져 있었다. 의사 선생님 얼굴을 보기도 싫을 정도로 기분이 최악이었다.

하지만 이곳은 살을 빼겠다고 상담을 온 비만 클리닉이다. 엄마는 진료실에 들어서자마자 그 의사에게 "선생님, 애 좀 살쪘다고 혼내주세요."라고 말했다. 나는 늘 있는 상황이었는데도 얼굴이 후끈거렸다. 처음 본 사람에게 나를 두고 뚱뚱하고 살쪄서 결혼도 못 한 죄인이라고 하는 것이다. 엄마는 그 의사에게 나를 혼내라고 했다.

병원에서 약을 받고 돌아오는 길에 내가 운전을 하겠다고 했다. 그날은 추석 며칠 전의 9월이었다. 가을 하늘은 쾌청했고 바람도 시원했다. 구리에서 집으로 오는 길은 강변북로를 타고 왔다. 나의 이전에 받은 상처들을 포함해 살 때문에 받은 상처가 너무 아팠다. 순간 감정을 주체할 수 없을 정도로 울컥하고 말았다. 달리는 차 안에서 핸들을 잡은 김에 속으로 생각이 들었다.

'그냥 같이 죽자.'

중앙선을 넘겠다는 생각으로 핸들을 꺾었다. 달려오는 차와 부딪치든지 어딘가를 받아서 엄마를 죽이고 나도 죽어야겠다고 생각이 들었다. 심하게 차가 흔들렸고 엄마는 씩씩거리며 "이년이 미쳤네." 소리를 질렀다. 하지만 느낌으로 알 수 있었다. 엄마는 화를 냈지만 내가 엄마를 죽이지 못한다는 것을 이미 알고 있었다.

감정적으로 운전을 한 몇 초가 지나고 다시 정신이 돌아왔다. 나의 미친 감정에서 나왔다. 순간 울컥하는 마음에 핸들을 꺾어버리고 싶었지만 나는 이내 다시 제자리로 돌아왔다. 그렇게 차를 잠시 길가에 세우고 차에서 내렸다. 뒤도 안 돌아보고 걸었다. 엄마는 차를 몰고 가버렸다. 혼자 워커힐 근처 강변도로에 앉아 한강을 보면서 한참을 울었다.

이것이 내가 자주 하지 않던, 감정적으로 상황에 대처한 모습이다. 나의 경우는 해프닝으로 끝났지만, 사건이 커지고 더 큰 곤란을 겪는 사람들을 보았었다. 대부분의 사람의 감정적인 대처는 본인을 더 힘들게 만든다.

자기를 사랑하는 사람은 절대로 이렇게 행동하지 않는다. 자신의 감정을 자신의 내면에서 느낄 뿐이다. 그리고 그 감정에 대해서 솔직하게 느끼면 된다. 그것을 반드시 나에게 부정적인 감정이 들게 한 대상에게 갚지 않아도 해결하는 능력을 갖추고 있다.

물론 되돌려주는 것도 하나의 방법이다. 그것이 돌려줄 만하면 재빨리 돌려주고 나면 그만이다. 감정적인 순발력도 능력이다. 하지만 나의 경우와 같이 그 크기를 알 수 없는 거대해진 부정적인 감정은 어떻게 되돌려줄 것인가? 시간과 기회가 한참 지나가 버렸다. 그렇다면 이렇게 해묵은 감정과 그로 인한 상처는 어떻게 해야 하는가?

나도 그랬지만 사람들은 자신의 감정의 가치를 몰라서 그 감정을 아무렇게나 처리하고 대했던 것이다. 감정은 나의 내면의 소중한 에너지이다. 피 같은 내 감정이다. 함부로 버릴 것이 아니다. 그리고 소중한 사람들과 나누어야 한다.

사람들은 자신의 감정이 얼마나 소중한지 잘 모른다. 정제된 감정은 예술적으로도 완벽한 아름다움을 가진 보물이다. 그래서 아름다운 영혼의 감정은 사람들을 감동시키는 힘을 가지는 것이다.

감정은 다시 말하면 그 사람 자체라고 할 수 있다. 하지만 감정이 감정 자체만으로는 설 자리가 없다. 감정은 자기 자신에 대한 믿음과 함께 해야 한다. 그래서 감정이 울컥하거나 폭발할 때 자신의 감정을 볼 수 있어야 한다. 그것이면 감정의 소모에서 벗어날 수 있다.

감정은 인격과도 같아서 그 차이가 천차만별이다. 자기를 사랑하고 자신을 존중하는 사람의 감정은 보석과 같이 귀한 것이지만 마음 안에 오물이 가득한 사람의 감정은 배설물보다도 못하다.

감정은 나를 만들어가는 원재료이다. 마음은 내 안에 있는 또 하나의 기관이다. 내면에서 일어나는 감정들은 각각의 역할을 하고 있다. 마치 우리 몸의 내장이 심장은 좋은 것이고 대장은 나쁜 것이 아니듯이 말이다. 모든 감정은 모두 귀하다.

어린 시절의 잘못된 기억으로 인해 감정들이 왜곡되기도 하고 때로는 어떤 목적을 위하여 감정을 내기도 한다. 감정보다도 생각이 먼저라는 의견도 있다. 그런데도 순수한 감정은 우리의 인생이라는 그림을 색칠하는 원재료이며 물감이라고 할 수 있다. 이 아름다운 채색을 가능하게 하는 재료를 가지고 감정적으로 행동하고 대처하는 것은 마치 막 그림을 그리고 물감을 마구 섞어서 그림을 망치는 효과를 보게 한다. 막 그리면 일시적으로 스트레스는 풀린다. 딱 그것뿐이다. 부정적인 감정이 나를 힘들게 한다고 하여 그 감정을 직설적으로 표현하는 것은 그야말로 인생 최악의 낭비이다.

PART 5

나는 이제
내 삶의 주인으로
살아간다

01

자기 자신에 대한 사랑을 미루지 말자

"나를 사랑하는 최고의 방법인 상상하기는

나를 내가 원하는 상태로 데려다준다."

내 인생의 가장 큰 콤플렉스는 나는 엄마에게 사랑받지 못해서, 아빠에게 사랑받고 자라지 못해서 사랑이 무엇인지 모른다는 것이었다. 도대체 사랑이 뭐지? 그리고 사랑받는다는 게 뭘까? 그리고 서로 사랑한다는 게 어떤 것일까? 그래서 나에겐 나 자신을 사랑한다는 것은 가장 풀기 어려운 문제였다. 내가 과연 사랑받는 존재가 될 수 있을까 의심하는 정도가 아니라, 나는 사랑받을 자격이 없어. 사랑은 나의 것이 아니라고 규정했었다. 그래서 내가 무슨 일을 할 수 있는지, 내가 어떤 사람인지에는 관심을 두지 않았었다.

나의 시선은 항상 밖을 향했고 사랑받고 자랐다는 친구들이 부러웠다. 사랑받지 못한 나는 항상 숨기고 싶은 창피한 존재였다. 하지만 이제는 그 생각이 완전히 잘못된 생각이었다는 것을 깨닫게 되었다. 잘못된 생각들 그리고 생각의 오류들이 오히려 나 자신에게 집중하는 에너지와 방법을 못 찾게 방해했다.

나는 어린 시절부터 스스로 탐정처럼 나의 과거에서 단서를 찾는 버릇이 있었다. 과거를 묻지 않고는 현재의 나와 나의 환경이 도저히 이해가 되지 않았기 때문이었다. 왜 그렇게 엄마가 나와 가족들에게 화를 내는지, 엄마 자신을 빼고 나머지 모든 것들을 못마땅해하는지 이해가 되지 않았다.

특히나 나의 부모는 자신들의 과거에 대해서 말하지 않는 스타일이었다. 어릴 때 어떻게 살았는지 어떤 생각을 했었는지 등을 이야기해주지 않았다. 그럴수록 나는 내가 왜 여기에서 이 어려움을 겪고 살아야 하는지 더 알아내고 싶었다.

그래서 어쩌다 아이의 성장 발달에 영향을 주는 것으로 태교의 중요성을 TV에서 이야기하는 것을 보면 엄마에게 가서 나를 임신했을 때 어떤 음식을 먹었는지, 무슨 일이 있었는지 등을 물었다. 이런 식으로 나의 과거의 퍼즐들을 맞추어보곤 했다.

"엄마, 나를 임신했을 때 태몽은 무엇을 꿨어?"

"왜 난 돌 사진이 한 장밖에 없어?"

엄마가 나를 임신했을 당시 할머니가 편찮으셨었다. 평소 고혈압으로 고생하시던 할머니가 쓰러지셔서 건강이 더 위독해지신 것이다. 엄마 말로는 집안 식구들이 할머니 병간호에 신경을 썼다고 했다. 엄마가 아무리 임산부라고 해도 쓰러진 할머니가 먼저였음은 당연하다. 하루는 엄마가 임신한 몸으로 너무 화가 나서 시아버지인 할아버지 앞에서 밥상을 뒤엎었다고 했다. 그 말을 엄마는 과거의 무용담처럼 웃으면서 했다. 1970년대에 시아버지 앞에서 밥상 뒤집어엎는 며느리, 그게 나의 엄마다. 밥상 사건 이후 외할머니와 이모가 달려와서 엄마를 챙겨줬다고 한다.

그리고 입덧할 때 무슨 음식을 가장 많이 먹었냐고 물어보니 나를 임신해서는 매일 '김치'만 먹었다고 한다. 왜 좋은 음식 다 놔두고 김치만 먹었을까? 물론 어른이 된 나는 김치가 매우 좋은 음식이라는 것을 안다. 하지만 어릴 때는 이 말도 섭섭하게만 들렸다. 그래서인지 무의식적인 것인지는 모르겠으나 나는 김치를 얼마 전까지도 잘 먹지 않았었다.

이런 과거에 대한 이해는 매우 중요하다. 마치 우리가 역사 공부가 중요한 이유와도 같다. 나 자신의 역사에 대해서 이해를 하는 이유는 현실에 안주하고 싶지 않고, 더 나은 나를 만들어나가기 위해서이다. 그래서 나의 과거를 제대로 아는 것이 나를 사랑하는 중요한 첫 단추이다.

그다음은 나의 모습을 한 가지 관점으로만 보지 않는 것이다. 인생은 새로운 나의 가능성과 능력을 찾는 즐거운 여행이다. 나의 새롭고 의미 있는 모습을 찾기 위해서 지금 여기에 집중하면서도 변화하기 위해서 관점을 바꾸는 노력을 해야 한다. 이것이 나를 적극적으로 사랑하는 방법이다. 그러기에 변화를 두려워하지 말고 변화를 즐길 수 있는 유연함을 가지기를 바란다.

관점의 자유로움은 내가 커지고 자유로운 삶으로 가는 중요한 열쇠가 된다. 그리고 나를 바라보는 눈에 변화를 줄 수 있는 핵심은 상상력이라고 생각한다. 나는 분명히 나 자신을 사랑할 수 없는 사람이었는데, 어떻게 사랑하지 않을 수 없는 존재로 나 자신을 여기게 되었을까? 나는 상상력이 그 변화의 분수령이라고 생각한다.

대학교 시절 강의시간에 교수님들로부터 귀에 못이 박이도록 들은 말이 있다. 무슨 칭찬의 말씀을 하실지 기대하며 교수님들께 작품을 보여드려도 여지없이 돌아오는 말이다.

"발상의 전환을 해봐!"
"빤한 거 말고, 발상의 전환이 필요해."

작품이 새롭지 않다고 비판하신 것이기도 하지만, 지금 생각해보면 더 나은 작품을 하라고 격려해주신 말씀이기도 하다.
잠재의식에 박히도록 듣고 또 들었던 말이지만 어렵게만 들렸던 말이다.

발상의 전환은 관점을 바꾸라는 의미와도 같은데, 어떻게 시작하면 될까? 그러려면 바로 상상력을 키워야 한다. 이 상상을 지금 바로 시작해야 한다.

그리고 상상도 연습이 필요하다. 어떤 상상이든 다 좋다. 상상과 생각이 비슷할 수도 있지만, 그 분위기가 다르다. 생각보다는 상상해야 하는 이유다. 이 둘을 비교해서 본다면 생각은 주로 분석하고 논리적으로 따진다. 그래서 무겁다. 때로는 부정적인 생각을 하는 통로가 된다. 반면에 상상은 자유롭고 가볍다. 나에 대한 좋은 것을 떠올릴 때 그리고 머릿속에 이미지가 그려질 때 이것을 상상이라고 한다. 쓸데없는 공상이라고 무시하지 말자. 나 자신을 사랑하는 사람은 나의 상상을 무시하지 않는다.

상상은 어린아이들의 전유물도 아니며, 아이스러운 장난감도 아니다. 상상력은 나 자신을 사랑하는 가장 강력하며 직접적인 방법이고 나를 나의 꿈으로 데려다주는 우주선이다. 이것이 바로 순간이동이고 나의 머릿속을 넓히는 과정이다.

그래서 상상 속에서는 무한 욕망이 가능하다. 이 세상의 왕이 될 수도 있고 대통령이 될 수도 있다. 내가 원하는 집에서 살아볼 수도 있고, 세상에 없는 새로운 집을 지어볼 수도 있다. 또 내 옆에 나의 이상형과 함께하는 상상을 하는 것도 매우 좋다. 자신의 내면에서 올라오는 욕심을 주체하지 못할 정도일 것이다. 이것은 나의 잃어버린 왕국을 되찾는 과정이다. 그런 식으로 나는 가장 사랑받는 사람이 될 수 있는 것이다. 내가 원하는 모든 것이 될 수 있기 때문이다.

뭔가 일이 안 풀리고 힘이 들 때, 그럴 때일수록 이 상상을 더 많이 해주어야 한다. 자신감도 가득 채워주고, 아무런 힘도 들지 않는 이것을 못 할 이유가 어디에 있는가? 처음에 어렵게 느껴진다면 꼭 자신이 하는 일의 내용을 상상하지 않아도 된다. 부담감은 내려놓는다. 나 자신을 능력자라고 생각하고 내가 엄청난 누군가라고 믿는다. 나의 경우는 아티스트라고 믿고 머릿속에서 엄청난 그림을 그리는 것이다. 심지어 미적으로 멋지지 않아도 된다. 나의 상상 안에서 얼마든지 나는 무엇이든 될 수도 있다. 다른 사람이 되어볼 수도 있다. 우주의 끝까지도 갈 수 있고, 나의 키와 사이즈도 조절할 수 있다. 좋아하는 것들을 가득 채우자. 내가 좋아하는 색으로 온 세상을 발라도 되는 것이 상상의 세계이다.

이런 상상을 즐기게 되면 나는 더는 탐정 놀이를 하지 않아도 충분히 나를 사랑할 수 있다는 것을 알게 된다. 상상이 즐거워질 때까지 연습이 필요하다. 시키지 않아도 즐겁기 때문에 과거의 왕국으로는 더는 놀러 가지 않는다. 생각을 곱씹는 것이 얼마나 괴로운 일이었는지 본인이 가장 잘 안다. 그래서 이것이 가장 성공적인 과거와의 결별이다. 이것이 과거의 아픈 상처를 새로운 사랑으로 잊는 것이다.

또한, 상상의 좋은 점은 상상은 나를 억지로 바꾸는 것이 아니다. 무심하게 새로운 나를 향해 나아가는 것뿐이다. 그렇게 새살이 상처를 밀어낸다. 그러므로 나를 사랑하는 최고의 방법인 상상하기는 나를 내가 원하는 상태로 데려다준다. 본인이 확실하게 몸으로 느낄 수 있다. 내가 사랑받는 상상을 하는 것만으로도 가슴이 뛰고 몸이 가벼워진다.

상상의 실질적인 효과는 삶을 긍정하게 하고, 욕망이 살아나게 하고, 자신이 위축되는 것을 막아준다. 분명 사람들은 이런 상상의 방식으로 진보하고 있다. 상상하면서 자신의 미래를 이루어간다. 상상이 사람들의 미래를 만들어낼 힘을 가지는 이유는 그것이 나를 사랑하는 매우 큰 에너지를 품고 있기 때문이다. 그래서 나를 사랑하는 방법을 몰라서 헤매는 사람들에게 '상상하기'를 적극적으로 추천한다. 나를 사랑하는 방법은 시작만 하면 창조적으로 제각각이며 무궁무진하다. 그렇게 우리는 자기 사랑의 리스트를 자신의 취향대로 구성하면서 살고 있다.

그리고 마지막으로 강조하고 싶은 가장 중요한 것은 '이 순간을 최고의 시간'으로 사는 것이다. 그래서 세 가지, 자신의 과거를 공부하고 상상력을 탑재하여 이 시간을 영원처럼 즐기는 것. 나는 이 세 가지 방법이 최고의 삶으로 이끌어준다고 믿는다. 시간의 중요성을 모르는 사람은 없다. 하지만 이것도 여러 가지 이유로 인해 나의 인생의 우선순위에서 밀리기도 한다. 과거를 정리하지 않으면 우선순위가 꼬인다. 내가 경험한 바에 의하면 그렇다. 지금 이 순간에 집중을 방해한다.

상상력의 힘이 이 순간을 풍요롭게 만든다. 그러니 마지막 시간에 대한 사랑을 잊지 말자. 시간이 곧 내 생명의 모래시계이다. 그러므로 나에 대한 사랑을 미룰 수 없다는 것을 불현듯 깨닫기 바란다.

02

행복을 최고의 가치로 여기자

"도달하려는 의지를 놓지 않으면
당신 스스로의 두 다리로든 누군가의 도움으로든 목표에 도달할 수 있다."

내가 심리 상담일을 시작했던 가장 중요한 이유는 나와 같은 어려움을 겪는 자기애가 결핍된 사람들을 만나보고 싶었고, 나누면서 나 자신을 사랑하는 방법을 배우기 위해서였다. 그래서 나에게는 사람들의 감정을 보고 공감하는 것은 그 어떤 일을 하는 것보다 더 귀하고 소중했다. 매일매일 마지막인 것처럼 그러나 즐겁게 온 마음을 다해 일하고 또 배웠다. 상황에 대한 한 치의 의심도 있을 수가 없었다.

상담센터에서는 상담과 함께 신학 공부가 매우 중요했다. 나에게도 마찬가지였다. 신을 믿는다는 것. 당신은 신이 믿어지는가? 요즘 같은 과학 만능의 AI 시대에 종교를 가지고 신을 믿는 사람들은 약간 진화가 덜 된 사람의 취급을 하는 시선도 있다. 교육을 덜 받은 과학적인 사고를 못 하는 사람들의 망상이라고 하기도 한다. 혹은 아직 인간으로서 자립하지 못한 인간의 뿌리 깊은 의존성이 스스로를 속이고 있는 것쯤으로 치부하는 사람들도 있다. 그런데도 나는 직감적으로 하나님을 믿었다.

고3이 끝나갈 무렵에 내가 "나는 도 닦으러 가고 싶다."라고 한 말은 여전히 진심이었다. 진리를 알고 싶다는 나의 희망이 드디어 세월을 지나 제대로 주파수를 맞출 수 있었다.

나는 지금의 이 변화의 시대를 축복이라고 느낀다. 다양성의 시대, 탈권위주의 시대, 개성을 존중하는 시대, 나에게는 특히 여자가 결혼 안 하고 혼자 살아도 손가락질받지 않는 시대여서 큰 걱정 없이 산다. 이렇게 개인의 자유가 존중받는 시대, 종교의 자유가 보장되고 표현의 자유를 가지고 살 수 있다는 것에 감사함을 느끼고 있다.

B박사는 토요일마다 신학 세미나를 열었다. 열 명 안팎의 사람들이 모여서 B박사의 강의를 듣는 형식이었다. 내가 처음 참석했을 때는 『성경』 「마태복음」에 예수님이 십자가에 달리시기 직전 클라이맥스를 강론하고 있었다. 예수님의 생애에 대해 읽었고, 예수님의 말씀을 공부하면 예수님이 살아서 나에게 이야기하는 듯 생생함을 느낄 수 있었다.

신학 공부는 나의 깊은 욕망을 더욱 끌어올렸고, 하나님을 알아가는 길을 끝까지 가고 싶다는 생각이 들게 했다. 매주 열리는 세미나에서 너무 어려운 단어들로 하나님을 설명해놓아서 머리가 어지럽기는 했지만, 기독교의 신학자들에 대해 배우면서 하나님의 존재에 대한 신학자들 각각의 신에 대한 열망과 그 뜨거운 사랑에 놀랐다. 나도 그들처럼 되고 싶다는 생각이 자연스럽게 들었다.

세미나를 마치면 회식자리를 가졌다. B는 참가자들의 멘토로서 참석자들에게 각자의 소원에 관해서 물었다. 각자 자신의 마음에 담았던 소원을 꺼냈다. 이루고 싶은 현실적인 문제부터 시작해서 인생의 행복을 원하는 사람들의 마음이 드러났다. 드디어 내 순서가 되었다. 나는 주저함 없이 말했다.

"하나님과 하나가 되고 싶어요."

순간 자리에는 정적이 흘렀다. 나는 이런 자유스러운 분위기의 세미나라면 당연히 나의 소원이 긍정될 줄 알았다. 하지만 분위기는 갑자기 차가워졌다. 나의 말이 허황하고 세상 물정 모르는 애송이의 꿈이라는 반응을 읽을 수 있었다.

내가 자주 듣던 말이 있었다. "신선놀음하다가 도끼 자루 썩는 줄 모른다."라는 말. 좋게 말하면 너무 형이상학적이고 이상적이라는 말이다. 뭐 그런 소리 들어도 나는 어쩔 수 없었다. 나의 소원을 남들 입맛에 맞출 수는 없다.

나는 신학을 배우기 전까지는 인간에게 사랑을 받는 것에 집착하는 삶이었다. 특히나 엄마와의 관계는 평생의 숙제처럼 나의 인생을 따라다녔다. 엄마와의 애증 관계에서 벗어나고 싶었지만, 그게 벗어날 수 있는 것이라고 상상도 못 했다. 그래서였을 것이다. 나는 나의 인생이 행복할 수 있을 것이라는 기대를 별로 해본 적이 없었다. 결혼을 할 수 있을 것 같지도 않았다. 그림을 그릴 열정도 식어버렸고 몸에는 기운이 없었다.

이미 모든 것이 지나가버린 도저히 미래를 꿈꿀 수 없는 황무지 같은 삶이라고 생각하던 나의 삶에서 하나님을 만나게 된 것이다. 내가 하나님과 1:1의 관계라면 가능할 것 같았다. 그러니 나는 남들이 바라는 그런 소원은 나에게는 별 의미가 없었다. 그래서 나의 소원은 아주 심플했다. '하나님과 하나가 되고 싶다.'

그리고 나는 남 눈치 보지 않고 나의 소원을 말하는 것도 너무 행복했다. 나는 그때부터 하나님의 존재를 나와 함께한다고 느끼고 살았다. 그렇다고 하여 나는 하나님께 드라마틱한 기적을 바라지도 않았다. 내가 행복해졌다는 것 자체가 기적이라고 느꼈기 때문이다. 하루하루 즐거운 것이 나에게는 기적이었다.

나는 이렇게 하나님에 대한 말만 주면 쉽게 말을 듣는 순한 어린양이 되어 있었다. 나는 이렇게 최면에라도 걸린 듯 행복하다고 말하고 있었다. 내가 이룬 조그만 행복에 취해서 살았다. 몸이 힘들어도 목표와 목적이 있으니 지치지 않았다. 그것이면 된다고 생각했다. 하나님을 느끼면서 감사하면서 사는 삶이면 된다고 만족했었다.

하지만 그 만족이 문제인 줄을 몰랐다. 주변을 보면서 나의 생활이 나아지지 않았다는 것을, 시간이 흐름에 따라 생활수준이 발전하는 친구들을 보면서 예전보다 더 비참한 마음이 드는 것을 느꼈다. 상담센터에서의 상담 기술의 질은 높아지고 다른 사람들의 인생을 보는 능력은 길러졌는데, 막상 나의 삶의 모습은 나아지지 않았다. 몸이 아프지 않은 것만으로도 감사하다는 생각이 들면서도 뭔가가 잘못되어가고 있음을 느꼈다.

2016년 말부터 나는 현실의 상황과는 정반대의 신나는 꿈을 꾸기 시작했다. 주변 사람들로부터도 B박사에게서도 응원 받거나 격려 받지 못하고 있었는데 꿈만은 완전히 다른 양상이었다. 꿈속은 항상 행복했고, 나는 꿈속의 적들과 열심히 싸워서 이겨냈고, 나를 괴롭혔던 문제들이 산산이 박살나는 꿈들을 꾸었다. 처음에는 며칠 그러다가 말겠거니 생각했었다. 하지만 세 달이 지나고 6개월이 지나도 나의 꿈 세계로부터의 응원은 변함이 없었다. 이젠 그냥 흘려보낼 꿈들이 아니었고 나의 무의식으로부터의 소리라고 여길 수밖에 없었다.

2017년 초에 나는 인생 최악의 경험 속에서도 나의 꿈들이 용기를 잃지 않도록 나를 응원했다. 이런 색다른 경험은 자연스럽게 꿈에 대한 관심으로 이어졌다. 매일 꿈에 대해 노트에 기록했다. 꿈 분석가로 알려진 고혜경 선생님의 『나의 꿈 사용법』을 읽으며 나의 무의식이 꿈을 통해 전하려하는 목소리에 귀 기울이게 되었다. 현실에서 풀리지 않는 문제들을 직면할 때마다 고민으로 빠지지 않았고, 나의 지혜의 저장고인 무의식에게 질문하는 습관이 생겼다.

나는 어릴 때부터 나의 목소리에 귀 기울이는 습관을 들이지 못하고 외부의 것들에 끌려 다니는 삶을 살았었다. 나의 주체적인 생각들이 나의 삶을 받쳐내지 못해서 삶이 와르르 무너지는 경험도 했다. 그런데 하나님에 대한 믿음의 벼랑 끝에서 나의 다른 존재인 무의식을 만나게 되었다. 무의식은 삶의 건물을 받치는 기둥보다 더 먼저 그 밑바탕의 존재의 근원을 의미한다.

스스로를 구제불능이라 생각했고, 삶의 고통의 무게가 힘겨워서 당장이라도 다 끝내고 싶은 마음이 들기도 했지만 존재의 근원 하나님에 대해서만은 포기할 수 없었던 나의 마음이 응답을 받은 것이다. 구체적 삶에서 행복의 요소들을 하나하나 챙겨가지는 못한 초라한 삶이었지만 궁극적인 가치 하나만은 붙들고 놓치지 않은 나의 분투가 대답을 얻은 순간들이었다. 나는 나의 꿈 사건들을 통해서 간절히 그리고 올바르게 바라면 응답은 반드시 받게 된다는 경험을 하게 되었다.

나는 이제 내가 원했던 하나님과 하나가 되고 싶다는 나의 꿈을 현실에서 펼쳐가고 있다. 많은 사람들이 믿음의 끝에서 진짜 하나님이 계시기는 한 것인가 갈등의 세월을 보내고 있다는 것을 안다. 많은 사람들이 현실적인 행복과 함께 진정한 행복을 위해 매일 기도하고 있다는 것도 안다. 나 역시 그런 사람이었다. 나에게 이런 믿음이 의심을 넘어서게 한 나만의 방법은 바로 상상력이었다.

나와 같이 반드시 궁극적인 목표를 세울 필요도 없다. 가장 중요한 것은 자신의 행복을 최우선으로 두는 삶을 살면 반드시 이룰 수 있다는 것을 알기를 바라는 마음이다. 다만 가는 길의 차이가 있을 뿐이다. 도달하려는 의지를 놓지 않으면 당신 스스로의 두 다리로든 누군가의 도움으로든 목표에 도달할 수 있다.

03

내 감정의 주인으로 살자

"자신이 남들에게 정신적인 감정적인 폭력을 당하지 않기 위해
방어 차원에서 반드시 마음에 분노라고 하는 칼을 품어야 한다."

B박사는 처음에는 나의 담당 의사였다가, 그다음에는 나를 아르바이트로 채용한 고용주였고, 나중에는 동업 관계가 되었다. 보통 이런 급격한 관계의 변화를 겪으면 사람들은 사이가 많이 틀어지게 마련이다. 의사와 환자라는 이상적인 구조를 가진 관계에서 매우 현실적인 갑을 관계로의 변화는 그동안 가졌었던 신비로움을 깨기에 충분했다. 하지만 나의 충성심과 그에 대한 믿음은 이 세상의 것이 아니었다. 왜냐면 B는 내 인생에서 만난 어떤 의사도 풀어주지 못했던 내 마음과 몸의 문제를 하나로 봐준 의사였기 때문이었다. 그래서 나는 그가 돈을 많이 벌기를 바랐다.

아무도 멈추게 하지 못할 것 같았던 죽음의 고속도로 위의 폭주를 막아준 것에 대한 고마움으로 내 눈에는 그가 세계 제일의 의사이고 천재로 보

였었다. 내가 완벽한 사람이라고 규정해버린 이 사람 앞에서 나는 어떤 감정적 판단도 유보했고, 그의 결정에 전적으로 따랐다. 나는 그렇게 또 다시 미미한 존재가 되었다. 집에서 엄마와의 관계에 비하면 병원에서의 경험들은 몸은 힘이 들어도 마음만은 안락함을 느꼈기 때문에 문제의식이 없었고 살 만했다.

언니와 내가 그곳에서 같이 일을 했고, 나 말고도 상담을 받았던 여자들도 일했었다. B에게는 특별한 매력이 있어서 많은 사람들이 그의 사랑과 관심을 받겠다고 싸우고 울고불고 서로 으르렁거렸다. 병원에 있는 동안 소소한 사건들이 끊이지 않았다. 상담을 받았던 여자 의사가 와서 난동을 부리기도 하고, 또 다른 친구는 나처럼 B와 함께 제2의 인생을 살겠다고 사업을 구상하기도 했다. 그런데 나는 그런 비상식적인 감정의 도가니가 어색하지 않았다. 매일 집에서 겪던 것들이어서 오히려 그 시끄러움이 익숙하고 편했다. 그 와중에도 병원 운영은 잘 됐었다.

B와의 비정상적인 인간관계에도 나의 판단은 매우 관대했다. 나는 특이한 것을 사랑하는 미술을 하는 사람이었고, 그는 신비주의로 비즈니스를 하는 정신과 의사였기 때문이다. 그리고 나의 관점에서는 신이 허락한 그가 가진 탁월한 치료 능력 때문에 그의 인간적인 허점들은 나에게 중요하게 느껴지지 않았다. 그가 아무리 불편한 행동을 해도 내가 그 사람보다 이해의 크기가 작으니 그를 이해 못 하는 것이라고 넘겼다. 나는 '나에게 다

시 살고 싶은 마음이 들게 해준 것'이 고마웠다. 그렇게 그를 구세주의 자리에 놓았고 그와의 관계에서의 나 자신의 감정을 무시했다. 심지어는 이 공부를 해야 언니와 내가 살 수 있다고 생각했다.

하지만 언니의 경우에는 나와는 입장이 조금 달랐다. 언니는 나처럼 상담에 마음의 문을 활짝 열지는 않았다. 그가 성실한 의사인 것은 인정하지만, 그의 특이하고도 유별난 점들이 너무 눈에 들어와서 힘들어했다. 나는 그럴 때마다 언니의 부정적인 감정을 같이 해결했다. 그리고 우리가 살길은 여기 말고 없다고 언니를 설득했었다.

나는 2013년부터 그곳의 대표였다. 나는 평생 B와 함께 일하고, 죽을 때까지 B와의 인연을 이어갈 줄 알았다. 그러나 나는 2017년 상담센터를 폐업했다. 내가 생각하는 폐업의 이유는 무엇보다 시대의 변화였다. 시대가 너무 많이 변했다. 새롭게 포맷이 되어야 했다. 13년간의 B와의 특이하고도 이해하기 어려운 관계가 정리되었다. 3년 정도에 한 번씩 인간관계가 정리되는 그곳에서 언니와 나는 너무나 오래 있었다. 그리고 B와 마지막으로 술을 마셨다.

"상담센터가 망한 이유는 다 너 때문이야."

B가 나에게 손가락질을 하면서 이 말을 네 번 반복했다. 겨우 소주 서너

잔을 마신 상태로 취하지도 않았었다. 그리고 그는 그 말을 내 무의식에 쑤셔 박아 넣으려는 듯이 부자연스러웠다. 원래 B는 이렇게 허술하지 않다. 뭔가 그에게 문제가 단단히 생긴 것이다.

그리고 나는 순간 정신이 어질했다. 기절할 것처럼 현기증이 났다. 인간이 이렇게 망가질 수 있다는 것에 경악했다. 이렇게 비겁하고 말도 안 되는 남 탓을 하는 사람을 내가 그동안 구세주로 떠받들고 살았던 것인가? 아무리 그가 가치관을 바꾸고 형이상학을 버리고 완전한 형이하학을 좇는다고 해도 그렇다. 아무리 돈을 더 좋아하게 되었다고 해도 사람의 영혼이 시커 멓게 썩는 것을 눈앞에서 보다니.

남 탓의 표현은 우리 집에서 아주 익숙했다. 집안이 망해갈 때의 징조라고 보면 된다. 남 탓으로 일관하는 태도. 나는 그렇게 망하고 침몰해가는 배에 살았었다. 그래서 그 말이 의미하는 것을 안다. 책임감이 없는 리더가 이끄는 가족과 회사. 그런데 나의 존경, 나의 사랑이 그런 말을 했다. 심지어 그는 적반하장으로 온 힘을 다해 사업을 구한 나에게 그 말을 했다. 이 배에서는 내려야만 했다. 그렇게 내 이름을 빼내야 했다. 이 배는 곧 침몰하기 때문이다.

나는 내가 그 침몰해가는 배에서 왜 징조를 못 느끼면서 살았는지를 복기해본다. 분명 상담을 통해서 나는 감정의 자유를 얻었었다. 감정적인 자유를 느끼게 되었다고 해도 여전히 나의 앞에는 또 다른 사람들과 관계와 문제들이 있었다. 끊임없이 닥쳐오는 현실들을 해결하는 것이 삶이다.

그런데 나는 B와의 관계를 깨고 싶지 않았다. 일상적인 생활은 가능할 정도의 힘은 생겼으나, 나의 미래에 대해 열린 생각을 하지 못했고, B에게 의존하여 나의 감정을 무시했다. 끝까지 솔직하지는 못했고 더 나은 나를 상상하지 못했었다. 이유는 그 관계가 나 자신보다 더 소중하게 느껴졌기 때문이다. 아무리 관계가 좋아도 나 자신보다는 아니어야 한다.

나는 여기에서 배웠다. 세상의 어떤 이유, 어떤 명분도 나의 감정보다 우선해서는 안 된다는 것을. 아무리 내가 타인을 생각하고, 그의 의견을 존중하고 배려한다 할지라도 나의 내면에서 왕은 나 자신이다. 그 자리를 함부로 내어주면 안 된다는 것을 알았다. 나 자신이 왕이 되기 위해서는 나의 감정들은 모두 보호되어야 한다. 그 감정이 자연스럽게 흐르는 것을 보는 것이다. 나의 순수한 감정으로 인해 내면에서 일어나는 방어감정까지도 읽을 수 있는 능력이 되는데 나의 감정을 무시한다는 것은 나에 대한 직무유기이다. 여기에서 나와 엄마와의 관계의 데자뷔를 느낀 것이다. 나는 관계의 노예가 되어 만족을 느꼈고, 나의 감정의 주인 노릇을 포기했었다.

자신이 감정의 주인으로 살지 못했었다고 하여 자신을 책망할 필요 없다. 사실 우리나라의 많은 사람들이 자신의 감정의 주인으로 살게 된 지 얼마 되지 않았기 때문이다. 어릴 때부터 배운 '자주적 인간'이 세상에 그리 많지 않다. 자신의 주변을 둘러보라. 자신의 감정의 주인으로 살고 있는 사람이 몇 명이나 되는가? 그러니 일단 실망하지 말자.

그리고 자신의 감정을 보기에 앞서 감정이 좋은 것만 있는 것은 아니라는 점을 반드시 미리 염두에 두자. 좋은 감정은 마치 달콤한 맛과 같이 황홀하지만 자신의 감정 안에서도 두려움, 분노, 혐오, 성남, 화와 같은 자신을 고통스럽게 하는 감정들도 있다.

어떤 사람들은 너무 분노가 많아서 그것을 조절하는 것이 힘들기도 하고, 분노를 다스리기 위해 노력을 하기도 한다. 또한, 감정들은 억제되기도 하고 충분히 느껴주지 못하면 숨어버리기도 한다. 감정들의 특성을 잘 알고 내 안의 감정들을 하나하나 소중한 보물처럼 다루어 주자. 혐오의 감정, 수치심, 불안, 무기력감마저도 내 마음에서 일어나는 나의 것이기에 불편해하지 말자. 긍정적인 감정의 에너지는 말할 것도 없다. 기쁨, 사랑, 즐거운 마음 그것들은 그것 자체로 더욱 증폭되도록 자기 자신에게 더 큰 에너지를 준다. 그러니 삶의 기쁨은 미루지 말고 충분히 즐기자.

내가 특별히 더 강조하고 싶은 감정은 분노이다. 분노는 다루기 어렵기 때문에 자신의 분노의 주인이 되기 어렵다. 마치 내 안의 호랑이를 길들이듯 해야 한다. 분노를 표현하는 말은 다양하다. 분노가 많은 것을 공격성이 강하다고 하기도 하고, 분노를 직설적으로 화력이라고 표현하기도 한다.

분노는 잘못 쓰면 남을 상하게 하는 흉기가 되기도 한다. 하지만 반대로 나와 내가 사랑하는 사람들을 지켜내는 혹은 국난 시에는 나라도 지킬 힘이 되기도 한다. 귀한 칼이 되는 것이다. "펜은 칼보다 강하다."는 말이 있다. 나는 이 말을 직접 칼을 쓰지 않더라도 마음속의 칼을 펜을 통해서 쓸 수 있다는 표현이라고 생각한다. 자신이 남들에게 정신적인 감정적인 폭력을 당하지 않기 위해 방어 차원에서 반드시 마음에 분노라고 하는 칼을 품어야 한다. 이는 내 감정을 분노 상태에 놓으라는 말이 아니다. 내가 나의 강력하고 책임감 있는 감정의 주인으로서 자신을 보호하는 분노라는 칼을 언제라도 자유자재로 쓸 수 있도록 감정을 제련해야 함을 강조하는 것이다.

04

당신은 인생의 시련보다 더 크다

"지금까지의 나의 인생 전체를 지배하다시피 한 시련들은
나 자신을 알게 하는 큰 그림이었다."

아기는 태어나서 엄마의 시선으로 세상을 바라보고, 엄마와 양육자의 반응이 아이의 세상을 만든다. 엄마는 아이의 거울로 작용한다. 그래서 엄마는 아이에게 좋은 것만 주고, 사랑의 눈길만을 주며, 온 마음을 다해 아이를 보살핀다.

앞에서도 계속 얘기했지만 나는 엄마로부터 따뜻한 눈빛을 받아본 적도 없고, 엄마와 다정하게 손을 잡아본 적도 없으며, 엄마 품에 안겨본 기억도 없다. 그런데도 내 마음속의 엄마는 나의 이루지 못한 사랑이었고, 언젠가는 도달하고 싶은 마음의 고향이었다. 나의 엄마가 아니라 하더라도 관념 속의 엄마에게 닿기 위해서라면 목숨도 걸 수 있었다.

간혹 겉으로는 성공한 듯이 보이는 중년들에게서 위기의 조짐이 보일 때는 여지없이 내면에 엄마가 없고, 초자아에 눌려 억울해하는 내면 아이가 있다. 그리고 그 허전함을 눌러놓았다가 어느 정도 안정적인 위치에 가면 방어가 해제되고 봉인이 풀리면서 사고가 나기도 하고, 문제행동을 하는 어른들을 본다.

나도 나의 내적인 문제들을 잘 모르는 사람들의 눈에는 적당히 교육받으면서 경쟁 속에서도 잘 적응하는 듯이 보였고, 중고등학교 시절에는 대학을 가야 한다는 일념으로 모든 심리적이고 정신적인 어려움들을 꽁꽁 밀봉했었다. 모양새는 열심히 공부해서 서울대에 들어간 모범생이었지만 속은 곪을 대로 곪아서 멀쩡한 구석이 없었다. 그 눌러놓았던 문제들이 대학교를 들어가면서부터 터져나오기 시작했다. 대학생의 적응 장애는 교수님들의 눈에도 걸러지지 않으면서, 성인 취급을 받으면서 방치되었다.

나는 스스로의 내면을 보살필 힘이 전혀 없었다. 또한, 몸이 아픈 것을 정신적인 문제들과 연관 지어 해석할 지혜도 없었다. 사태는 걷잡을 수 없을 만큼 병적으로 흘렀지만 브레이크가 고장 난 자동차처럼 나의 인생은 파국을 향해 달려갔다. 어느 정도의 수준을 넘어가면 기하급수적으로 눈덩이가 불어나듯이 그렇게 나의 문제들도 급속도로 늘어났다. 몸이 너무 아팠기 때문에 위기 상황에서 벗어나고는 싶었지만 나는 나의 상황에 대한 객관적인 평가를 할 수 있는 능력과 힘이 없었다. 병원의 의사도 나의 상황을 정확히 진단을 내릴 수 없었다. 증상 하나만으로 나의 인생 전체에 대한 진단을 내릴 수 없었기에 그 상황은 가늠할 수도 없었다. 마음의 감옥에 갇혀 있는 기분이었는데 아무도 나를 꺼내주지 못했다. 늘 춥고 어둡고 불편했으며 참을 수 없을 만큼 외로웠다.

나의 이런 절망을 가속화한 내 생각들은 부정적인 생각들이다. 암을 겪고도 나의 이런 생각들을 바꾸는 계기로 삼지 못했다. 오히려 더 깊은 열등감 속으로 빠져들었다.

여기에서 나에게 필요했던 것은 나에 대한 여러 가지 생명을 살리는 올바른 생각들이었다. 올바른 생각들이 나를 병마와 우울의 구렁텅이에서 나를 건져낼 수 있다.

내가 힘이 없어서 남들이 나를 도와야만 한다고만 생각하는 환자라고 나를 규정했더라면 나는 그 암울한 상태에서 절대로 빠져나올 수 없었다. 나는 수없이 많은 부정적인 생각들 속에서도 단 한 가지 아주 작은 올바른 생각을 하고 있었다. 그 아주 작은 시작은 남을 돕는 마음을 내는 것이었다. 이 작은 생각이 나의 단 하나의 자존감으로 생명을 유지하고 있었다.

항상 나의 마음속에는 남을 도우려는 마음이 흐르고 있었다. 비록 평생 엄마를 돕겠다고 마음을 내었다가 하나도 인정도 받지 못하고 그렇게 무시를 당했으면 인제 그만 마음을 쓰는 일을 멈출 만도 했지만, 나의 삶의 방식을 포기하지 못했다. 사람의 가치관은 쉽게 바뀌지 않는다. 나에게는 타고난 올바른 마음이라는 게 있었다.

말도 되지 않아 보이지만 나는 최악의 순간에 친구를 위험에서 구해야 한다고 생각해서 움직이기 시작했다. 몸이 그렇게 안 좋을 때도 위기에 빠진 동생은 구해야 했다. 내 주변의 사랑하는 사람들의 어려움 앞에서는 누구보다 앞장서서 그들을 도왔다. 그 마음의 씨앗이 살아남아 있었기에 결국은 나 자신도 구할 수 있었다.

나는 남을 도울 때 계산을 하지 않았다. 나도 이것이 타고난 것으로 생각한다. 배워본 적이 없는 마음이기 때문이다. 하지만 나는 사람이라면 다 나 같은 줄만 알았다.

나는 정말 사랑하는 사람들을 도울 때 온 힘을 다했다. 하지만 그 결과에 대해서는 자랑할 만하지는 못하다. 인생을 좀 살아본 사람들은 알 것이다. 보답을 받으려는 마음이 있었던 것은 아니지만 도움을 받은 사람들은 도움을 받은 후에 상상을 초월할 정도로 돌변한다. 고마움을 모르는 정도를 넘어서 나의 존재를 지우고 싶어 한다. 그리고 나에게 받은 도움을 기억에서 지운다. 물에 빠진 놈들을 구해주면 보따리를 내놓으라며 난리 치는 꼴은 다반사이다. 마치 내가 도움을 준 것이 자존심이 상하기라도 하는 것처럼 나를 역으로 공격하기도 했다. 왜 이런 일이 벌어지는지 처음에는 섭섭하기도 하고 상처를 크게 받았다. 내가 위선자가 되기도 했다. 이것이 가족들과 가까운 사람이라고 느낀 이들에게 받은 평가이기도 하다.

그래서 요즘은 자기 자신을 위해 착하지 말기 운동이 벌어지고 있다. 착한 것이 선이라는 착각에서 벗어나야 한다고 사람들이 강변한다. 나를 비웃는 친구들도 있었다. "재주는 곰이 부리고 돈은 왕서방이 번다."라고 했다. 나는 곰이었다. 보상도 없이 남 좋은 일만 시킨다는 조롱이었다. 나의 자존감을 뭉개는 이런 말들을 듣게 되면 참 기운이 빠졌다. 나 자신의 인생의 열매를 제대로 지켜내지 못하고 남들 발전할 때 나만 뒤처지는 상황에 열등감과 자괴감에 잠이 오지 않았었다. 이런 경험이 반복되다 보니 상처만 받을 일이 아니라 깊은 고민이 필요했다.

그러면서 내가 한 행동들 즉 그들을 물에서 건져내준 것은 나도 누군가가 나를 물에서 꺼내어주기를 바라기에 한 행동들이었다는 것을 알게 되었다. 그러니 내가 받고 싶어서 내 몸과 마음이 자동으로 움직인 것이었다. 내 마음을 본 것으로 결론을 내기로 했다. '그렇다면 그 힘으로 나 자신을 구해보자.'라는 생각의 전환을 가져올 수 있었다. 남을 돕다가 그 노하우가 나를 구하게 된 것이다.

이런 경험들을 통해서 큰 교훈을 얻기도 한다. 결과적으로 상상도 못 했던 지점에서 내가 참 괜찮은 사람이라는 사실을 알게 되었다. 어려운 과정들을 거쳐 나의 주체성을 만들어갔다.

나는 딸로서 엄마를 도왔지만 고마움은커녕 결과적으로 욕만 먹었었는데 그것은 완전히 잘못된 평가였다. 엄마는 나의 좋은 것만 취하고, 나에게 아무 보상도 주지 않는 사람이었다. 남의 시선에 의한 평가에서 벗어나야 했는데 나는 어리석게도 한참을 알지도 못한 채 나를 병들게 했었다. 첫 단추가 잘못 끼워짐으로 인해서 나의 인생이 도미노처럼 무너졌던 것이다.

사람들을 돕는 일들을 통해서 나를 새롭게 보게 되었다. 내 몸이 아파서 시름시름 앓다가도 남을 돕는 일에는 초인적인 힘을 내는 나 자신을 보았다. 나는 정의로웠다.

'내가 의리도 있고 책임감도 있고, 인간을 사랑하는 마음을 가지고 있구나.'

또 남의 어려움을 외면하지 못하고 자기 일보다 더 아파하고 공감하는 내 마음이라는 놈을 만날 때마다 내면의 나란 사람이 보통은 아니라는 생각을 하게 되었다. 즉 남을 돕는 과정에서 나라는 사람의 크기를 알게 되었다. 집에서 나의 부모와의 관계에서는 한없이 초라하고 못난 사람이었어서 한순간도 나의 크기를 알 수가 없었는데 나는 남을 돕는 과정을 통해 나의 크기를 인식하게 된 것이다. 그것도 아주 익숙한 행동들을 한 것뿐인데 나라는 존재가 그 전에 인식했던 그 사람이 아닌 것이다. '이것이 다 뭐지? 나 이렇게 괜찮은 사람이었어?' 웃음만 났다.

나는 아주 괜찮은 사람이었다. 단순히 착한 사람 코스프레나 하는 그리고 엄마 말대로 잘난 척이나 하는 못난 사람이 아니었다. 세상에 나 같은 사람이 또 있으면 친구하고 싶은 좋은 사람이었다. 타인에게 긍정의 에너지를 주고 싶어 하는 좋은 사람이었다. 나는 그렇게 나에 대한 오해에서 벗어났다.

지금까지의 나의 인생 전체를 지배하다시피 한 시련들은 나 자신을 알게 하는 큰 그림이었다. 내 인생의 시련들은 나를 알게 하는 배경이었고 그 모든 경험들은 오늘의 나를 만들어 내기 위한 용광로였다. 나라는 사람의 존재 크기와 가치는 스스로가 만들어가는 것이고 발견해가는 것이다. 그것이 인생이다. 나라는 존재 또한 주어진 대로 알아야 하는 것이 아니다. 새로운 경험들을 통하여 나의 멋진 모습을 발견해가는 역동적인 과정이다. 우리 모두는 이렇게 각자에게 주어진 삶의 어려움들과 함께하고 있다. 그러니 그 배경에 빠지지 말자. 그 배경 위에서 자신의 능력을 드러내자. 때로는 깊은 고민으로, 때로는 최고의 용기로 자기 자신을 표현하자. 당신은 인생의 시련보다 더 크다는 것을 깨닫고 즐기고 있는 자신을 만나게 될 것이다.

내 인생의 주도권을 놓치지 마라

"삶의 즐거움을 잊고 감사함을 잊었다면
당신 손아귀에 주도권은 없는 것이다."

내 인생에서 주도권을 놓친다는 말이 무슨 뜻일까? 내가 나의 인생을 리드하지 못하고 어영부영 끌려 다니거나, 혹은 비유적으로 남의 등에 업혀 가거나 아니면 남의 차를 빌려 타고 무임승차해서 가거나 아니면 완전히 길을 잃고 다른 방향으로 가고 있거나 등등의 여러 가지 의미가 있을 것이다. 또는 확신이 없다면 내가 주도권을 쥐고 있는 것인지 아닌지 헷갈리기도 할 것이다. 만약에 내가 나의 길을 제대로 가고 있다면 나의 목표를 향해 나의 힘으로 행복하게 확신의 마음을 품고 가고 있어야 그것이 주도적인 삶일 것이다.

나는 TV 프로그램 중에서 SBS에서 하는 〈영재발굴단〉에 빠져서 보던 시절이 있었다. 영재 아이들을 발굴해서 세상에 알리고 아이들을 응원한다는 개념이다. 확실히 영재들은 머리가 좋기도 했지만, 아이들의 감성 능력과 공감 능력이 매우 발달된 것을 보고 많이 놀랐다.

그 중에서도 아직도 나의 머릿속에 그 말이 남아 맴돌게 한 6학년 아이가 있었다. 마음의 영상에 떠오른 상상의 세계를 그림으로 그려냈다. 그림도 너무 훌륭했지만 나는 그 아이의 태도에 반해버렸다. 그 아이가 '잘난 체하는 그 순간 인생의 내리막길'이란 말을 하는 걸 보고 깜짝 놀랐다. 그 것은 단순한 겸손의 말이 아니었다. 평정심을 잃으면 인생이 나락으로 떨어진다는 것을 아이가 어떻게 알았을까?

나의 인생을 돌아봤을 때 마음의 평정심을 잃지 않고 살 수 있었다면 어땠을까 생각해본다. 선택의 갈림길에서 내가 뭔가 다른 선택을 했기 때문에 내가 어려움을 겪었다고는 생각하지 않는다. 같은 순간 나의 태도가 나의 상황 판단을 흐리게 했다고 생각한다.

나는 중학교 1학년 첫 시험에서 너무 좋은 점수를 받아버렸다. 그 순간 내가 '자만하지 말자.' 하고 생각을 했더라면 어땠을까? 나는 그때 부족했던 나의 자부심이 한껏 부풀어 오르면서 동시에 자만에 빠져버렸다. 가슴을 펴고 학교에 다닐 수는 있었지만, 한편으로는 점수가 떨어지면 안 된다는 생각 때문에 전전긍긍하는 삶을 살았다. 속으로 내가 잘했다고 생각한 것이 아니고 내가 잘났다고 생각한 것이다. 그래서 못할 수도 있는 나를 견딜 수가 없었다.

조금만 성적이 떨어져도 하늘이 무너지는 것처럼 울었다. 나는 다른 친구들도 그림을 잘 그린다는 것을 알았지만 보고 싶지 않았고 인정하고 싶지 않았다. 그래서 나는 나의 방식만 고수했다. 이것이 평정심을 잃고 점수에 목을 매는 학창 시절을 보내게 했다. 최고로 배울 수 있는 환경에 있었으면서도 그림을 즐기지 못하고 입시 그림에 매몰되었다. 마음속에서 자만심에 빠진 순간 완전히 발전이 멈춘 것이다. 그렇게 해서라도 '그림 잘 그리는 아이'라는 타이틀을 놓치고 싶지 않았다.

나의 바람대로 서울대 서양화과에는 합격할 수 있었지만, 나의 자만은 쉽게 낫는 병이 아니었다. 나의 오만으로 나는 꿈으로 가는 길에서 벗어나 버렸다. 자부심과 자만은 너무나도 큰 태도의 차이를 만들었고, 특히 자만은 '특권의식'을 만든다. 마치 내가 그림 그리는 재능을 태어날 때부터 가지고 있었던 것처럼 나를 포장하게 했다.

나는 속으로 항상 성적이 떨어질까 봐 혹은 그림을 못 그리는 것이 들통날까 봐 두려움에 떨었었다. 하지만 겉으로는 내색하지 못했다. 완벽주의에 빠져서 정말 오랜 시간을 길을 잃었다. 나는 그렇게 나의 삶에서 주도권을 잃었었다.

당신이 인생의 주도권을 쥐고 있지 않은 증거는 또 있다. 삶의 즐거움을 잊고 감사함을 잊었다면 당신 손아귀에 주도권은 없는 것이다. 인생의 주도권은 삶의 목표를 잃지 않았을 때 얻을 수 있다. 당신의 얼굴에서 웃음이 사라졌다는 것은 당신의 목표도 사라졌다는 것을 의미한다.

주도권을 손에 쥘 최소한의 에너지가 있으려면 긍정적이어야 한다. 그리고 그 목표는 나를 어떤 역경 속에서도 숨을 쉴 수 있는 여지를 만들어준다. 그러므로 온 힘을 다해 자신을 즐겁게 만들어야 한다. 끊임없이 좋은 생각과 목표를 이루었을 때의 생각으로 자신을 무장시켜야 한다. 당신의 상태를 현실의 조건으로 규정하지 말고 머리를 들어 하늘을 보고, 자신을 돕는 존재가 있다는 사실에 대해 잊지 말도록 하자. 당신의 머리 위에 숨을 쉴 공간이 있다. 당신은 절대로 혼자가 아니다. 당신이 혼자라고 느끼는 순간 주도권을 잃는다.

매일매일 발전하고 그 느낌을 그대로 보고 느낄 수 있다면 더 바랄 것이 없을 것이다. 하지만 많은 사람들이 노력을 하고 있는 이 순간에도 나의 위치가 어디인지 자기 정체성도 혼란스러운 경우가 많다. 죽을힘을 다해 노력을 하고 있는데 도대체 내가 가는 길이 맞는지 어디쯤이면 희망을 볼 수 있는지 숨이 턱에 차도록 힘들다. '차라리 그냥 시작도 하지 말 걸.' 하는 후회와 함께 말이다. 이러지도 저러지도 못하는 딜레마에 빠져 있을 수도 있다. 멍 때리는 것 말고는 방법이 없어서 손을 다 놔버린 사람도 있을 것이다.

이런 경우는 내가 했던 방법을 권하고 싶다. 무조건 쉬자. 무언가 하지 않으면 안 된다는 강박은 버리자. 그냥 쉬자. 푹 자자. 그런 다음 더 잘 수 없을 정도로 힘이 조금 나면 유튜브에서 동기부여 동영상을 보자. 손가락 하나만 움직이면 된다. 최고의 전문가들이 유튜브에서 활동하고 있다.

사람들은 생각보다 선한 영향력을 펼치고 싶어 한다는 것을 나는 유튜브를 통해서 알았다. 밖에 나갈 힘도 없을 때 너무 좋다. 온라인을 통해서도 기본적인 긍정의 에너지는 충분히 얻을 수 있다. 세상에는 좌절하고 번아웃이 된 사람들도 많지만 동시에 그들을 어려움에서 빠져나오도록 도와주는 사람들도 많다. 자신들도 그런 어려움을 겪었고 빠져나오는 경험을 했고, 행복한 삶을 만들어가지만, 자신의 과거를 절대 잊지 않는 것이다. 주변의 가까운 사람들에게 상처받고 배신당했다 하더라도 걱정하지 말자. 꼭 자신의 울타리가 아니어도 세상에 사람들은 많다. 사람들은 더 큰 범위 안에서 서로를 도우려는 마음으로 공동체를 이루고 있다.

불과 몇 년 전에는 있지도 않던 새로운 것들이 가득하다. 우리 앞에 머지않은 미래에 완전히 다른 세상이 펼쳐지고 있다는 것이 가슴 뛰는 설렘을 준다. 세상 많은 사람들이 크리에이터가 되어가고 있다. 유튜브를 보면서 세상의 패러다임이 바뀌었다는 것을 느끼게 된다. 우리가 다 알듯이 유튜버들은 방송국이 있는 것도 아니고, 모두가 맨땅에 헤딩하면서 자신만의 영상을 만들고 있다. 그래서 내가 더 특별히 힘이 든다고 생각되기보다 모두가 다 이 변화의 시대에 적응하려고 노력하는 모습을 본다. 열심히 사는 모습 그것 자체에서 에너지를 받고 기분이 참 좋아진다. 또한, 열심히 힘을 내는 모습, 서로 도우려는 마음이 전해지면서 시너지가 생긴다.

내가 힘들었을 때 거쳐 온 동영상의 흐름을 소개하겠다. 맨 처음은 〈나는 자연인이다〉였다. 사람을 보고 싶지 않을 때 동물의 왕국을 볼 수도 있지만 나는 이 프로그램에서 동병상련을 느꼈다. 그다음 〈영재발굴단〉에서 아이들을 보면서 순수한 마음을 되찾을 수 있었다. 잊었던 마음을 되찾게 되고 아이들에게 공감과 따뜻한 마음을 전해 받았다. 〈김미경TV〉, 〈세바시〉, 〈김창옥의 포프리쇼〉를 통해 위로와 위안을 받고 나도 해보고 싶다는 현실적인 동기부여를 받는다. 여기에서부터는 누워 있던 마음이 일어나고 싶어진다. 그다음으로는 좀 더 직접적인 성공에 대한 동기부여를 받는 동영상을 취향에 따라 선택하면 된다.

나의 경우는 정치 유튜브를 보면서 마음이 뜨거워졌고, 현실감각, 투쟁의 마음이 올라왔다. 그리고 투지가 생기면 이제는 세상에 나가고 싶다는 마음이 더 든다. 그러면 다른 사람들이 어떻게 성공을 했는지 찾아보게 된다. 이것도 여러 분야를 두루 봐도 좋은 것 같다. 나는 〈김도사TV〉, 〈신사임당〉 등의 프로그램을 통해 무일푼에서 부자가 된 이야기를 보면 나도 할 수 있다는 희망이 올라온다. 유튜브에는 스승들이 참 많다. 내가 무기력에서 빠져나온 순서의 유튜브를 흐름대로 순서를 소개해보았다.

이런 흐름들을 보면서 주도권은 쥐려고 할 때 얻을 수도 있겠지만 요즘의 시대를 보면 흐름을 따라가는 것도 주도권을 놓치지 않는 방법이라는 생각이 든다. 거대한 물결을 느끼고 파도타기 하듯이 나도 파도에 몸을 맡기는 것이다. 그것이 새로운 세대가 살아가는 방법이 아닌가 한다.

내가 말하고 싶은 주도권을 놓치지 않는 방법은 거창한 것이 아니다. 실생활에서 아주 사소하다면 사소할 수 있는 부분에서 실점하지 않고 에너지를 아끼는 방법과 기술을 말하고 싶은 것이다. 작은 에너지들이라 할지라도 모으고 모아서 내 힘으로 만들자는 것이다. 마치 목돈을 만들기까지는 적은 돈을 아껴야 하는 것과도 같은 이치이다. 아직 여유로운 힘이 없는데 자만을 하면 인생에 큰 손해를 보게 된다.

또한, 나를 돕는 존재가 있다는 것을 잊지 말고 항상 여유롭게 웃자는 것도 마찬가지이다. 사소한 기술이다. 그러나 핵심적이다. 최소한의 노력으로 최대한의 효과를 보려는 방법이기도 하다. 손가락 한 번 움직여서 에너지를 얻을 수 있다면 모으지 않을 이유가 없다. 결과적으로 주도할 수 있는 에너지를 내가 지금 확보해야만 내가 오늘을 그리고 내일을 힘차게 이끌고 갈 수 있다. 지금 이 순간과 오늘 그리고 내일이 모여서 내 인생을 만들어가기 때문이다.

타인의 시선에서 벗어나 살자

"나에게 주어진 모든 느낌도 온전히 나의 것이다.
이 느낌에 대해 표현하지 않을 이유도 없다."

유명한 조각 작품 중에 로렌초 베르니니가 만든 〈성 테레사의 환희〉라는 작품이 있다. 조각 작품의 주인공은 성 테레사 수녀와 천사이다. 영성 문학의 고전 성 테레사 저서 〈영혼의 성〉(1577)에서 천상의 환희를 느낀 순간 주님의 한 천사가 뜨거운 황금 화살로 자기의 심장을 꿰뚫은 아픔과 형용할 수 없는 희열에 가득한 느낌을 묘사한 것이다.

"나는 어느 날 황홀경에 빠지면서 주님의 사랑을 경험했다. 무언가가 나의 몸을 꿰뚫고 지나가는 듯한 아픔을 느꼈는데, 나는 온몸에 경련을 일으킬 정도의 고통이 따랐지만 동시에 말할 수 없는 강렬한 쾌감을 느꼈다."

성 테레사 수녀가 느꼈던 느낌이다. 사람마다 느낌의 차이는 조금씩 있을 수도 있겠지만 나는 그녀의 솔직하고도 예민한 느낌에 대한 묘사에 무한한 감사를 보낸다. 하나님, 신은 우리 곁에 항상 계시고 내 안에도 거하신다고 나는 믿는다.

나는 하나님의 느낌을 이 〈성 테레사의 환희〉에 로댕의 〈키스〉를 합쳐야 더 근접한다고 생각한다. 하나님에 대한 느낌의 엑스터시의 이미지만 보면 베르니니의 작품이 더 정확할지 모른다. 하지만 느낌적인 생생함까지 더하려면 로댕의 〈키스〉까지 합쳐져야 한다. 사람들은 로댕의 〈키스〉 앞에서 숨이 멎음을 느낀다. 작품이 단순한 작품이 아니고 내가 동일시되기 때문이며 내가 바로 주인공 여자가 되고, 내가 주인공 남자가 되기 때문이다. 엑스터시인지 오르가즘인지 구분도 필요 없는 그 황홀한 상황이다. 나는 이것을 하나님이 주시는 느낌이라고 느낀다.

나는 어릴 때부터 성적인 것과 성 역할에 대하여 제대로 된 개념을 가지지 못한 채 성장했다. 게다가 엄마의 남자친구들은 부부 사이가 도대체 무엇인지를 헷갈리게 했다. 엄마의 문어발 관계는 이해하려면 이해할 수도 있었지만 나에게 매우 큰 상처가 되었다. 경제적인 원조는 아빠에게 받고, 심리적이고 정서적인 애정은 남자친구에게서 받으면 되는가? 성 관념 그리고 사랑의 개념 설정이 엉망진창이었다. 아빠와의 관계는 그냥 가정을 이루고 아이들을 낳아 경제적인 안정을 만들기 위한 비즈니스일 뿐이라는 엄마의 생각은 자식들 모두의 마음을 병들게 했다.

나의 엄마는 자신의 남자친구들과 연애문제에 대해 숨기지 않고 오히려 더 드러냈다. 아니 자랑했다. 자신의 남자친구들을 보여주기 위해 사진을 보여주고, 직접 대면하게 했다. 고등학생인 나를 알지도 못하는 아저씨의 차에 태웠고, 남자친구라는 사람이 준 인형을 집에서 애지중지했다. 골프 프로, 사업가, 초등학교 선생님, 프랑스인 영화감독, 동네 아저씨 그 직업만 열거해도 질린다. 아마도 나의 엄마는 그쪽 계통에서는 선수라고 불릴 정도의 능력자였을 것이다.

또한, 아는 아줌마들의 불륜 관계에 대해 호텔 방 안 침대까지 세세하게 묘사하면서 나에게 다 이야기하고 그들의 스토리를 중계 방송했다. 심지어는 그 불륜의 주인공인 정신과 의사의 병원에 나를 데리고 가서 진료까지 받게 했다. 여기도 또 비만 클리닉이었다. 나를 상담 받게 하기 위함인지 그 의사를 만나기 위함인지 그것은 누가 봐도 알 수 있다.

엄마는 성적으로 매우 개방적이었으며, 우리에게 무분별한 충동을 느끼도록 자극했다. 나의 엄마는 윤리와는 관계가 없는 사람이었다. 장난이나 농담으로 넘어가자면 모두 넘겨야 했고, 너무 일상이 되어 아빠에게 일러야 하는 일인지도 몰랐다. 아빠에게 일렀어도 아빠도 어찌 못한다는 것도 알았던 것 같다.

나는 남자친구를 잘 사귀지 못했다. 아주 기본적인 시작부터 어려웠는데, 그것이 인간관계의 모든 영역에 걸쳐 문제를 일으키는 줄 몰랐었다. 아무리 마음으로 좋은 사람이 생겼어도 다가가지 못했고, 그 사람이 나에게 다가와도 몇 번 만나서 좋은 관계가 시작되면 나는 화들짝 놀라서 도망쳤었다.

엄마의 남녀관은 정말 받아들이기 싫었지만 나도 모르게 인간을 도구처럼 여기는 마음이 나에게 스며들었다. 여자는 사랑받아야 좋은 집과 차를 얻을 수 있는 존재, 예쁘게 가꿔서 남자들에게 선택받아야 하는 수동적인 존재라는 관념도 박혀버렸다. 내 생각이 그랬기 때문에 다른 누군가가 나를 도구화해도 기분 나빠하지 않고 받아들인 것이다. 최대한 사랑받는 도구가 되기 위해 애쓰는 것은 당연했다. 하지만 나는 이제 그것에 'NO'라고 말할 수 있다.

나의 정신과 의사 B는 남녀 관계에 대해 매우 능숙한 사람이었고 개방적이었다. 그리고 정신과에는 섹스리스 클리닉이 있다. 섹스의 문제는 정신의 문제에서 시작하는 경우가 많으니 당연하다.

B는 나의 엄마의 얘기를 들으며 '붉은 감정'이 살아 있는 사람이라고 했다. 불감증으로 고생하면서 인생을 즐기지 못하는 사람들에 비하면 나의 엄마는 자기 인생을 알뜰하게 즐기는 욕망의 화신이고 현명한 것이다. 엄마의 붉은 감정을 1/3은 배워야 한다고 했다. 그것은 프로이트가 말한 '리비도'일 것이다.

그의 전문가적 관점과 그의 연령적 관점에서 나의 엄마를 자기의 감정을 억누르지 않는 대단한 사람이라고 했다. 단지 그것을 컨트롤 못하는 아빠가 무능한 사람이라고 했다. 나는 그때는 그냥 그럴 수도 있겠다고 넘어갔다.

정신과에서는 모든 환자가 옳다. 이는 정신과 상담에서 윤리는 별로 중요한 판단의 도구가 아님을 의미한다. 엄마도 옳고, 나도 옳은 것이다. 서로 다를 뿐이다.

나는 인간의 남녀 관계와 성 개념에 대해 배울 수 있는 본보기가 없었는데 B는 나에게 한동안 그런 본보기가 되어주었다. B는 나보다 16살이 많았고, 대학교는 70년대 학번이었고, 청년기를 80년대에 보낸 세대였다. 내 눈에 B는 남자다웠고, 유능했고, 자신감이 넘쳤다. 나는 X세대라고 하는 90년대 학번이고 포스트모더니즘이 시작된 세대이다. 젊은 시절을 보낸 시기는 달랐어도 B의 이야기는 항상 흥미로웠다.

인간의 관계는 참 재미있으면서도 오묘하다. 내가 스승으로 모시고, 그의 지식과 통찰을 배우고 싶다고 13년을 따랐던 박사님이지만 정신과 의사도 사람이었다. 자신만의 정치적 성향이 있고, 성적인 취향이 있고, 남녀에 대한 관념이 있다. 사람들은 신에 관해 이야기해도 그 안에는 자신의 가치관이 담긴다.

B는 남자가 여자에게 시혜자라고 생각했다. 남녀의 관계는 분명 둘이 같이 이루는 것인데 그에게는 남자의 역할이 결정적이었다. 아주 직설적으로 표현하면 여자의 오르가즘은 남자에게 달렸다는 것이다. 처음에는 이 말이 무슨 뜻인지 잘 몰랐다. 남자가 자극하고 촉발하지 않으면 아무 일도 일어나지 않는다는 것이다. 남녀 관계에 선후가 있다는 뜻이다. 나는 그의 의견에 동의하지 않는다. 남녀 관계는 동시성이다. 그 모양과 성격이 다를 뿐이다. 여자는 남자의 낚시코에 걸리는 물고기가 아니다. 역으로도 마찬가지이다. 남자 또한 여자의 그물망에 걸리는 포획물이 아니다.

신에 대한 개념이 없이 남녀 간의 관계에서는 서로에게 느끼는 끌림과 사랑의 느낌의 의미는 서로에 의해 주고받는 좋은 것으로 끝이다. 좋은 인연의 남녀가 만나 서로의 느낌을 최고치로 올릴 수 있다면 최고의 관계이고 최고의 궁합이 될 것이다. 하지만 이는 인간적인 관점만을 설명할 때이다. 나는 여기에 배경을 깔고 싶은 것이다. 신이라는 배경이다. 그리고 그 안에서의 인간의 관계로 설명하려 한다. 그 시간에 그 장소에 그 사람과 같이 있음으로 인해서 모든 좋은 것들을 느끼고 그와 함께 신도 함께하는 것이다. 생명과 에너지 모두 신과의 신비이듯 말이다. 그렇게 같이 생생히 느끼는 것이다.

나는 나의 세계관을 구성했던 남녀 관계에 대한 관점을 정리할 수 있었다. 타인의 관점에서 나의 관점으로 옮겨오는 것에 성공했다. 남녀 관계에 대한 해석 하나만 보아도 그 사람의 세계관을 다 알 수 있다는 것을 알았다. 인간적으로 감사한 마음으로 배울 것은 배우지만 자신의 견해와 다른 점에 대해서는 눈치 보지 말고 자기 생각과 자신의 가치관을 지켜야 한다. 그것이 정신적인 자립이고, 심리적 독립이다.

앞에 소개한 베르니니와 성 테레사 수녀는 타인의 시선에서 완벽하게 벗어난 멋진 사람들이었다. 자신들의 느낌 앞에서 비겁하지 않았고, 너무나 순수했으며 하나님을 표현하기에 충분히 유능했다. 나도 그런 존재가 되고 싶었다. 세상 모든 것이 그렇듯이 신에 대한 생각도 고정될 수는 없다. 하지만 시대와 국가를 뛰어넘는 인간의 하나님에 대한 갈구와 열망은 다르지 않음을 느끼게 된다.

나는 오늘도 감사한 마음으로 하루를 시작한다. 더는 내 생각 속에서 나를 지배하려 했던 관념의 조각들은 깨끗이 다 정리한다. 나라는 주체가 온전히 나를 책임지고 주변의 눈치를 보지 않을 때에야 정리할 수 있다. 한 번뿐인 인생이고 이 순간은 나의 것이다. 나에게 주어진 모든 느낌도 온전히 나의 것이다. 이 느낌에 대해 표현하지 않을 이유도 없다. 내가 느끼는 하나님은 〈성 테레사의 환희〉 더하기 〈키스〉이다. 상상할 수 있는 사람은 행복하다.

진짜 인생은 지금부터이다

"이 모든 해결은 나 자신의 감정과 느낌에 충실한 것에서 시작했다."

당신은 매일 어떤 아침을 맞이하고 싶은가? 나의 작은 소원은 아침에 눈을 뜰 때 다시 자고 싶다는 마음이 들지 않는 것이다. 오늘은 무슨 일이 생길지, 어떤 느낌들이 나에게 다가올지 기대가 되고 가슴이 뛰는 그런 하루를 살고 싶다. 나는 TV 육아 프로그램에서 아이가 잠에서 깨자마자 활짝 웃고 세상을 향해 미소를 보낼 때 가장 기분이 좋다. 저 아이는 얼마나 마음속이 행복하기에 일어나자마자 저렇게 천사같이 웃을 수 있지? 내가 영적인 존재라는 것을 깊이 인식하고, 내 안에 하나님이 계시다는 생각으로 있다면 그것은 나에게 현실이 된다.

나는 현재 아침에 일어나는 것이 힘들지 않다. 새벽 5시에 맞춰 두었던 알람을 다시 끄더라도 죄책감을 느끼지 않는다. 그리고 알람 소리를 놓칠

만큼 잠으로 곯아떨어지지도 않는다. 자고 싶은 만큼 자고 가볍게 일어난다. 충분히 잠을 즐긴 나는 아침의 공기에서 영혼의 촉촉함을 느낀다. 그뿐만 아니라 나의 몸이 행복한 기운으로 충만함을 느낀다. 이 충만함이 더 많을수록 몸이 더 가벼워진다. 이 믿을 수 없는 기적이 나에게 벌어지고 있다. 아침부터 좋은 기운이 나를 사랑해준다. 세포 하나하나 아침 인사를 받듯이, 내 손이 안 닿는 내 몸의 구석구석까지 특급 서비스를 받는다. 언젠가부터 나의 세포 안에 천사들이 살고 있는 것 같다.

당신이 지금껏 어떤 인생을 살아왔든, 얼마나 지우고 싶은 과거를 가지고 있든 상관없다. 당신은 당신의 모든 과거를 용서할 수 있고, 화해할 수 있고, 죄책감에서 벗어날 수 있다.

영화 〈밀양〉을 매우 감동적으로 봤었다. 전도연이 주인공인 '이신애' 역할로 나온다. 이신애는 남편이 죽고 하나뿐인 아들을 데리고 밀양으로 이사 온다. 낯선 동네에서 아들을 유괴당하고 급기야 아들을 잃고 만다. 그런 비극의 고통에서 벗어나려고 하나님을 믿는다. 그리고 하나님의 말씀대로 용서를 실천해서 마음에 평화를 얻고자 아들을 죽인 살인범을 찾아 교도소로 간다. 그런데 범인으로부터 충격적인 말을 듣는다. 하나님이 이미 아들을 살해한 자신을 용서해주었다는 것이다. 이신애는 그 말을 듣고 더 큰 상처를 받는다.

많은 사람들이 이런 현실을 마주하면서 산다고 생각한다. 나 역시 그랬다. 내가 나에게 피해를 준 사람을 용서하지도 못했는데, 가해자는 자신이 가해자인 것을 숨기려 한다. 더 나아가 나에게 죄를 뒤집어씌우고 자신들은 아무런 죄책감도 없이 살기도 한다. 이러니 분노가 더 커지면 커졌지 내가 그들을 용서하는 마음을 가질 수 있겠는가? 기가 막혀서 돌아가실 판이다. 이 지점이 딜레마이다.

여기에서 진정한 용서의 시작을 알아야 한다. 하나님께 배신감이 느껴질지라도 먼저 자신의 분노를 다스리고 나의 착각을 인식해야 한다. 즉 내가 남을 용서하는 것이 아니라는 것을 이해해야 한다. 나의 내면의 소리에 솔직해야 하고, 나의 내면의 소리를 듣고 나의 내면과 화해해야 한다. 그렇게 내 마음속의 죄책감에서 벗어나야만 자유를 얻을 수 있다.

나 역시 이것을 쉽게 하지 못했기에 정신적인 방황의 길을 헤매고 다녔다. 나는 드라마에 나오는 최악의 막장 시어머니 같기도 하고, 때로는 엽기적인 그녀 같기도 한 성격의 엄마의 몸을 빌려서 이 땅에 왔다. 내 인생의 시작부터 나는 해결할 수가 없었다. 내 머리와 마음으로는 도저히 감당하기가 어려웠다.

어릴 때는 단순히 사는 게 슬프고 힘들었다면 인생을 책임져야 하는 나이가 되어서는 몸에 배어버린 나에 대한 태도가 나 자신을 더 병들게 했다.

비극은 입을 벌려 나를 삼키려 했고 죽음의 유혹이 지뢰처럼 도사리고 있었다. 불교의 업보론도 기독교의 원죄론도 다 내 인생을 이해하는 도구로는 불충분했다.

나는 나의 인생의 모든 순간이 낯설고 익숙해지지 않았었다. 그래서 너는 왜 세상에 적응을 못 하냐는 타박도 많이 받았었다. 하지만 이제는 내가 왜 그렇게 세상을 낯설어했는지 이해한다. 나의 순수하고 솔직한 면으로 인해 세상에 익숙해지지 않았던 것이다. 항상 몸에 잘 맞지도 않는 남의 옷을 빌려 입은 것처럼 나 자신으로 살지 못하여 나의 삶은 어색했다. 이제는 마음에 걸치는 옷 따위는 필요 없다는 것을 알게 되었다. 마음은 원래 깃털처럼 가볍고 자유로워야 하는데 마음이 무거워도 너무 무거웠다. 원래의 마음을 되찾는 것이 중요하다.

이 모든 해결은 나 자신의 감정과 느낌에 충실한 것에서 시작했다. 이는 제 아무리 어려운 상황에서도 '나'를 놓지 않는 마음이다. 나를 놓지 않는 마음이 호랑이 굴에 들어가서도 잡아먹히지 않고 살아 돌아오게 도와주는 신비한 힘이다. 못된 사람들은 나와 언니를 강적들이라고도 했고, 짓밟혀도 죽지 않는 잡초라고도 했다. 누군가는 나를 강인한 생명력의 소유자라고 했다.

정신과 병원에는 자기 마음을 어쩌지 못해 찾아오는 젊은 사람들이 많다. 어느 정도 연세가 있으신 분들은 마음의 갈등을 포기한다. 먹고사는 문제 때문에 아파할 겨를도 없이 인생이 저물어간다. 하지만 이제 인생의 전성기를 준비하는 젊은 청년들은 그 마음의 아픔을 해결하려는 적극적인 노력을 하길 바란다. 나도 한때는 포기하는 마음으로 눈물 바람으로 살던 세월이 있다. 나름 스펙 관리랍시고 공부도 열심히 했었건만 노력의 결과가 다 무너져 버려서 마음에 빛 한 줌 안 들어오게 된 어둠의 시절도 있었다. 그래도 마지막이라는 생각으로 한 번만 더 몸을 일으켜보도록 하자.

예전 정신과 상담을 받을 당시에 같이 상담실에서 아르바이트하던 친구가 있었다. 그 친구는 나보다 한 살이 어렸고, 제주도에서 교사 생활을 하던 친구이다. 정신적 치유를 위해 서울 삼촌 댁으로 올라와 있었다. 얼굴도 눈에 띄게 예쁜 미인형에 키도 크고 날씬했다. 길거리 캐스팅이 될 만큼의 외모를 가졌지만, 그 친구는 마음속의 어둠에서 좀처럼 나오지 못했다.

하루는 그 친구와 B박사님 그리고 나, 이렇게 셋이 함께 동네 분식집에서 라면을 먹으면서 이야기하는데 그 예쁜 친구가 금방이라도 울음이 터질 것 같은 표정으로 말을 뱉었다.

"저는요, 길거리에서 옷을 다 벗고 뛰어다니고 싶어요."

나는 그 말을 듣고 웃음이 났다. 물론 그 친구는 나 들으라고 한 소리도 아니었다. B박사에게 상담실 밖 상담을 하고 있었던 것이다. 나는 장난기가 발동했다. 뭔가 답해 주고 싶은 충동을 느껴서 말했다.

"하고 싶으면 하면 되지. 그걸 왜 여기에서 말해? 다 벗고 뛰어다니면 되잖아."

내 말이 떨어지기 무섭게 B는 순간 먹고 있던 라면을 '풉' 하고 뿜었다. 그리고 한마디 했다.

"야! 어떻게 벗고 뛰냐?"

그때는 나도 몰랐었기 때문에 그 친구의 말에 자동으로 반응이 나온 것이다. 그 소리가 내면의 소리인 줄 몰랐다. 보이는 대로의 세상에서 그 어렵지도 않은 희망 사항을 실행에 옮기면 된다는 전위적인 예술가적 발상이었다. 그 친구의 심정을 이제는 이해한다. 자신에게 덧씌워진 마음의 옷을 다 벗어버리고 거침없이 사는 자유를 원한다는 표현인 것이었다.

사람의 무의식은 정말로 신기하다. 나도 대학교 때 판화 수업을 하면서 이와 같은 개념의 작업을 했었다. 목판화 수업이었다. 나도 역시나 마음속의 답답함을 해소하고 싶었다. 순간 내가 샤워하고 났을 때의 상쾌한 기분을 작품으로 만들어야겠다는 생각이 스쳤다. 고민도 없이 그저 의식에 흐름에 맡기는 작품을 만들었다. 다 벗은 모습의 여자, 그리고 시원함을 느끼는 포즈로 서 있는 아주 단순하게 작품을 마치고 과제로 제출했다. 교수님은 내 작품을 보자마자 웃으셨다.

"바로 이거야!"

순간의 솔직한 느낌을 가감 없이 생각을 많이 넣지 말고 느낌을 작품으로 만들라는 것이다. 그때는 사실 교수님의 칭찬이 좋으면서도 쑥스러웠다. 이거 너무 순간의 느낌을 작품으로 만들어서 너무나 가벼워서 지적받을지도 모르겠다는 걱정이 들었다. 그때의 나도 몰랐던 것이다. 그냥 바로 '그거' 였다는 것을. 그것은 비단 작품을 만들 때뿐만 아니라, 내가 인생을 살아가야 하는 자세이다.

나는 더는 지금의 나 자신에게 어색하지 않다. 아무런 옷도 마음에 걸치고 있지 않기 때문이다. 나는 지금까지 나에게 맞는 옷을 찾기 위해 평생을 떠돌아다녔다고 해도 과언이 아닌 삶을 살았다. 옷을 찾아 그렇게 헤매고 다닐 일이 아니었다는 것을 이제야 깨달았다.

파랑새를 찾으러 다녔으나 알고 보니 파랑새가 내 집 새장 안에 있었다는 동화를 좋아한다. 하지만 그렇게 파랑새가 찾아지지 않는 사람들에게는 내가 했던 방법을 제안하고 싶다. 자신의 마음과 느낌 그리고 바람에 귀 기울이자. 자신의 인생이 이렇게 가볍고 편안할 수 있다는 사실을 믿기 어려울 것이다. 내가 그랬듯이 말이다. '바로 그렇게!' 진짜 인생을 지금부터 살면 된다.

세상에 나를 대신하여
내 마음의 아픔을 알아줄 사람은 없다

본인을 대신하여 자신의 마음의 아픔을 알아주고 진단해 줄 수 있는 사람은 극히 드물다. 남에게 자신의 정신을 진단하고 운명을 예측해달라며 함부로 스스로를 내보이지 말기를 바란다. 스스로를 감추라는 뜻이 아니다. 그만큼 자신을 귀하게 여기라는 뜻이다. 세상에서 가장 알기 힘든 것이 '나'이지만, 동시에 나를 가장 잘 아는 사람도 바로 '나'이다. '나'라는 사람의 인생을 여는 핵심 키는 '나'라는 사람이 쥐고 있다. 아무도 본인 대신 그 내면으로의 문을 열어줄 수 없다. 바로 당신만이 당신 내면의 문을 열 수 있다. 그러니 자신감을 갖길 바란다.

그리고 생각이 부정적인 방향으로 흐를 때, 제발 자신이 부정적인 생각을 하고 있음을 깨닫고 긍정적인 생각을 하여 균형을 맞출 것을 권한다. 생각에도 간을 잘 맞출 줄 알아야 한다. 그것이 마음의 지혜라고 나는 생각한다.

남들이 자신을 인정하지 않는다고 좌절하거나 슬퍼하기보다 먼저 스스로 자신을 인정해주자. 나는 예전에는 힘이 빠지고 기운이 떨어지면 자동으로 무슨 보양식을 먹어야 하나 생각했었다. 하지만 마음과 생각의 원리를 알고부터는 나 자신에게 칭찬을 한다. 생각하면 참 간편하다. 말로 천 냥 빚을 갚는다는 말이 헛말이 아니다. 칭찬 한마디가 천 냥, 천만 원의 가치를 가진다. 자신에게 주는 찬사를 아끼지 말자. 창조적인 칭찬을 만들어서 매일 해주자. 하루에도 백 번, 천 번, 도움이 되는 혼자 생각과 혼잣말을 하는 대가가 되어 보자.

여기서 가장 의식해야 하는 부분이 잠재의식과 무의식이다. 정신은 눈에 보이지 않으므로 스스로가 귀중히 여기고 다루지 않으면 방치된다. 잠재의식과 무의식은 보이지 않는 '나' 자신이고, '나'를 키우는 밑바탕이 된다. 기본 핵심 정보, 감정의 에너지, 그리고 정신의 힘까지 그야말로 '나'를 살리는 보고(寶庫), 영혼이 숨 쉬고 자라는 무한 미지의 영역이다. 지금 이 순간에도 나의 잠재의식에 감사하고 있다. 몸까지 아파 정신이 극도로 피폐해졌을 때에도 한 치 앞도 안 보이는 마음의 혼란 속에서 잠재의식이 나를 보호했음을 깨닫는다. 힘들 때면 격려의 꿈을 꾸게 하고, 위기상황에서 스치듯 힌트를 떠올리게 했다. 살아있는 나의 의식과 무의식, 그 위대한 존재에게 감사하다.

마지막으로 하고 싶은 말은, 자신에게 줄 수 있는 최고의 선물은 새로운 경험과 도전이라는 것이다. 내가 가장 하고 싶은 것이 무엇일까? 무엇이 나를 가장 행복하게 만들 수 있을까? 살아 있음을 느끼는 순간만큼 좋은 순간은 없을 것이다. 게다가 자신의 꿈과 함께 새로운 세상으로 한 걸음씩 나아간다면 매일 심장이 뜨겁게 뛸 것이다. 내가 손으로 만져 확인하지 않아도 먼저 두근거리며 그 존재감을 드러낼 것이다. 도전으로 인해 정신은 바쁘게 흐르고, 더 큰 생각과 영감을 얻기 위해 매일 호기심으로 반짝이며 발전을 멈추지 않는 삶을 살게 될 것이다.